神の救いの計画とヤタガラスの暗号

藤原定明

ヒカルランド

はじめに

２００６年、アメリカで出版された『ザ・シークレット』（ロンダ・バーン著）は社会現象になるほど多くの人に読まれ、日本でも話題になった。

この本は、成功の秘密について書かれたものである。それは「引き寄せの法則」と呼ばれる。「引き寄せの法則」と聞けば、「あーあれか」とピンとくる方もおられるだろう。

ところで、「新しい時代」の世界の再生にも関わる、非常に大切な「宇宙の法則」と言ってもいいような法則が、数千年も前から秘密にされてきた。

それは、この本でお伝えする「神さまの大いなる救いの計画」である。

その計画とは、地球が新しく生まれ変わる「約束の時」には、世界を崩壊から救い再生するために、必ず「約束の人」が「約束の地」に甦《よみがえ》る、というものである。

では、どうして、この計画は、数千年も前から秘密にされ隠されてきたのか？

それは、「約束の時」と「約束の人」を明らかにするためである。

では、どうして私が、そんな重大な秘密、隠された神さまの計画の存在に気づいたのか？

それは、野崎香代子《のざきかよこ》先生に「神の計画」を教えられ、ある秘密結社によって、4500年前頃と1300年前頃に仕掛けられた、「太陽の暗号」、「星の暗号」という二つの暗号を発見し解読したからである。

実は、この救いの計画には、私たち日本人が大きく関わっている。

信じられないかもしれないが、「約束の人」が甦る「約束の地」は、ユダヤ教、キリスト教、イスラム教の聖地である「エルサレム」ではなく、ここ日本に存在する。私たち日本人には、新しく生まれ変わる世界の雛型《ひながた》をつくるという、大切な使命が与えられているのである。

このことが、この本で最もお伝えしたいことである。

プロローグ——日本から始まる新時代の雛型《ひながた》

もう随分前のことである。私は事業の相談がきっかけで、あるお方とご縁ができた。その方は、野崎香代子という方である。

香代子先生は神さまの言葉を預かることができる預言者なのだが、あるとき、香代子先生から「神さまの大いなる救いの計画」を教えられた。

神さまによると、地球は間もなく「崩壊と再生」の時を迎える、というのである。そこで、神さまは全国に6カ所の避難場所、言い換えれば「新しい時代」のための拠点を示されている、というのだ。

なかでも奈良県にある近畿地方の拠点には、「神の世界」にある「最高神の住まい」（神の宮）を、再現するように伝えられたというのである。私は驚いたが、正直言って、信じられなかった。

ところが、その後、この計画は数千年も前から、神さまが計画されていたことで、しかもそれは、人類の救済に関わる壮大な「神さまの大いなる救いの計画」が預言されたものだということがわかったのである。

神さまが定めたいわば「約束の地」に「最高神の住まい」を再現することは、地球を神さまの住まいにする、「神の世界」を地上に写す（再現する）ことを象徴している。日本全国に、「新しい時代」（神の世）のための6カ所の拠点が示されたのは、「最高神の住まい」を司令塔《しれいとう》として、その拠点を各地域の中心として、まず日本に、神さまの御心《みこころ》にかなった「神の国」をつくろう、という計画を象徴している。神さまはその雛型《ひながた》（モデル）を世界中に拡大し、「地上世界」に「神の世界」を再現する、言い換えれば、世界中を「神の世」にしようとご計画されているのである。

おそらく、今言ったことも信じられないだろう。

私自身ですら、信じることができなかった。しかし私は、そのことを信じざるを得ないような、多くの証拠を発見した。その発端は、香代子先生に「約束の地」にご案内いただいたときである。

それは、平成3（1991）年6月19日のことだ。そのとき、偶然、大兵主《だいひょうず》神社という神社の宮司さんが建てられた、木の碑を発見した。

その碑には、その場所で「三種神器《さんしゅのじんぎ》」がお祀《まつ》りされていた、と書かれていた。

神さまに定められた、いわば「約束の地」に、天皇の権威を示す三種神器がお祀りされ

木の碑の写真

ていたというのだ。

私は「神の計画」と三種神器には、何らかのつながりがあると思い、その後、とりつかれたように古代史などを研究した。

その結果、神さまに定められた「約束の地」は、天照大神が、皇居で祀られる以前の、「古代の神宮」のあった場所だということがわかった。その後、『竹内文書《たけうちもんじょ》』という古文書《こもんじょ》から、「古代の神宮」は神聖政治の世界の中心だったこともわかったのである。

『竹内文書』によると、世界が「土《どろ》の海」になるような大異変がかつて何度もあり、そのたびに、日本の天皇（現人神《あらひとがみ》）が世界各地に日本人を派遣して世界を立て直し、神聖政治によって世界を平和的に統治していたという。

その世界統治のための「世界の政庁」、すなわち世界の政治を司る官庁、政府、あるいは統治力をより強固にした国連のような存在が、「古代の神宮」だったというのだ。

ご存じのように、伊勢神宮には内宮《ないくう》と外宮《げくう》があるが、古代の神宮の内宮は「日の宮」と呼ばれ日本国内を治める内政機関で、外宮は「月の宮」と呼ばれ外国を治める外政機関で、内宮と外宮で世界を統治していたというのである。

ということは、神さまは、かつて神聖政治の世界の中心だったその同じ場所に、「神の世界」の「最高神の住まい」を再現しようという、ご計画をお持ちになられていることになる。

このことは、地球の「崩壊と再生」のときに、神さまはご意志を発動し、この「地上世界」を「神の世界」の住まいにする、すなわち「地上世界」を「神の世界」の「写し世」にするという、ご計画があることを示している。


古代史などを研究して、今言ったような結論に到達したが、私が発見した証拠はこれだけではない。その後、決定的な証拠を発見した。

それは、香代子先生が預かった「神さまの大いなる救いの計画」と、同じ計画が刻まれた二つの暗号である。二つの暗号は、拙著『[隠国《かくりこく》日本版]神々の指紋』(上・下巻)(ヒカルランド)で紹介している。それは「太陽」と「星」をモチーフにした、「合わせ鏡」

の陰陽の表裏一体の関係になっている。

「太陽」をモチーフにした「太陽の暗号」は、今から約1300年前頃に仕掛けられたものだと思われる。というのも、8世紀の始めに編纂《へんさん》された『記紀』(『古事記』と『日本書紀』)に、「天岩戸《あまのいわと》開《びら》き神話」など、「太陽の暗号」と関連のある神話が記されているからである。ちなみに、『古事記』は721年、『日本書紀』は720年にそれぞれ編集されている。

「天岩戸開き神話」と「太陽の暗号」の関係については、本文で説明する。

一方、「星」をモチーフにした「星の暗号」は、エジプトの「三大ピラミッド」が建造された頃のもので、それは、今から約4500年前に仕掛けられたものと思われる。

この「星の暗号」は、日本とエジプトとユカタン半島を中心とした中米(マヤ)に仕掛けられていたが、驚くことに、エジプトの「三大ピラミッド」とマヤカレンダーは、「星の暗号」の暗号装置としての役割もある。

このことも本文で説明する。

暗号は、次のような内容である。

地球の崩壊と再生の「約束の時」、世界を「神の世」にするために、神さまに預言された「約束の人」が神さまの定めた「約束の地」に再臨する、というものである。

ところが驚くことに、暗号に示された「約束の地」は、神さまが香代子先生に、「最高神の住まい」を再現するように伝えた場所で、「約束の人」とは香代子先生のことだったのである。

このことは、日本人の使命にも関わる重要なことなので、本文で詳しくお伝えするが、「プロローグ」でも簡単に説明しておきたい。

実は二つの暗号には、どういうわけか、香代子先生が大きく関係している。先生は暗号のジグソーパズルを完成させるための、いわば、最後のピースのような存在で、二つの暗号は先生の存在なくして、決して発見することができないような仕掛けが施されていた。実際、数千年にわたって、誰にも発見されていない。

というのも、二つの暗号は、神さまに定められた「約束の地」の正確な位置がわからなければ、発見できないような仕掛けが施されていたからである。

数千年も前に仕掛けられた暗号と、どうして、香代子先生が関係するのか、私は不思議でならなかった。ところが、ある本でその謎《なぞ》が解けた。それは、学研プラスから出版された『失われたカッバーラ「陰陽道」の謎』という本だ。

その本には、著者である飛鳥昭雄氏と「ヤタガラス」という秘密結社のメンバーとの会話が載せられていたのだが、私の発見した「太陽の暗号」には、その結社名と同じ名称の「ヤタガラス」という暗号コードが刻まれていたのである。驚くことに、数千年も前に仕掛けられた暗号を引き継ぐ秘密結社が、今もこの日本に存在しているのだ。

それはともかく、その本によって、暗号が仕掛けられた理由も明らかになった。その秘密結社のメンバーによると、この暗号は仕掛けをした結社の内部からは、決して漏れることはないというのだ。

では、何のために暗号を仕掛けたのかというと、「預言されし者」と、暗号を解読し日本の秘密を解きあかす「解き放たれし者」の出現を待つためだというのである。

つまり暗号は、発見され、解読されることを前提に仕掛けられていた。また、そのメンバーによると、暗号は神さまのご神託（お告げ）によって仕掛けられたというのだ。暗号者も香代子先生と同じように、神さまの言葉を預かることができる預言者で、暗号は神さまのお告げによって仕掛けられたものだったのである。

その目的は、地球の「崩壊と再生」の「約束の時」を知るためと、そのとき、「約束の地」に再臨すると預言されている「約束の人」（預言されし者）を証《あか》すためである。

彼らは地球の崩壊と再生の「約束の時」、神さまに定められた「約束の地」に「約束の人」（預言されし者）が現れることを、神さまの預言で知らされていた。その上で神さまは暗号者に、「約束の人」（預言されし者）を明らかにするための仕掛けをするように、指示されたのである。

そこで暗号者は、「古代の神宮」の所在地である「約束の地」を徹底的に隠し、その場所がわかると発見できる暗号を仕掛けたのだ。そして、暗号者はその脈絡を絶やすことなく、「星の暗号」が仕掛けられた約４５００年も前から、神さまに預言された「約束の人」が、神さまに定められた「約束の地」に再臨されるのを、ひたすら待ち続けてきたのである。本文で明らかにするが、暗号者は世界が「土《どろ》の海」になるような大異変のときに、日本から、世界を立て直すために派遣された人たちの末裔《まつえい》だった。

暗号を仕掛けた理由、それは、遠い未来に必ず訪れると預言された、地球の「崩壊と再生」の「約束の時」の子どもたち、まさに私たち現代人を救うために、「神さまの大いなる救いの計画」を実現させるためだったのである。

ところで、この本は、前掲の拙著『［隠国《かくりこく》日本版］神々の指紋』から、「太陽の暗号」のあらましを漫画で紹介し、そのあとで、漫画でお伝えできなかったことを文章で説明している。同じように「星の暗号」のあらましを漫画で紹介し、説明しきれなかったことを文章で補っている。図形を駆使した数学的な暗号だったが、漫画にすることで、わかりやすくなったと思っている。

先の読めない不安ばかりの今の時代、「神さまの大いなる救いの計画」に希望の光を見《み》出《いだ》し、日本の役割に目覚めていただければ幸いである。

「新しい時代」はここ日本から始まる。そして日本人には次の「新しい時代」「神の世」の世界の雛型《ひながた》をつくるという使命が、与えられているのである。

藤原定明

神の救いの計画とヤタガラスの暗号　目次

カバーデザイン　櫻井　浩（⑥Design）
校正　広瀬泉
本文仮名書体　文麗仮名（キャップス）

神さまの大いなる救いの計画
原作 藤原定明
漫画 狩野ヒロ

太陽の暗号編
〜約束の地〜

これからお伝えする
物語は ある方が見た
夢から始まります
ですが それは決して
夢物語ではありません
本当の出来事なのです
それは遠い昔 何千年も前から
計画されていた
『神さまの大いなる救いの計画』
の物語です…
家業の酒販店を
継いでから
もう30年以上経ちます
藤原酒店
店舗を改装するに
あたって あれこれ
迷っていたところ
店内の改装…
金銭面…
時間もないし…
!
それなら…
〝いいアドバイスが
もらえるよ〟と
野崎香代子さん
という方をお客さんから
紹介してもらいました

その後も
香代子先生には
いろいろな
相談に乗ってもらって
いましたが
ある日
先生の夢に
現れた
山のことを
教えて
もらったんです
さくらい
あるとき
夢に山が
出てきたんです
あまりにもリアルで
おまけに地名まで
示されていたんですよ
へー 地名まで
出てきたんですか
それで
どんな地名
だったんですか?
〝さくらい〟という
地名なんです
たしか奈良県に
桜井市が
あったはずです
桜井市
奈良県
そうなの 翌日主人に
夢のことを話すと
〝その場所へ行こう〟という
ことになりましてねぇ

後日 主人と一緒に 桜井市を目指して 車を走らせたんです
あちこち 見てまわるうちに
夢に見た山が 実際にあったんですよ
夢に見た景色と まったく同じ景色が 目の前に 現れたんです
正夢という ことを 時々聞きますが
そんなことが ほんとうに あるんですね
でその山と先生には 何か深い縁《えにし》でも あるんですか?
おそらく関係が あると思います
その夢は 忘れさられた

遠い遠い過去の記憶からきていると思うの…
その後
1991年6月19日
私は香代子先生にその場所へ案内してもらい
先生と私の弟夫婦と共にその場所に向かった
国道から車を進ませていると車窓から三《み》輪《わ》山《やま》が見えてくる
兄貴この桜井には神の山として崇められている三輪山があるよな
今この車の窓から見える山がその三輪山だよ
奈良

三輪山はどうして
"神の山"と
呼ばれているか
おまえは知ってるか？
大神神社
たしか古代史関係の本で読んだと思う
日本最古と言われる大神《おおみわ》神社が三輪山をご神体としているからだろ
この三輪山だけでなく日本の各地にご神体山がありそれは山を神として崇める風習が古代の日本にあったことを示しているんだよね
富士山（静岡県ー山梨県）
守屋山（長野県 諏訪市）
！
50
161
"桧原《ひばら》神社"と書かれた看板が見えるが
桜井 桧原神社 0.6
sakurai hibara jinjixy
兄貴はこの神社のこと知ってる？

崇神《すじん》天皇
この神社は崇神天皇のときに皇居にお祀りされていた天照大神《あまてらすおおみかみ》
詳しくいうと天照大神の御神霊が宿った八咫鏡《やたのかがみ》なんだがね
それを最初に遷《うつ》した場所なんだよ
桧原《ひばら》神社
その後 天照大神は二十七カ所も各地を回って
現在の伊勢神宮にご鎮座されたんだ
伊勢神宮
だからその二十七カ所は伊勢神宮の前に天照大神がしばらくとどまられていたので元伊勢《もといせ》と言われているんだよ
元伊勢ねぇー知らなかった だったらもともと天照大神はこの大和《やまと》地方におられたんだな
元伊勢の順路
そうだよ
ちょっと止めてください
キィィ
どうかしました？香代子先生
先生？

夢に出てきた山は この山よ
この山なんですか 山というから もっと高いところを イメージしていましたが
丘のようなところですね
一時間もあれば 頂上へ行けそうだ 正竹 登ってみるか
そうだな 登ろう
ザザァァァ
兄貴 なにかあるぞ

なんだこれは？
この木の碑には“この場所で三種神器《さんしゅのじんぎ》が祀られていた”と書かれているぞ
三種神器奉祀
三種神器といえば歴代の天皇が所持した…
鏡と
勾玉《まがたま》と
剣《つるぎ》で
それはテレビでお馴染みの水戸黄門の印籠《いんろう》のようなもので天皇を示すレガリアなんだ

そうそう三種神器の一つの〝鏡〟は
さっきの桧原神社でお祀りされていた天照大神の御神霊が宿った八咫鏡のことなんだよ
パシャ
パシャ
碑には〝巻向山桧原都谷聖跡〟と書かれているが
桧原神社とは何か関係があるのかもしれないなぁ?
そうだなぁ この碑はそんなに古いものでもなさそうだ
せいぜい20年か30年前のものだろう…
〝大兵主《だいひょうず》神社 中由雄〟と書かれているから その神社へ行けば
このミステリーポールの謎もわかるかもしれないいな…
それにしても不思議だなぁ

なぜこんな名もない山中に三種神器がお祀りされていたんだろう？
もしかしたらこの場所も
元伊勢の一つかもしれないなぁ
それより兄貴もっと不思議なのは
香代子先生の夢に現れた場所に三種神器がお祀りされていたことだよ
これは偶然か？
もしかしたら香代子先生と三種神器には何か関係があるかもしれないなぁ

それにしても
この場所はいったい
どういう場所なんだ?
私と弟は呆然《ぼうぜん》としながら
しばらくその場を
離れることができなかった
その後
私は
このミステリーポール
から投げかけられた
謎を追い
隠された古代の
真実と
『神さまの大いなる救いの計画』
を知ることになるのです
その計画は私だけでなく
あなたやあなたの
子どもや孫
日本だけでなく世界中の人々
人類の命運にもかかわるようなこと
だったのです

元伊勢《もといせ》伝承――八咫鏡《やたのかがみ》はこうして伊勢に移された

香代子先生の夢に現れた場所にご案内いただいて、偶然、「三種神器奉祀跡《さんしゅのじんぎほうしあと》」と書かれたミステリーポールを発見した。神さまに定められた「約束の地」は、「古代の神宮」の所在地だった。

ところが、暗号者はその場所を隠し、その上で、その場所がわかると発見できる暗号を仕掛けた。どうして、そのような不可解なことをしたのか？ それには理由があった。

それは、地球の崩壊と再生の「約束の時」に、その場所に「最高神の住まい」を再現するという「神の計画」を預かる「約束の人」（預言されし者）と、暗号を発見して解読する「解き放たれし者」が現れる、と神さまから伝えられたからである。

だから、暗号者は「約束の人」（預言されし者）を証《あか》すために、「約束の地」を隠して暗号を仕掛けた。そして、暗号者の所属する秘密結社のメンバーは、言い伝えによって、4500年以上もの歳月、ひたすら「約束の人」（預言されし者）の出現を待ち続けてきたのである。そのことは、「プロローグ」でもお伝えした。

では、どうして「約束の地」が、「古代の神宮」の所在地だとわかったのか？

漫画ではそのことに触れなかったので、これから、それを説明したい。

まず、神宮が伊勢に遷《うつ》されたことを示す「元伊勢《もといせ》伝承」を『失われた契約の聖櫃《せいひつ》「アーク」の謎』（飛鳥昭雄《あすかあきお》・三神《みかみ》たける　学研プラス）を参考にお伝えしよう。

それは第10代崇神《すじん》天皇（紀元前148年〜紀元前30年）の時である。国中に疫病《えきびょう》が発生して大半の民が死亡し反逆者も出てきた。そこで、それまでの祭祀《さいし》の方法を変えることにした。それまで、天照大神《あまてらすおおみかみ》と倭大国魂《やまとのおおくにたま》の二人の神は、「皇居《こうきょ》」で一緒に祀られていた。天照大神は高天原《たかまがはら》に住む「天《あま》つ神《かみ》」で、八《や》百万《およろず》の神々の上に君臨する最高神で、天皇家の祖神である。一方の倭大国魂は、地上の葦原中国《あしはらのなかつくに》に住む「国《くに》つ神《かみ》」で、大和国《やまとのくに》の地霊《ちれい》である。

ちなみに、「天つ神」と「国つ神」とは記紀神話に登場する神の分類で、「つ」は現代語の「の」という意味で、「天つ神」と「国つ神」は「天の神」と「国の神」という意味である。

「天つ神」は高天原（神々の住む世界）にいるか、または高天原から天降《あまくだ》った神々の総称で、一方の「国つ神」は地上に現れた神々の総称である。ただし、高天原から追放された、須佐之男命《すさのおのみこと》やその子孫の大国主《おおくにぬし》などは「国つ神」とされている。

記紀神話においては、「国つ神」のほとんどが、「天つ神」に支配される対象として扱われていて、大和政権によって平定された地域の人々が信仰していた神が「国つ神」に、皇族や有力な氏族が信仰していた神が「天つ神」と考えられている。

要するに、崇神天皇は後から来た高天原の「天つ神」と地上の世界に既に住んでいた「国つ神」が、「皇居」で一緒に祀られていることが神の怒りを買ったと思ったのである。

そこで、この二神を、別々の場所に遷して祀ることにした。

倭大国魂《やまとのおおくにたま》は、現在、奈良県天理市の大和神社《おおやまとじんじゃ》で祀られている。

問題の天照大神、すなわち天照大神のご神霊の宿る八咫鏡は、崇神天皇の皇女の「豊鍬《とよすき》入姫《いりひめ》」に託して、大和の笠縫邑《かさぬいむら》に遷して祀ることにした。

しかし、荒ぶる天照大神（八咫鏡）の御霊《みたま》はおさまらなかった。

仕方なく、皇女「豊鍬入姫」は天照大神のご神霊の宿る八咫鏡を携《たずさ》え、大和の地を離れることになる。

最初に向かったのは、丹波国《たんばのくに》。その後各地を廻《めぐ》り、21年にも及ぶ大巡幸《だいじゅんこう》となったが、荒ぶる天照大神の御霊はなおもおさまらない。

第11代の垂仁《すいにん》天皇のとき、年老いた豊鍬入姫に代わって「倭姫命《やまとひめ》」が巡幸を再開。結局、天照大神（八咫鏡）は、27カ所も御鎮座の場を求めてさまよわれ、最終的に伊勢の地にご鎮座《ちんざ》されるのである。

以上のような経過で、もともと、大和（奈良県）の「皇居」で祀られていた「三種神器」の八咫鏡は天照大神のご神霊として、伊勢神宮で祀られるようになった。

伊勢に至るまでに、天照大神（八咫鏡）が立ち寄られた多くの場所には神社が建てられ、これらの神社はそれぞれ「元伊勢神社」と呼ばれる。

次ページの図が、天照大神（八咫鏡）が移動されたコースである。

大兵主《だいひょうず》神社の伝承――神宮の元の場所

以上の説明のように、天照大神は大和の皇居から、現在の伊勢神宮にご鎮座されたのだが、実は天照大神が皇居に遷される前に、ご鎮座されていた場所があるのだ。それを示しているのが、次の『日本書紀』の記述である。

「（崇神天皇即位）六年、百姓の流離《りゅうり》するもの、或いは反逆するものあり、その勢いは徳を以て治めようとしても難しかった。それで朝夕天神地祇《てんじんちぎ》にお祈りをした。**これより先、**

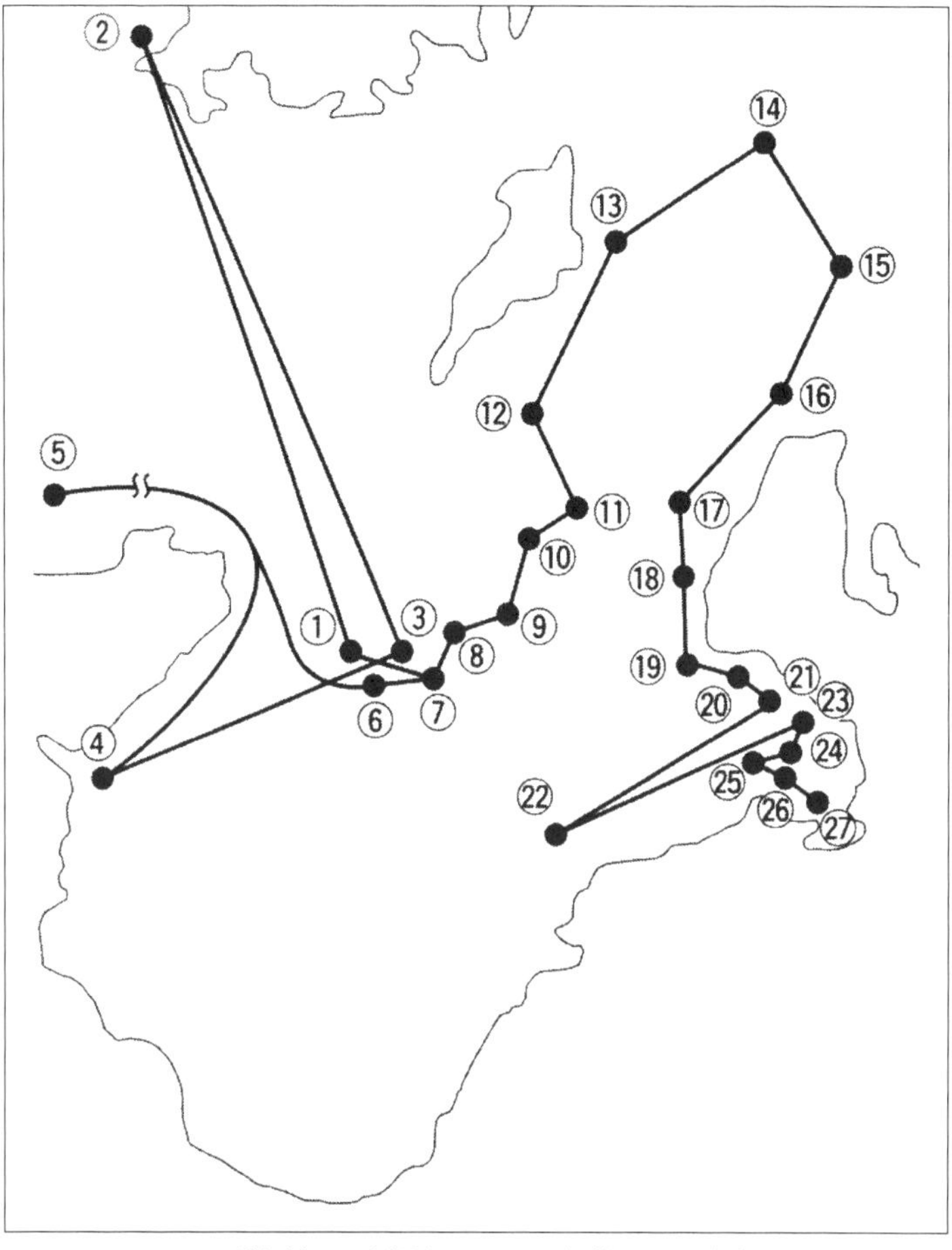

⬆元伊勢の順路。①笠縫邑《かさぬいむら》、②吉佐宮《よさのみや》、③伊豆加志本宮《いつかしのもとのみや》、④奈久佐浜宮《なぐさのはまのみや》、⑤名方《なかたの》浜宮《はまのみや》、⑥御室嶺上宮《みむろのみねのうえのみや》、⑦宇多秋宮《うたのあきのみや》、⑧佐佐波多宮《さざはたのみや》、⑨隠市守宮《なばりいちもりのみや》、⑩穴穂宮《あなほのみや》、⑪敢都美恵宮《あえとみえのみや》、⑫甲可日雲宮《こうかひぐものみや》、⑬坂田宮《さかたのみや》、⑭伊久良河宮《いくらがわのみや》、⑮中嶋宮《なかじまのみや》、⑯桑名野代《くわなののしろの》宮《みや》、⑰奈其波志忍山宮《なごわしのおしのやまのみや》、⑱藤方片樋宮《ふじかたのかたひのみや》、⑲飯野高宮《いいののたかみや》、⑳佐佐牟江宮《ささむえのみや》、㉑伊蘇宮《いそのみや》、㉒瀧原宮《たきはらのみや》、㉓矢田宮《やたのみや》、㉔家田田上宮《やたのたのうえのみや》、㉕奈尾之根宮《なおしねのみや》、㉖五十鈴宮《いすずのみや》、㉗伊雑宮《いざわのみや》

（飛鳥昭雄・三神たける著『失われた契約の聖櫃「アーク」の謎』学研プラスより）

天照大神《あまてらすおおみかみ》・倭大国魂《やまとのおおくにたま》の二神を、天皇の御殿の内にお祀りした。ところがその神の勢いを畏《おそ》れ、共に住むには不安があった。そこで天照大神を豊鍬入姫命《とよすきいりびめのみこと》に託し、大和の笠縫邑《かさぬいむら》に祀った。」(「第五　崇神天皇」条)(講談社『全現代語訳　日本書紀(上)』宇治谷孟訳)

この中の「これより先」という二行目の言葉に注目してほしい。

原文にも「先是」とハッキリ記されている。「これより先」というのだから、天皇の御殿の内(皇居)に遷される前には、「別の場所」でお祀りされていたことになる。暗号者はさりげなく「これより先」という言葉を『日本書紀』に残し、皇居に遷す前の場所があることを示している。

実はこの場所が、「神宮の元の場所」すなわち「約束の地」なのだ。

ところが、前述したように、この「神宮の元の場所」は暗号者によって隠されていた。その理由は前述したように、その場所がわかると発見できる暗号を仕掛けたからであり、それは「約束の人」(預言されし者)を証《あか》すためだった。

では、どうして「約束の地」が「神宮の元の場所」だとわかったのか。その理由は、それを示す伝承が、残されていたからである。
まず、大兵主神社の伝承からお伝えしよう。私は三種神器奉祀跡というミステリーポールを発見してから、その碑を建てられた大兵主神社を訪れた。

社務所の前に行くと、「中《なか》　由雄《よしお》」と書かれた表札が掛けられていた。ミステリーポールに書かれた名前と同じ名前だ。思い切って声をかけると、ご老人が出てこられた。このご老人こそ、ミステリーポールを建てられた中由雄宮司だった。

大兵主神社

　中宮司は見知らぬ人間の突然の訪問に、気分を悪くされたのだろう。私は中宮司のあまりの無愛想《ぶあいそ》さに、少しひるんでしまった。しかし、ここで引き下がるわけにはいかない。いきなり、山中で発見した木の碑のことを切り出した。すると、中宮司の表情は一変した。明らかに驚かれているような様子である。中宮司は、滅多に人が訪れることがない山中に、どうして私が訪れたのか、不思議に思われたのだろう。その場所に行った理由を、確かめられた。

理由を答えると、宮司の厳《きび》しい表情が和《やわ》らぎ、私との出会いを神さまの引き合わせとまで言われ、重い口を開いてくださったのである。

中宮司は明治生まれで、お会いしたときはすでに90歳を超えていた。木の碑を建てられたのは、神社に古くから伝わる伝承を残すためだった。しかし、その伝承は歴史の表舞台に出ることなく、山中の木の碑のように、ひっそりと、この神社にだけ語り継がれてきたものだった。

中宮司によると、木の碑の建てられたミステリー・スポット「約束の地」は、巻向山《まきむくやま》「檜原《ひばら》」という地名で、そこには「若御魂《わかみむすび》神社」という神社があったという。「弓月岳《ゆづきだけ》」という地名のところには、「兵主《ひょうず》神社」という神社があったが、両社とも「応仁《おうにん》の乱」の兵《へい》火《か》で焼失《しょうしつ》してしまったため、大兵主神社で一緒にお祀りすることになったらしい。

そこで、「檜原」の「若御魂神社」が上社、「弓月岳」の「兵主神社」が中社、この大兵主神社が下社と呼ばれるようになったというのだ。

「檜原《ひばら》」と「弓月岳《ゆづきだけ》」いう地名を、おさえておいてほしい。

暗号を解読してわかったことだが、この地名は、暗号者が名付けた暗号地名である。この説明は、この本の最後のほうでする。

それはともかく、古代の大兵主神社は、第一鳥居が、この場所から数キロも離れた田原《たわら》本町《もとちょう》にあり、大和第一の古社で、天皇の密使が一番に立ち寄った神社らしい。

さて、気になる「三種神器」のことをお尋ねすると、次のように断言された。

「確かに、おまつりをされていたと伝えられている」

次に、「神宮の元の場所」について尋ねたが、残念ながら、そのような伝承はなかった。

ただ、宮司さんも「約束の地」が「神宮の元の場所」の可能性があると思い、何年か前に伊勢神宮の宮司さんをその場所へ案内されたらしい。

それは、次のような伝承が残されているからだ。

「大兵主神社から、中社と上社に通じる古道がある。その古道は『テンノウ坂』と呼ばれ、古代の天子様《てんし》が通られた道という伝承があるのです」

この伝承が事実なら、「約束の地」には、天皇がご参拝された「若御魂神社」という神社があり、しかもその神社には「三種神器」が祀られていたことになる。

大兵主神社に残された伝承は、「約束の地」が「神宮の元の場所」であることを示している。

ところで、中宮司によると、「約束の地」は「檜原」という地名だといわれていたが、このとき、三輪山の麓《ふもと》に、「檜原神社」という神社があったことを思い出した。疑問に思い、どうして三輪山の麓に、「檜原」の地名の付く神社があるのか尋ねてみた。

「どうして、『檜原』の名の付く神社があるのか、わしにはわからん。『檜原』とは、上社のあった場所のことです」

と、少し険しい表情で中宮司は答えられた。

それ以上は何も言われなかったが、明らかに不機嫌な様子で、大兵主神社に伝承されている「檜原」の地名を、神社名に使用されていることに不満でもあるように思えた。

『大和志料《やまとしりょう》』（明治27年）が示す「約束の地」と元檜原《もとひばら》

大兵主神社の「テンノウ坂」の伝承をお伝えした。次は、檜原神社の伝承をお伝えしよう。

この檜原神社は、先に説明した元伊勢伝承で、天照大神（八咫鏡）が皇居から最初に遷された場所（笠縫邑《かさぬいむら》）だったのだ。

檜原神社は「大神神社《おおみわ》」の摂社《せっしゃ》である。大神神社から発行された『豊鍬入姫宮《とよすきいりひめのみや》のご鎮《ちん》斎《さい》について』という小冊子によると、檜原神社が、「元伊勢伝承」の笠縫邑《かさぬいむら》伝承地だと書かれているのである。

小冊子の中で、大神神社の藤田勝重宮司が述べられていることを要約すると、次のようになる。

「笠縫邑の候補地については諸説あったものの、幕末から明治にかけての神宮学の御巫《みかんなぎ》清直氏の研究。昭和になってからの地元の池田喜市郎氏の運動。伊勢の碩学《せきがく》の大西源一博士や、国学院大学名誉教授の樋口清之博士らの熱心な研究によって、笠縫邑伝承地は『檜原神社』の場所であることが明白となった」

檜原神社

「檜原神社」が笠縫邑なら、

天照大神（八咫鏡）は「約束の地」の「檜原の地」から「皇居」に遷され、その後「檜原神社」に遷されたことになる。

檜原神社

そのことを裏付けるように、「約束の地」の「巻向山　檜原」は、「元《もと》檜原」と呼ばれているのだ。

「元檜原」とは檜原神社の元の場所、つまり天照大神が檜原神社にご鎮座される前の元の場所を意味している。

だとすれば「約束の地」は、やはり「神宮の元の場所」になる。

「約束の地」には若御魂神社という神社があったが、私よりも何年も前に、この神社を調査していた人がいた。

私は「約束の地」の謎を解明するために、多くの古代史関係の本に目を通した。その数は、おそらく、1000冊を超えていると思う。

その中に、『大和の原像』という本がある。その著者《ちょしゃ》が、若御魂神社を調査した小川光《おがわこう》三《ぞう》氏である。

小川氏が、『大和志料《やまとしりょう》』という明治27年の文書《もんじょ》に、目を通していたときのことだ。

その本には、若御魂神社のあった所在地を、「巻向山の『元《もと》檜原』と字《あざ》する処《ところ》にあった」と書かれているというのだ。

『大和志料』とは、大神《おおみわ》神社の元宮司の斎藤美澄《みすみ》氏が、奈良県教育委員会からの依頼で奈良県の神社や寺などの古文書を調査し、奈良県内の寺院の由緒などを明治27年に編纂《へんさん》したものである。

この『大和志料』は、奈良県立図書情報館に所蔵されている。また国会図書館デジタルコレクションに上巻が収録されているのでインターネットで閲覧できる。

図書情報館の職員さんによると、『大和志料』は大和地方の歴史を知る上で、非常に価値ある貴重な資料だという。

つまり、大和地方の歴史を知る上で非常に価値ある貴重な資料に、若御魂神社は、巻向山の「元檜原」にあったと書かれているわけだ。

この「元檜原」は「元伊勢」同様、天照大神（＝八咫鏡）が「もともと」祀られていた場所を意味し、それは、「約束の地」が「神宮の元の場所」であることを暗に示している。

というのも、「元檜原」が記載された『大和志料』を編纂されたのは、前述したように大神神社の元宮司さんである。

漫画のところでお伝えするが、大神神社の関係者は暗号者とつながっている。

このように暗号者は、「約束の地」が「神宮の元の場所」（古代の神宮の所在地）であることを示す伝承などを、いろんなところに意図的に残しているのである。

藤原酒店
太陽の暗号編
～1300年前からのメッセージ～
そういえば この間藤原さんの 本読んだよ
興味深い内容で よかったよ
今度 話聞かせてよ
ははっ どうも ぜひ…
ありがとう ございました！
藤原酒店
お父さんの本 僕も知り合いに 薦めたんだけど
結構 評判高いよ
おまえまで お世辞は やめろって

いや本当だよ でも僕は内容が 難しくて 理解できないんだよな
おいおい 薦めてるおまえが 中身が理解できて いないと かっこ悪いな
この本は…
日本だけでなく 世界の古代史を
覆すような 内容なんだ
お父さん いくらなんでも 世界の古代史を 覆すなんて
話盛りすぎ じゃないの
いや…決して 大げさに 言ってるわけじゃ ないぞ
スッ…
よし ちょうど昼休憩の 時間だから 説明しようか
詳しいことは 本に書かれているが 〝ミステリーポール〟の 立てられた場所は 〝古代の神宮〟の 所在地だったんだ
その場所は 香代子先生の夢に現れた ところだったね
それで 〝古代の神宮〟って どういう意味？

私たちが教科書で学んだ歴史では初代天皇は神武天皇になっているよね
でも本当はそうじゃないんだそれ以前にも天皇がいたんだ
神武天皇よりも以前の天皇がおられた場所が〝古代の神宮〟ってことだ
ちょっと待ってどうして『古事記』や『日本書紀』では神武天皇が初代になっているの？
日本の古代史はある秘密結社によって書き換えられて隠されたんだ
歴史は勝者によって書き換えられるとよく言うけどそういうことなの？
古事記
古事記
それもあるがもっと他に大切な理由があるんだ
〝古代の神宮〟の所在地をどうしても隠さなければならなかったんだ
だから 古代史も書き換えられたんだ

それほど大掛かりなことをしてまでどうしてその場所を隠さなければならなかったの？
順を追って説明しようか
その秘密結社は一方でその場所を隠し
もう一方ではその場所がわかると発見できる暗号を仕掛けてたんだよ
その場所がわかると発見できる暗号か…その場所はまさに〝ミステリースポット〟だね
以前『ダヴィンチ・コード』という映画を観たことあるけど
日本にも暗号があるんだね
自分で言うのもおかしいけどそれ以上だよ
それはそうだ世界史を覆すようなものなんだから
冗談を言っているんじゃないんだ 真実の話だ
いや茶化してるわけではないんだけど
なんだか話のスケールが大きすぎてつい…話を戻そう
〝ミステリースポット〟を隠してその場所がわかると発見できる暗号を仕掛けたのには
何か理由があるはずだよね
そうなんだそこには
人類の命運にかかわる重要な秘密が隠されていたんだ

今度は人類の命運にかかわる内容ですか
だんだん話が大きくなって…
わっわっゴメン黙って聞くよ!
それじゃあまず暗号から説明しよう
暗号は二つあるんだ
一つは1300年前頃の〝太陽の暗号〟
もう一つは4500年前頃の〝星の暗号〟だ
お父さんが名付けたの?
ああそうだよ
〝太陽の暗号〟は朝日と夕日のラインが関係を…
〝星の暗号〟はピラミッドと天体図の星を重ねることで浮かび上がってきたんだ
太陽と星は正反対の関係だ太陽が沈むと星が現れ太陽が出ると星が消える
一枚の紙には表も裏もあるだろそれは一つで二つ二つで一つの関係なんだ
陰と陽の関係なんだ暗号を仕掛けた秘密結社は名前も戸籍もない
闇の陰陽《おんみょう》集団だと自らそう言っているんだ
そんな人たちが実在するの?
その名は〝ヤタガラス〟

その組織のトップには三人の〝大烏《おおがらす》〟という名称の方々が君臨しているらしいんだ
その一人と古代史研究家の飛鳥昭雄さんとの対談を本で読んだことがあるんだが
〝大烏《おおがらす》〟という方によると
〝ヤタガラス〟は太古から大和朝廷に仕えていたらしい
そして神のご神託…つまり神のお告げによって日本に仕掛けをしたというんだよ
仕掛けというのはつまり暗号ってことだな
詳しく読んでみたいな
学研プラスから出版されている『失われたカッバーラ「陰陽道」の謎』という本だ
あとで貸してやるから読んでみるといい
ありがとう!
この本を読んだとき私の発見したものが暗号だということに確信を持ったんだ
〝太陽の暗号〟には〝ヤタガラス〟の名が仕掛けられていたんだからな

名前が示されているの？
地図を見ながら話そうか
この円の中心のM・Sは香代子先生の夢に現れた〝ミステリー・スポット〟だ
鳥見山《とみ》
M・S(ミステリー・スポット)
120°
135°
105°
石上神宮《いそのかみ》
鳥見山《とみ》
この円は二つの鳥見山《とみ》と石上神宮《いそのかみ》に重なっているだろ
しかもその三地点は中心から105・120・135度という意味ありげな角度で分割された所に位置しているんだ
こんな偶然ありえないよね何か意味があるんじゃあ
この円上に二つの鳥見山《とみ》があるだろ
まさにその通りだ
M・S
120°
135°
105°
実はこの鳥見山というのは神武天皇が大嘗祭《だいじょうさい》を行った場所とされているんだ
その場所が2カ所あってどちらかわからず
いまだに古代史の謎なんだ
大嘗祭《だいじょうさい》
この暗号を発見したことで二つの鳥見山《とみ》の謎が解けたんだ
鳥見山
鳥見山
どういうこと？
日本の正史と言われている『日本書紀』には
『鳥見山《とみ》の中で大嘗祭を行った』と書かれているんだ
普通なら『鳥見山《とみ》で大嘗祭を行った』と書くだろ？

『鳥見《とみ》山中』の中 というのは円の中心を 暗示していると 考えたんだ
なるほど 理にかなっては いるけど… でもそれだけでは
もちろん 証拠もあるんだ
鳥見《とみ》山には石の碑が 立てられているんだが
そこにも はっきりと
『鳥見山中』という文字が 刻まれているんだ それにあの円の辺りは 〝トミ地域〟と 呼ばれているんだよ
円の中心の 〝ミステリー・スポット〟は 〝古代の神宮〟の 所在地というのは 説明したよな
だとすれば 神武天皇は 〝古代の神宮〟で 大嘗祭を行った ことになる
しかし暗号者は 神武天皇を初代の天皇としたので それより以前の天皇の 住まいでもある〝古代の神宮〟の 存在は隠さなければ ならなかったんだ
ということは 暗号者は 真実を隠すために
大嘗祭をした場所を 意図的に二つ用意し それを謎としたわけか
そうなんだ でもさっきの 円の暗号から
神武天皇は 〝古代の神宮〟で 大嘗祭をしたって ことがわかるだろ
暗号者は真実を 隠したが
暗号が発見されると 真実が明らかに なるような仕掛けを したんだよ

そして暗号者は暗号が発見されるのを待っていたんだ
自分たちが隠した本当の日本の姿を明らかにしてほしかった
どういう意味？
それは後で説明するよ
ところでさっきこの暗号には暗号者の名前が示されているって…
石上神宮
そうなんだこの円の暗号から“八咫烏《やたがらす》”というキーワードが浮かび上がってくるんだ
さっきの秘密結社と同じ名前だ
この円はさっき説明した二つの鳥見《とみ》山と重なっているだろ
鳥見《とみ》山は普通鳥見と呼ばれているが『とび』と呼ばれることもあるんだ
石上神宮《いそのかみ》
そして円上の石上《いそのかみ》神宮には元の場所というのがあって
そこは桃尾《ももお》という地名で有名な滝があるんだがその手前に石上《いそのかみ》神社という神社があるんだ
その神社は“トビの御前《ごぜん》”と呼ばれているんだよ
どうして“トビの御前”と呼ばれているの？
？
わからないな
なにか気付くことはないか？
よしヒントをやろう
音読みにしてるといい
もも…び
とう…び…
桃
尾
？
tou...bi
？
もも…お…
momo…

トビだ!
トビが三つ揃《そろ》った
石上神宮
鳥見山
鳥見山
鵄《とび》という鳥を知っているだろ『トンビが鷹を生む』とことわざにもあるこの鵄は記紀神話にも登場するんだ
神武天皇を勝利に導いた金色の鵄《とび》『金鵄《きんし》』として描かれているんだ
旧日本軍のシンボルに使われたり
国旗掲揚の時に使われる旗竿の先の金色の玉も『金鵄《きんし》』を象徴しているんだ
そして旗竿の黒の模様がついているだろ実はそれは〝八咫烏《やたがらす》〟を象徴しているんだ
ということは〝金鵄《きんし》〟は秘密結社〝ヤタガラス〟のトップの三人の〝大烏〟ということになる
そして円上の三羽の『とび』も三人の〝大烏《おおがらす》〟を表していることになるね
暗号者は円の暗号から浮かび上がってくる
これであの円が暗号だということも暗号者が秘密結社〝ヤタガラス〟だということもわかった
『とび』というキーワードで自分たちの素性を明かしているんだすべて暗号者の仕業なんだ
それでこの発見からどうなったの?

私はこの円の暗号を〝三羽の鳥〟と名付けたんだが
〝三羽の鳥〟の発見から次々に暗号を発見し最終的に〝三つの円〟の暗号に辿《たど》り着いたんだ
大神宮
面白いことに〝三つの円〟も『さんわ』になるだろ
そしてそれらの円を重ねることで暗号のメッセージが浮かび上がってきたんだ
三羽の鳥から三つの円…暗号者はおやじギャグが好きなんだな
！
まてよ…三《み》輪《わ》山の三輪も『さんわ』になるな
いいところに気づいたな！
大神《おおみわ》神社
三輪山をご神体としている大神《おおみわ》神社の関係者も暗号者とつながっているんだ
それで暗号にはどういうメッセージが込められているの？
それは…
〝ミステリー・スポット〟から最高神が復活すれば
〝人の世〟は終わり〝神の世〟が始まる…

いったい どういう意味?
ノアの洪水って聞いたことがあるだろ?
聖書に書かれた洪水伝説なんだが実際に洪水が起きて古い文明が滅びまた新しい文明が始まったと考えている人もいるんだ
暗号者も同じで地球は一定のサイクルで崩壊と再生を繰り返している…
そしてその崩壊と再生のたびに
神主導の〝神の世〟が始まりやがて人主導の〝人の世〟になると考えていたんだ
ノアの洪水ってほんとうにあったの?
地球は崩壊と再生を繰り返しているの?
暗号者はそう考えていたんだ
でも僕には暗号のメッセージが信じられないな
無理もない正直言うと私も確信を持つには多くの時間が必要だった…
どうして確信を持てたの?

それは古代史関係の本をたくさん読んで勉強したからだよ
ゆうに1000冊は超えたかな
そんなに！
それで知ったんだが実はこの暗号の他にもさっき言ったことを伝える古文書があるんだ
それが〝竹内文書《たけうちもんじょ》〟だ
〝竹内文書《たけうちもんじょ》〟によると地球の崩壊と再生のたびに日本人が世界を立て直したと書かれているんだ
ええっ！日本人がっ
伊勢神宮には内宮と外宮があることは知ってるな？
内宮は日本国内を治める内政機関で
外宮は外国を統治する外政機関だ
だから〝古代の神宮〟は世界政府だったんだよ
世界政府が日本にあったの？
でも僕らが学んだ歴史では
日本は古代には中国文化を
近代になってからはアメリカやヨーロッパの影響を受けて発展してきたはずだろ？

もちろんその歴史も間違いではない
だが私たちが学んだ歴史にはそれよりも古い時代の歴史がすっぽり抜けているんだ
大和時代以前は弥生時代・縄文時代になっているがそれは文献が無いから仕方なしに土器の形状の違いだけで区別しているだけなんだ
日本には『古事記』と『日本書紀』という正式な歴史書がある
だがそれ以外にもその二つよりはるか昔の歴史書があるんだ
その一つが〝竹内文書〟だがそれだけでなく多くの歴史書が実際にあるんだ
しかしそのほとんどが隠されたり公開されたとしても偽書とされたんだ
でもそんな昔に歴史書があったの？
まだ中国から文字が伝わる前だよね…
実は中国から漢字が伝わる前から日本には文字があったと言われているんだ
それらの歴史書は神代《かみよ》文字という文字で書かれていたんだ

はじめて聞いたな 本当にそんな文字があるの?
神宮文庫という伊勢神宮が運営する図書館には著名な指導者たちの奉納文が残されているんだ
藤原不比等《ふじわらのふひと》や源頼朝《みなもとのよりとも》の奉納文は漢字でもカタカナでもなく神代文字で書かれているんだ
でもその二人の時代には漢字があったよね
諸説あるが…
ある宮司さんによると日本の神々は外来文字を嫌っていたので神代《かみよ》文字が恒例だったらしい
さらに神代文字よりももっと古い文字が刻まれている岩が発見されているんだ
〝ペトログリフ〟と呼ばれる絵文字だ
専門家の研究によると同じペトログリフが世界中で発見されているんだが…
そのことからアメリカ文化学会のジョセフ・マーハン会長は「世界は一つの宗教と言葉で結ばれていて世界中を自由に移動していた時代があった」と言っているんだよ
驚いたな 専門家がわかる同じ文字が世界中に分布しているという事実があるということは
会長さんの言うことも間違いないよね
もっと驚くことがあるぞ
ペトログリフの中でも最も古いタイプの文字が日本から発見されたんだ
下関、彦島杉田丘陵にあるペトログリフ
そんなにすごいことなの?

そりゃあそうだ 英語やフランス語 ドイツ語の元になった アルファベットの表記のさらに元になったフェニキア文字…
さらに元になった シュメール文字より はるかに古いもの…
という 見解の研究者が いるんだ
シュメール語
フェニキア文字
ABCDEFGHI…
ch habe ein bisschen zu viel gegessen…
Lorsque j'avais six ans, j'ai vu s'appelait…
つまり 文字のルーツが日本なら 宗教や文化のルーツも 日本ということになる
そのペトログリフは "竹内文書《たけうちもんじょ》"に書かれていた ことを示す物的証拠になる と私は考えている
なるほど "竹内文書《たけうちもんじょ》"の言うように 地球の崩壊と再生のたびに 日本人が世界を立て直して いるとしたら
そのときには 必ずその場所から 最高神が甦《よみがえ》るのかも しれないね
ああそうだ 最高神の住まいだから 神の宮…神宮と いうんじゃないか
これで "太陽の暗号"の メッセージは 理解できた
もう一つ "星の暗号"と いうのが あったよね
じゃあその話は 次回で…

でも僕はどうしても理解できないことがまだあるんだ
夢に見た山が実際にあったんですよ
どうして香代子先生は"ミステリースポット"を夢に見たんだろう?
それとももう一つ…どうして暗号者は"ミステリースポット"を隠した上でその場所がわかると発見できる暗号を仕掛けたんだ?
それは…
実は香代子先生と暗号者は同じ預言《よげん》者なんだ
ヨゲンシャって未来を予知する…
それは予言者だな
預言者とは神さまからのお言葉を預かることができる人のことをいうんだ
聖書にも多くの預言者の預言が集められているんだ
そして香代子先生の預言によると
近い未来…地球規模の天変地異が起こるというんだ

そのときの避難場所が北は北海道から南は九州まで
日本各地に6カ所示されているんだよ
中でも夢に出てきたその場所には神さまの世界に存在する〝最高神の住まい〟を再現するように神さまに伝えられたそうだ
その設計図も既に出来上がっていて見せてもらったこともある
神さまの計画で地上に〝最高神の住まい〟を再現するってことは…
地上を神さまの住まいにすることを意味しているんじゃ…
ああ私はそう考えている
そして6カ所の避難場所が示されたのは天変地異後の〝新しい時代〟の拠点を示されたんだと思う
この拠点を中心に各地域が復興されそのモデルが全世界に拡大されやがて世界を一つの〝神の国〟にしようという計画なんだ
つまり〝ミステリースポット〟は〝最高神の住まい〟を再現する場所として
神さまから選ばれた場所だったんだね
壮大な計画だねでもどうして暗号者はその場所を隠したのにその反面、隠したその場所が明らかになると発見できる暗号を仕掛けたんだろう…
暗号が仕掛けられたのには重要な理由があるんだ
おそらく暗号者は自分の命よりも重大な任務だと考えていたと思う
その理由は〝大鳥《おおがらす》〟の方と飛鳥昭雄さんとの対談で語られているんだ

その〝大鳥〟の方によると暗号が仕掛けられた理由は…彼らは〝神さまのご神託〟によって
日本に国仕掛け…つまり暗号を仕掛けたと言うんだ
そして仕掛けの防御を打ち破り
日本の秘密を世に広める…
〝解き放たれし者〟と〝預言されし者〟が現れるのを待つためだと言うんだ
……もしかして
防御を打ち破る〝解き放たれし者〟って
暗号を解読したお父さんのことじゃあ…
じゃあ〝預言されし者〟って？
だいたい察しがついてると思うが考えてみようか
彼らの発言から暗号は発見され解読されるのを前提で仕掛けられている
暗号者は1300年以上もそれをよく信じられたね
そこが重要なポイントなんだ暗号は〝神さまのご神託〟によって仕掛けたと言っていた

さっきも言ったが彼らも預言者だ
だから〝神さまのご神託〟を聞くことができたんだ 彼らにとって預言とは絶対的なものなんだ
それで神さまはどういうご指示を出されたの?
それは…
崩壊と再生のときに〝ミステリー・スポット〟に〝最高神の住まい〟を再現するという神さまの計画を預かる預言者が現れる…
だから〝ミステリー・スポット〟を隠しその上で預言者を証《あか》す仕掛けをするように指示されたんだと思う
たしかにお父さんが発見した〝太陽の暗号〟は円の中心がわからないと発見できない暗号だもんね
ああ 現に1300年誰にも発見されなかったからな
〝古代の神宮〟の所在地を隠さなければ〝預言されし者〟を証《あか》すことはできなかったんだ
その場所には古代…世界を統治する神宮があった しかし その事実も隠さないとその場所を探す人が現れる…
暗号者はそう考えたんだね
だから暗号者は日本の古代史を書き換えて〝古代の神宮〟の存在を隠し
その所在地を隠すために神宮を伊勢に遷した
その上でその場所がわかると発見できる暗号を仕掛けたんだ

その暗号は〝預言されし者〟を証《あか》すために仕掛けられたもの…
暗号のジグソーパズルには最後のワンピース〝預言されし者〟が入らないと完成しない仕組みだったんだ
ということは〝預言されし者〟は香代子先生ということになるね
暗号者が1300年以上も前に神さまから伝えられたことがほんとうになったね
そうだな 暗号者と香代子先生は同じ神さまの世界から同じ計画を預かったんだよ
私たちには見ることも聞くこともできないけれど〝神の世界〟はたしかに存在することを暗号は示してくれたんだ
たしかにそうだね
それでさっきの〝神の計画〟は？
地球の崩壊と再生の〝約束の時〟には〝古代の神宮〟の所在地の〝約束の地〟に
〝預言されし者〟…〝約束の人〟が甦る…
それは永遠に変わらぬ〝神さまの大いなる救いの計画〟だとお父さんは考えている
永遠に？どういう意味
〝竹内文書《たけうちもんじょ》〟によると…

これまで地球は何度も
崩壊と再生を
繰り返しているが
そのたびに
日本人が世界を
立て直したと
言っている…
それに
〝ミステリースポット〟は
香代子先生の夢に
出てきたと言ったろ
つまり
その夢というのは
香代子先生の魂の
記憶から…
〝約束の人〟は
何千年も前
一つ前の
〝約束の時〟にも
〝約束の地〟に
立たれていたんじゃ
ないかとね
お父さんの
言うとおり
かもしれないね
いや…
きっとそうだよ！
それにしても
お父さんの話を
聞いて
日本には
世界中の人々が
驚くような秘密が
隠されていると
思い知らされたな…
そうだ
日本人には
とてつもなく
大きな使命が
課せられているんだ

二等辺三角形の「三羽の鳥」の暗号（秘密結社ヤタガラス＝秦氏《はたし》）

漫画で紹介したように「約束の地」の「三羽の鳥」の暗号から、次々に暗号の仕掛けを発見し、最終的に三つの円（サンワ＝三輪）の暗号にたどり着いた。

これから、このことを説明する。

「約束の地」の「三羽の鳥」の暗号から、暗号者の存在が明らかになった。

それは秘密結社「ヤタガラス」だった。「八咫烏《ヤタガラス》」という暗号者のコードネームから、もう一つの「三羽の鳥」の暗号を発見した。

それは暗号者の秘密結社「ヤタガラス」が、古代氏族の「秦氏」と関係があることを示している。

まず、この暗号から紹介しよう。

「八咫烏《ヤタガラス》」は賀茂《かも》氏の祖先で、名前を「賀茂建角身命《かもたけつぬみのみこと》」といい、京都の「賀茂御祖《かもみおや》神社」でお祀りされている。この神社は下鴨《しもがも》神社と呼ばれている。

この神社から数キロ北東方向の賀茂川沿いに「賀茂別雷《かもわけいかづち》神社」があるが、この神社は

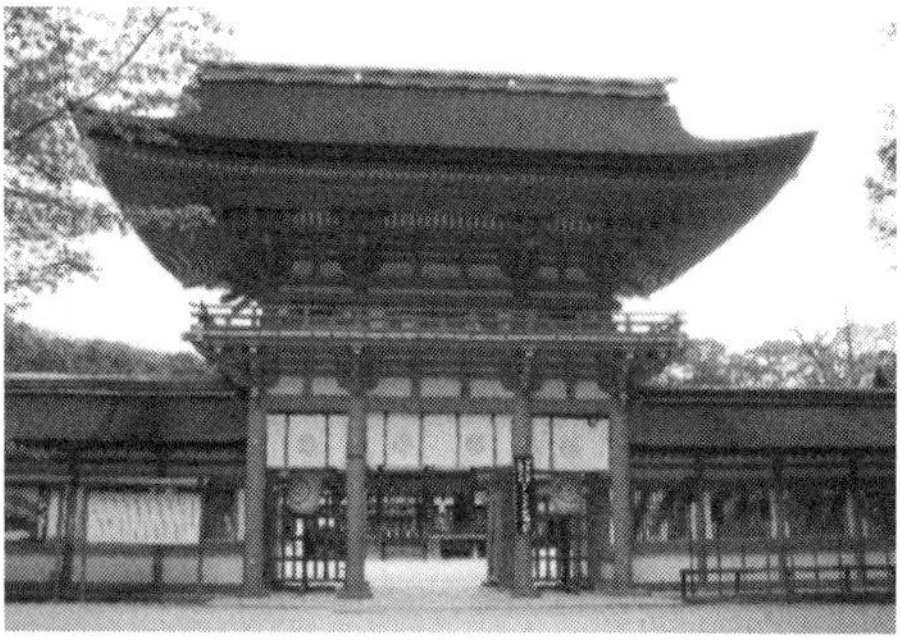

下鴨神社

上賀茂神社

上賀茂《かみがも》神社と呼ばれている。

この京都の上下カモ神社に、もう一つの「三羽の鳥」の暗号が仕掛けられている。

地図を見ると、上下カモ神社の南西方向に「松尾大《まつおたい》社《しゃ》」という神社がある。松尾大社と上下カモ神社は、古代の秦氏の系図を示す『秦氏本系帳』によると、「秦氏三所《みどころ》明神《みょうじん》」と称し、三社とも秦氏と関係の深い神社なのだ。

そこで、この三社を結んだ。それが、69ページの図だ。

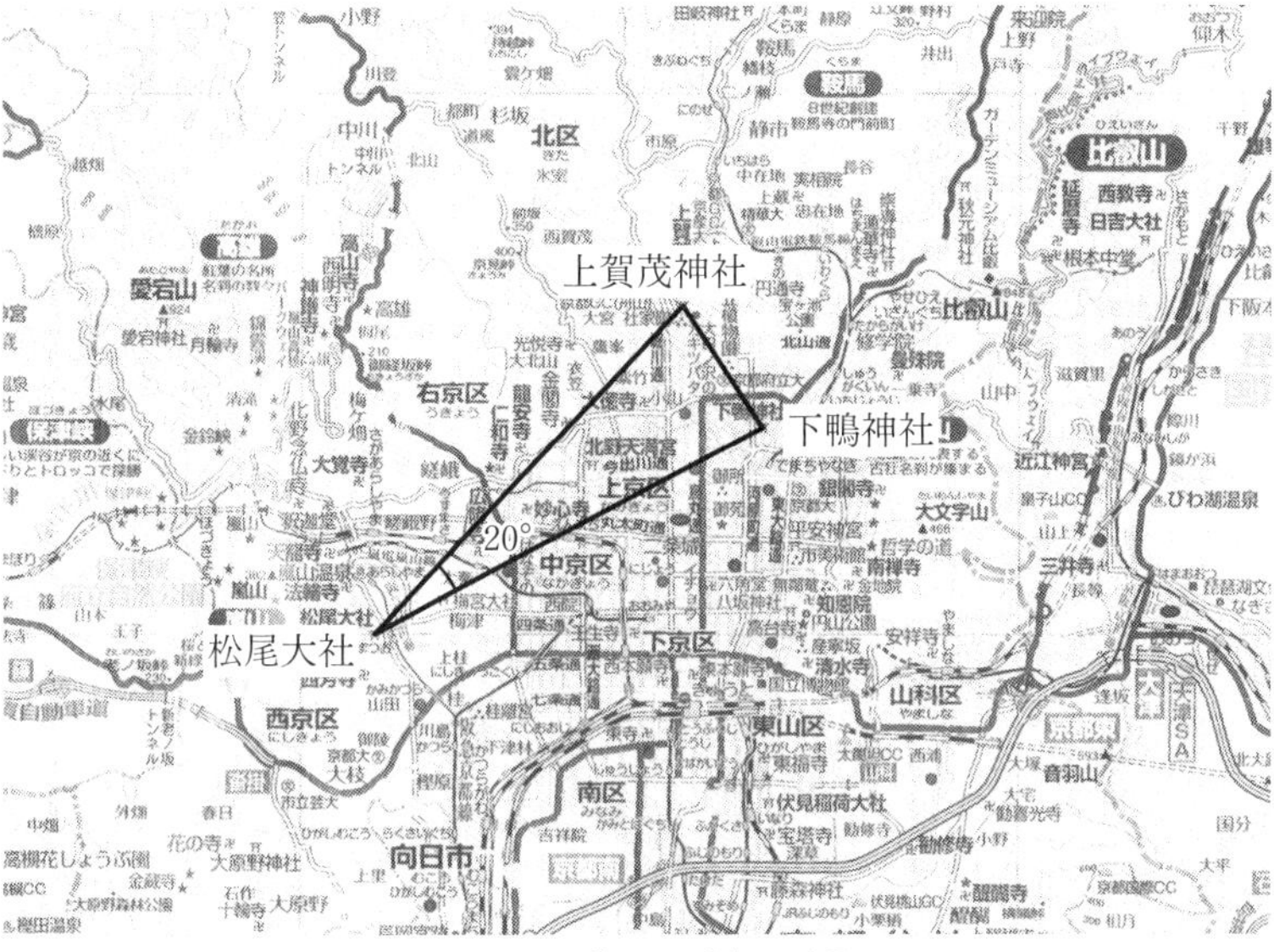

もう一つの「三羽の鳥」の暗号

この三角形は正確な二等辺三角形になる。

何か意味があると思い、松尾大社を創建した人物を調べると、その名がなんと、秦忌《はたのいみ》寸都理《きとり》という人物なのだ。

この「都理」は当《あ》て字で、「鳥」を示す。

この三つの神社を結んでできる二等辺三角形にも、カモ・カモ・トリの「三羽の鳥」が浮かび上がってくる。

これが、もう一つの「三羽の鳥」の暗号である。

この暗号から、暗号者と秦氏はつながっていることがわかる。

ここで、秦氏について、三神たける氏と飛鳥昭雄氏の著書から引用して簡単に説明しておこう。

秦氏は第15代の応神《おうじん》天皇の時代に、「弓月君《ゆづきのきみ》」という人物に率いられて日本に渡来したことになっている。

応神天皇の時代はおよそ4世紀の後半だが、その頃、朝鮮半島で動乱が相次ぎ、それを逃れた人々が大量に日本列島へ渡来した。その中でも、最大級の規模だったのが秦氏である。

当時、渡来人は大陸の進んだ知識や技術をもとに、政治家や学者になるものが多かったが、秦氏は政治にあまり興味がなかったらしく、仏像や絵画といった芸術のほか、建築や土木、産業の方面で活躍した。

巨大古墳や河川《かせん》の灌漑《かんがい》工事、さらに、平安京などの都市建設で活躍する。なかでも養蚕《ようさん》業を得意とし、絹や綿などを生産し、服飾産業を一手に握っていた。

後に秦氏のハタに別の漢字を当て、畑氏、畠氏、幡氏、端氏、波多氏、羽田氏と名乗るほか、秦野《はたの》氏、服部《はっとり》氏、島津《しまづ》氏、宗《そう》氏、惟宗《これむね》氏、長宗《ちょうそ》我部《かべ》氏などと称する者も現れ日本全国へと広がった。

『日本書紀』の記述によると、秦氏は朝鮮半島の「百済《くだら》」から日本に渡来したものとされている。ところが、秦氏の史跡を発掘調査すると新羅《しらぎ》系の遺物が多く、百済系のものがほとんどない。

例えば、考古学で重要視されている瓦《かわら》の模様だが、この瓦の模様は、百済系、新羅系、高句麗《こうくり》系などの特徴が認められ、素人でも区別できる。このような事実から、現在では、秦氏は新羅系の渡来人というのが学会の定説になっている。

どうして、新羅系なのに百済系と偽ったのか。

その真相は不明だが、一説では、百済と大和朝廷との関係が、深かったためだと考えられている。

例えば、仏教は百済から伝来し、また663年の「白村江《はくそんこう》の戦い」は、唐と新羅の連合軍にたいして、日本は百済と連合して戦った。その結果、日本と百済は戦いに敗れ、このとき、多くの百済人が亡命して日本に渡来してきたことが想像される。

これらのことから、古代の日本文化は百済の影響を受けていて、飛鳥時代の芸術や建築は百済系のものが多く存在する。そのため、秦氏も百済系と偽ったものと考えられているのである（『失われた契約の聖櫃「アーク」の謎』『失われた原始キリスト教徒「秦氏」の謎』いずれも飛鳥昭雄、三神たける著　学研プラスからの引用）。


いずれにしても、暗号者の秦氏（秘密結社「ヤタガラス」）は、朝鮮半島から6世紀ころから日本に渡った渡来人である。

ではどうして、渡来人の秘密結社がわざわざ日本で暗号を仕掛け、「預言されし者」と「解き放たれし者」の出現をひたすら待っているのか？

それは、秦氏、すなわち秘密結社「ヤタガラス」のルーツと正体を暴くことで明らかになるが、それは後で説明する。

次の暗号を紹介しよう。

京都カモ神社の二つの円の暗号

さて、今紹介した二等辺三角形の「三羽の鳥」の暗号から、「約束の地」の「円の暗号」と同様の暗号を発見した。

それを次に示す。

発見の経緯については、拙著『隠国《かくりこく》日本版』神々の指紋』上巻（150ページ以下）を参照してほしい。

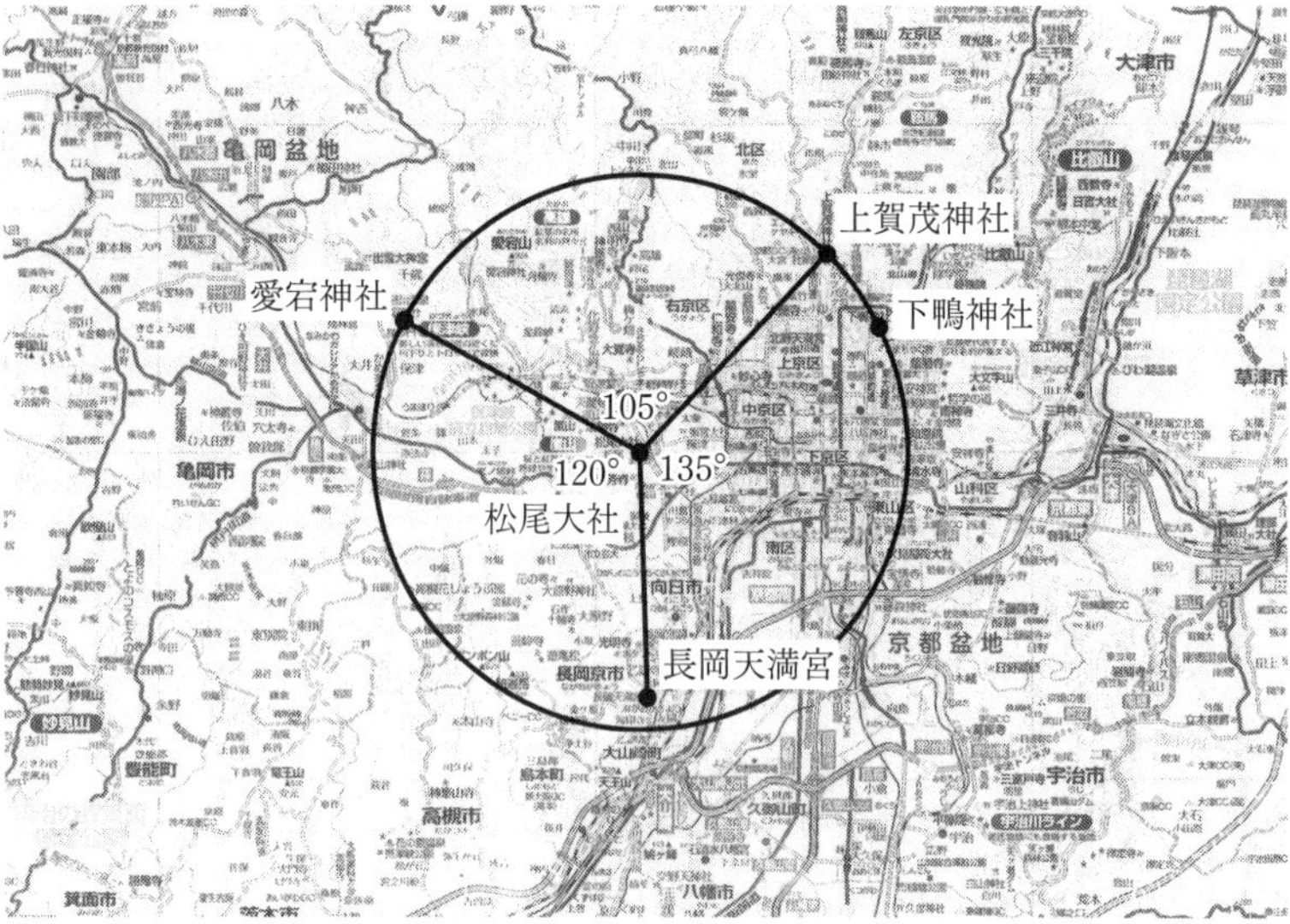

京都カモ神社の二つの「円の暗号」①

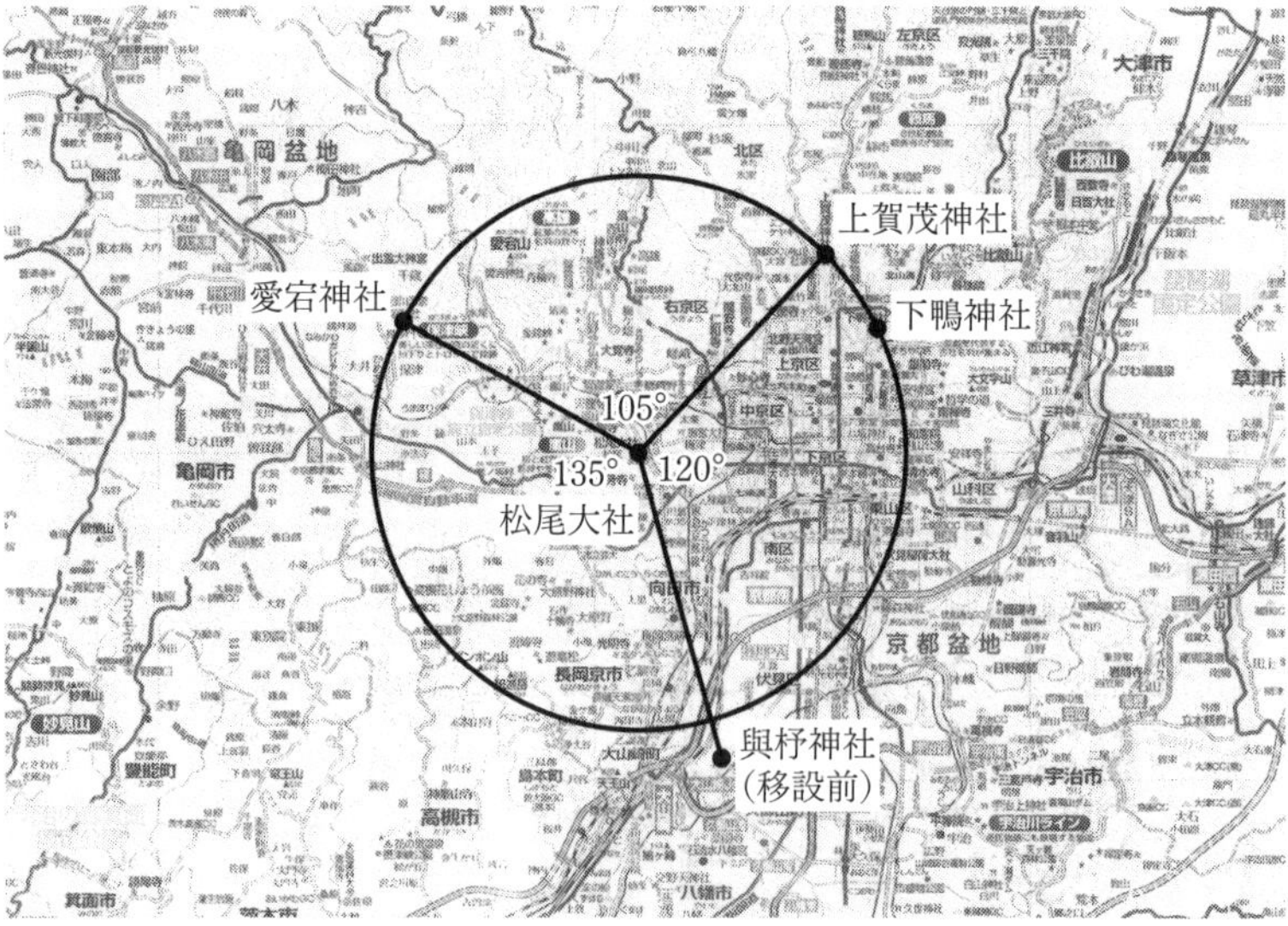

同②

長岡天満宮

與杼《よど》神社《じんじゃ》

愛宕《あたご》神社《じんじゃ》

ご覧のように、京都の円の暗号は、暗号の仕掛けの神社を松尾大社を中心とした円上から意図的に離れた場所に長岡天満宮と與杼《よど》神社を配置し、一つの円で角度の並びが「逆さま」（135度、120度）の二つの円の暗号を仕込んでいる。

検証の結果、暗号の仕掛けの神社は、いずれも秦氏と関係が深いことも明らかになった。詳しい説明は前掲の拙著を参照してほしい。

これが、漫画のところ（51ページ）で説明した、「約束の地」（ミステリー・スポット）を中心にした円の暗号の次の二つ目の京都の円の暗号である。

葛城《かつらぎ》カモ神社の円の暗号

では次は、三つ目の円の暗号を紹介しよう。

それは、奈良県の上下カモ神社に仕掛けられている。

京都の上下カモ神社に円の暗号が仕掛けられていたが、カモの名の付く神社は奈良県の葛城地域にもある。

ちなみに、葛城地域とは、奈良県の中西部に位置する大和高田市、御所《ごせ》市、香芝《かしば》市、葛城《かつらぎ》市、広陵《こうりょうちょう》町の四市一町からなるエリアである。

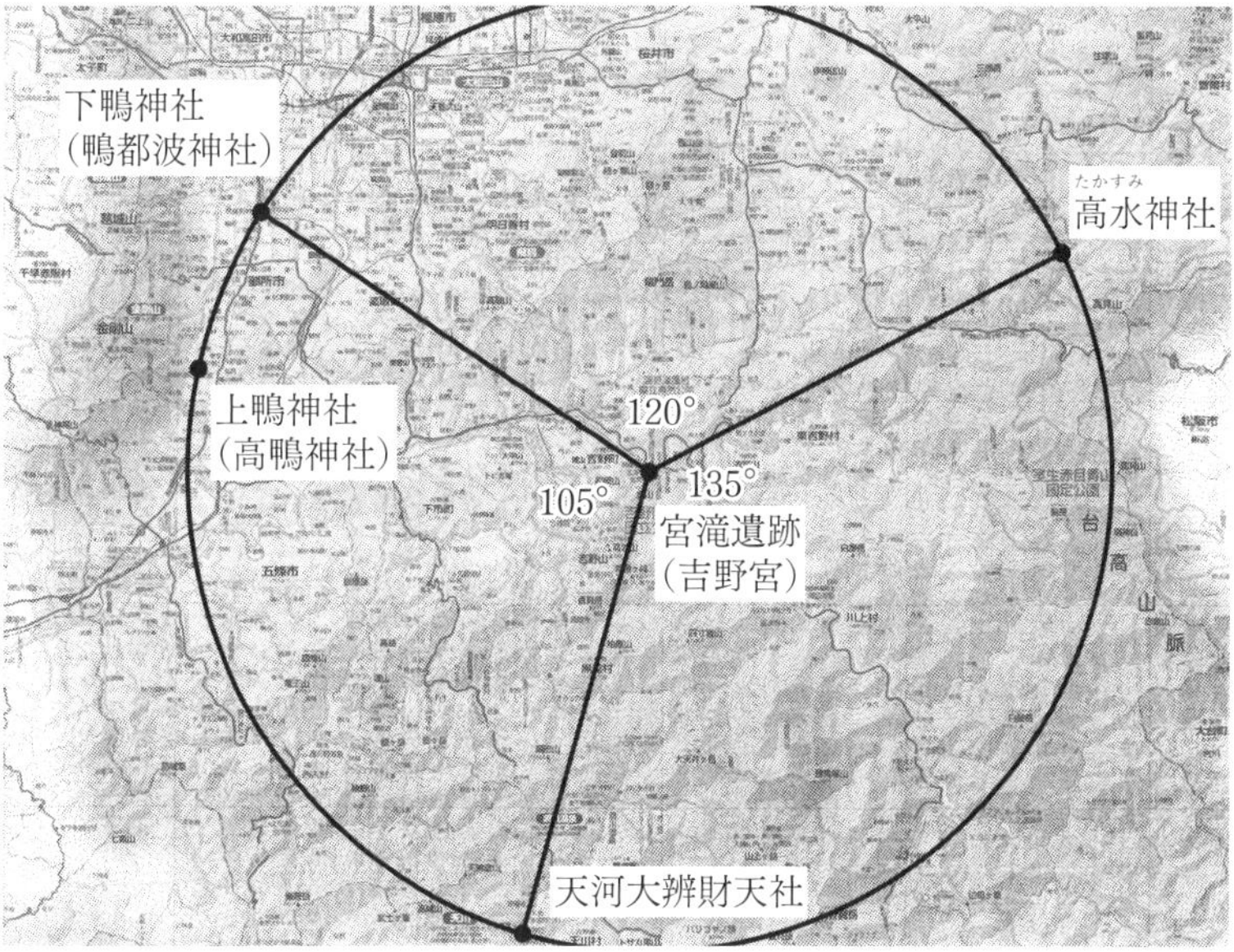

葛城カモ神社の「円の暗号」――宮滝遺跡を中心にし、上・下カモ神社を半径に円を描くと、中心を105度、120度、135度に分割するところに神社がある！

奈良県の葛城地域の御所《ごせ》市に、高鴨《たかかも》神社という神社がある。

この神社は京都の賀茂神社を始めとする、全国のカモ（鴨・賀茂・加茂）神社の総本社とされている。

この高鴨《たかかも》神社は、葛木《かつらぎ》御歳《みとし》神社（中鴨社）・鴨都波《かもつば》神社（下鴨社）に対して「上鴨社」と称されている。

この上下カモ神社にも、京都と同じように円の暗号が仕掛けられている。それが上の図である。

聖武《しょうむ》天皇以前の吉野宮である宮滝《みやたき》遺跡

ところで、京都の円の暗号の中心は松尾大社という神社だったが、奈良県の上下カモ神社の円の暗号の中心は、「宮滝遺跡」という名称の遺跡で神社ではない。

気になるので、「宮滝遺跡」について調べると、この場所も古代からの祀《まつ》り場だったことが明らかになった。

次は、このことをお伝えしよう。

「宮滝遺跡」は、桜で有名な吉野（奈良県吉野郡吉野町宮滝地内）にある。

吉野は奈良盆地の南部に位置し、熊野《くまの》と大和を結ぶ中間地点にある。奥吉野の山々が連なる山岳地帯は「大峰《おおみね》」と呼ばれ、「大峰」への道は修験者《しゆげんじや》によって熊野から開かれた。

吉野・大峰・熊野・高野の山々は修験道のメッカで、２００４年にユネスコの世界遺産にも登録されたので、ご存じの方が多いと思う。

吉野が最初に史書に現れるのは、『古事記』の神武東征の場面である。

それは、神武天皇が熊野から大和に抜ける途中の山中で道に迷い、八咫烏に先導してもらって大和に入ることができたというところである。

吉野はこの中で、熊野から大和への通過点として記されている。

この『古事記』の記述から、八咫烏は熊野・大峰・吉野から大和へ抜ける山中の古道を知っていた可能性が高く、八咫烏は修験者や吉野と深い関係だと推測できる。

「宮滝」は近畿のほぼ中心点に位置し、東へ行くと伊勢湾へ、西へ行くと紀伊水道に達し、

宮滝遺跡

吉野離宮顕彰碑

南へ下ると紀伊山地を越して熊野灘《なだ》に達し、北方向へ行くと飛鳥《あすか》や奈良へ至る。

この宮滝で、昭和5年から発掘調査が断続的に行われた。

その結果、地下の最も深いところからは、縄文《じょうもん》時代後期の土器や弥生時代の土器、最も浅いところからは、古墳《こふん》時代の須恵器《すえき》や飛鳥奈良時代の建物や庭園の遺構が出土した。それが「宮滝遺跡」の名前の由来である。

「宮滝遺跡」の特徴は、いくつかの異なった年代の遺構が存在することである。このことは、縄文時代の遺構跡を、弥生時代から9世紀に至るまで、使用されていたことを意味する。

ところで、この「宮滝遺跡」は「吉野宮の

宮跡」としての顔もある。

『日本書紀』の中に、第15代応神《おうじん》天皇の時代、「吉野宮へ幸《みゆき》す」とあるが、この「吉野宮」は長年の調査で、「宮滝遺跡」の場所にあったことが判明した。

「吉野宮」には、暗号者の秦氏と関係の深い第15代応神天皇だけでなく、第21代雄略《ゆうりやく》天皇、第37代斉明《さいめい》天皇即位（655年）から、都が平城京（奈良）から平安京（京都）に遷《うつ》る（794年）までの139年の間に、天智《てんじ》、天武《てんむ》、持統《じとう》、文武《もんむ》、元明《げんめい》、元正《げんしょう》、聖武《しょうむ》など、多くの天皇が行幸《ぎょうこう》されている。

吉野歴史資料館

これらの天皇の中で特に目を引くのが、天武天皇の皇后《こうごう》でもあった持統天皇である。在位8年の間に、31回も吉野宮へ行幸されたと『日本書紀』に記されている。行幸の目的が何であったかは語られていないが、古代の政治が「祭政一致《さいせいいっち》」であったことを考えると、古代の天皇は「聖地吉野」の神々の意向を受けて政治《まつりごと》を執《と》り行《おこな》っていたと想像させられる。

ところで、斉明、天智、天武、持統朝の時代の吉野宮跡と思われる場所は、吉野山の最高峰・青根《あおね》ヶ峰《みね》を望む場所にあったと考えられている。その時代、青根ヶ峰は「吉野宮」の神奈備山《かんなびやま》として、あがめ尊ばれていたからである。

現在、この場所には、「吉野歴史資料館」が建てられている。「宮滝遺跡」へ訪問した際にこの資料館にも立ち寄ったが、国道から少し山手へ入った高台にあり、吉野の山々を眺望《ちょうぼう》できる景勝地にある。

ところが、聖武天皇の時代になると、神奈備山の重要な青根ヶ峰が見えない場所に遷され、宮殿は「吉野離宮《りきゅう》」(『続日本紀《しょくにほんぎ》』)となり、祭祀《さいし》の性格から遊覧《ゆうらん》へ変化したと考えられている。

注目してほしいのは、聖武天皇以前の吉野宮は、祭祀的な性格だったという点である。つまり、円の暗号の中心の「宮滝遺跡＝吉野宮」は、古代から神聖視された「祀《まつ》り場」だったのである。

瀬織津比売《せおりつひめ》を祭る高水《たかすみ》神社

さて、奈良の上下カモ神社の円の中心も、京都の円の中心の松尾大社と同じように「祀り場」だった。暗号の仕掛けの神社も、京都と同じように秦氏や八咫烏と関係がある。なかでも「高水《たかすみ》神社」には、暗号者の巧みな仕掛けが見てとれる。参考のために、この神社

高水神社（鳥居の奥の建物）

高水神社の祭神が刻まれた石碑

と暗号者との関係をお伝えしよう。

私は高水神社を確認するために、地図をたよりに現地を訪問した。ところが、現地に着くと鳥居があるだけで、およそ神社とは言い難い。

お社《やしろ》の隣に家があるので、神社のことを尋ねようと思い訪れると、その家は宮司さんの家だった。

「この神社は、地図には『高水神社』と書かれていますが、鳥居があるだけです。いったい、どういうことですか？」

そう尋ねると、宮司さんは次のように答えてくれた。

「ここは神社というより、『高見山《たかみやま》』の遥拝《ようはい》所です。鳥居は高見山の方を向いています。あの山がその高見山です」

鳥居は確かに「高見山」に向けられている。

祭神は、「高見山」の山頂にある「高角《たかすみ》神社」のご祭神で、「高水大明神《たかすみだいみようじん》」こと「瀬織津比売《せおりつひめ》」という神らしい。

「高見山」は古くは「高水山《たかすみ》」あるいは「高角山《たかすみ》」と呼ばれ、人びとの水と山への信仰を集め、「高見山」の古名の「高水山」が「高水神社」の名前の由来らしい。

いずれにしても、地図に載《の》せられていた「高水神社」が、実際に存在していることが確認できた。

ところで、この神社は高見山の祭神を遷した神社なので、自宅に帰ってから高見山について調べることにした。

すると、ウィキペディア百科事典には、次のように記されている。

「神武東征の際、櫛田川《くしだ》から大和へと入ったとする説があり、山頂にはここに上って四方を見たと謂《い》われる『国見岩』や、道案内を務めた八咫烏を祀る高角神社がある」

八咫烏といえば暗号者のコードネームである。宮司さんの話では、祭神は「瀬織津比売」だった。

どうして、宮司さんのいわれた祭神と違うのか？

疑問に思い、宮司さんに確認させていただくと、宮司さんは次のように答えてくれた。

「社伝には、祭神として八咫烏の名も書かれていますが、それは、神武天皇さんが八咫烏に導かれて、高見山に登って国見をしたという故事《こじ》によるものです」

なるほど、これで謎が解けた。

暗号者は八咫烏という暗号コードを仕込むために、神武東征のときに、八咫烏に導かれて高見山で国見をしたという物語を『記紀』の中に仕込んだのだ。

続けて宮司さんは、「『高見山』は、もともと『高水山《たかすみ》』で『高角山《たかすみ》』とも呼ばれていた」といわれた。

これで「カラクリ」がわかった。

前述したが、八咫烏は賀茂《かも》氏の祖先で、名前を「賀茂建角身命《かもたけつぬみのみこと》」という。

「瀬織津比売」は、罪や穢《けが》れを川から海へ流すという「水」の神である。

「水」の神から、賀茂建《たけ》「角《つぬ》」身命《みのみこと》（＝八咫烏）の「角」の神に祭神が変えられた。だから、「高水山《たかすみ》」や「高角山《たかすみ》」と呼ばれていたのだ。

さらに、神武天皇が「国見」をしたという故事によって、「高見山」と呼ばれるようになったのである。

いずれにしても、この神社は暗号の仕掛けのために、あの場所に用意されたに違いない。

「暗号」の仕掛けの四つの円

さて、漫画のところ（51ページ）で説明した「約束の地」の「三羽の鳥」の暗号から、三つの円（三輪＝さんわ）の暗号にたどり着いた。

この三つの円、51ページの大和の「約束の地」（ミステリー・スポット＝M・S）を中心とした円、吉野の宮滝遺跡を中心とした円、そして厳密に言うと京都の松尾大社を中心とした円の暗号は並びの違う二種類の円の暗号があったので、次ページの四つの円が存在する。

これらの円を重ねることで、暗号文が浮かび上がってくる。解読過程は前掲の拙著（上巻171～216ページ）を参照してほしい。暗号文は図形を使用したもので、異論を挟むことができない完璧《かんぺき》なものだった。

それは、「約束の地」から神さまが復活すると、「人の世」が終わり「神の世」が始まる、という内容である。

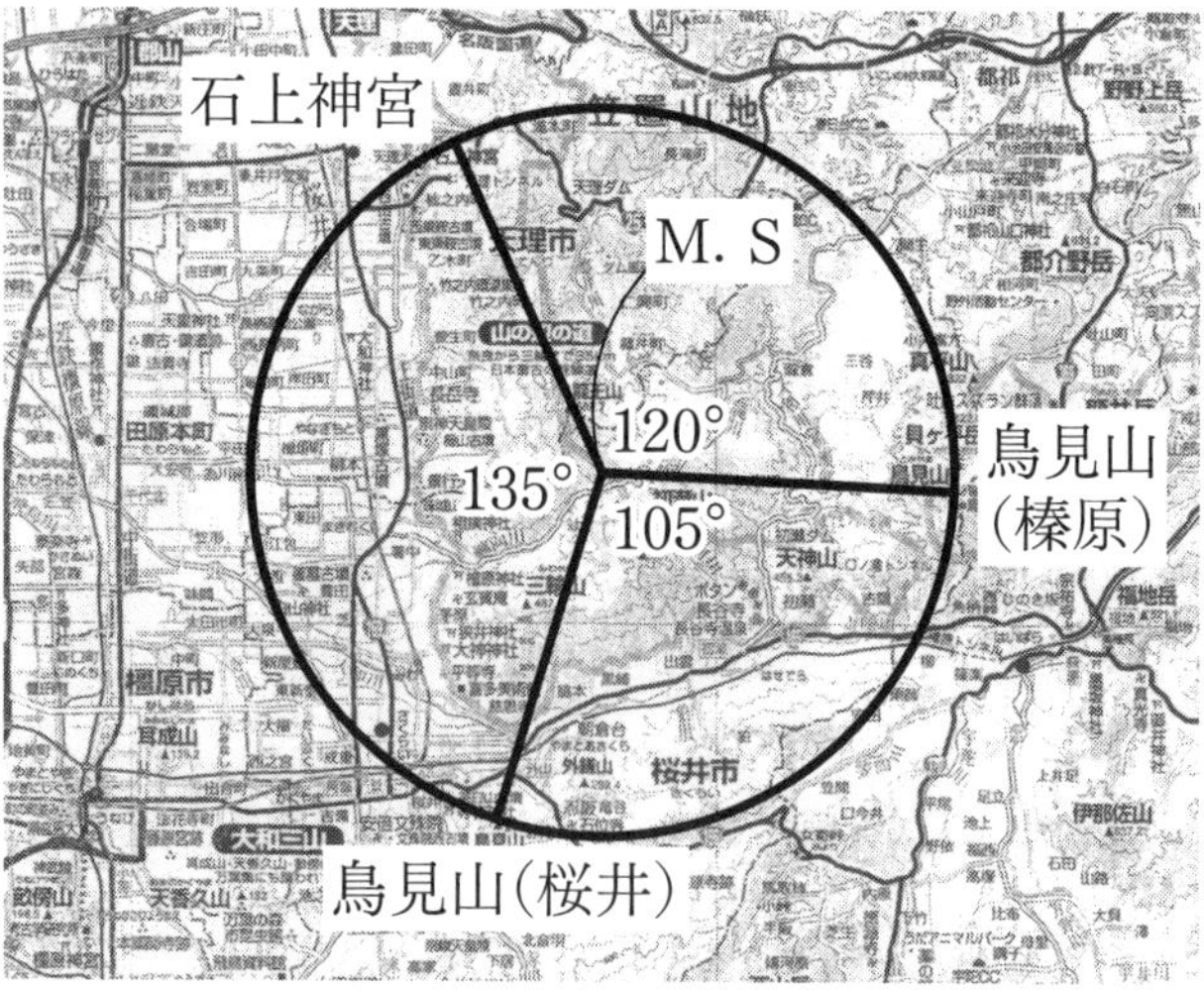

ミステリー・スポット（約束の地）を中心の円の暗号

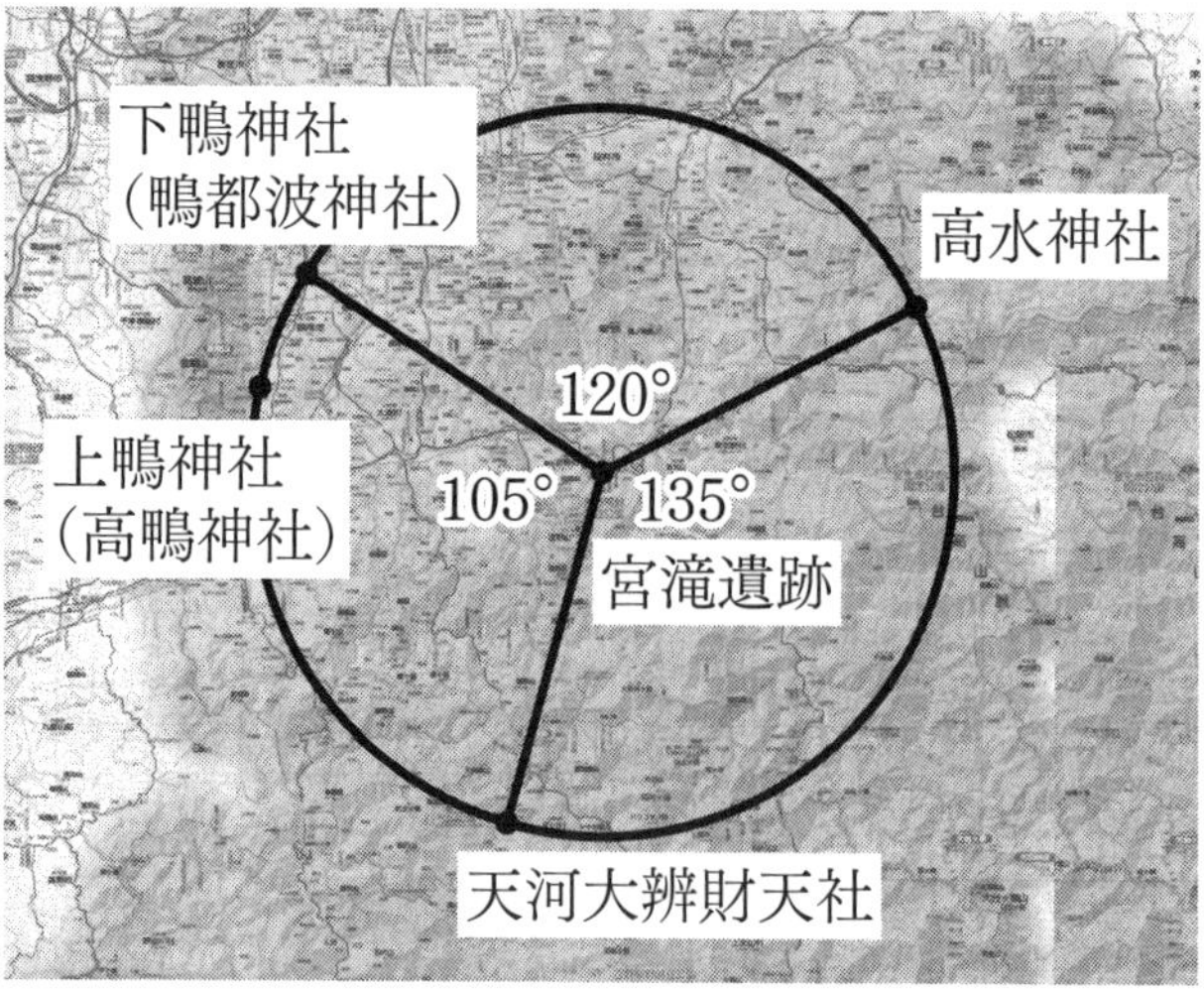

宮滝遺跡を中心の円の暗号

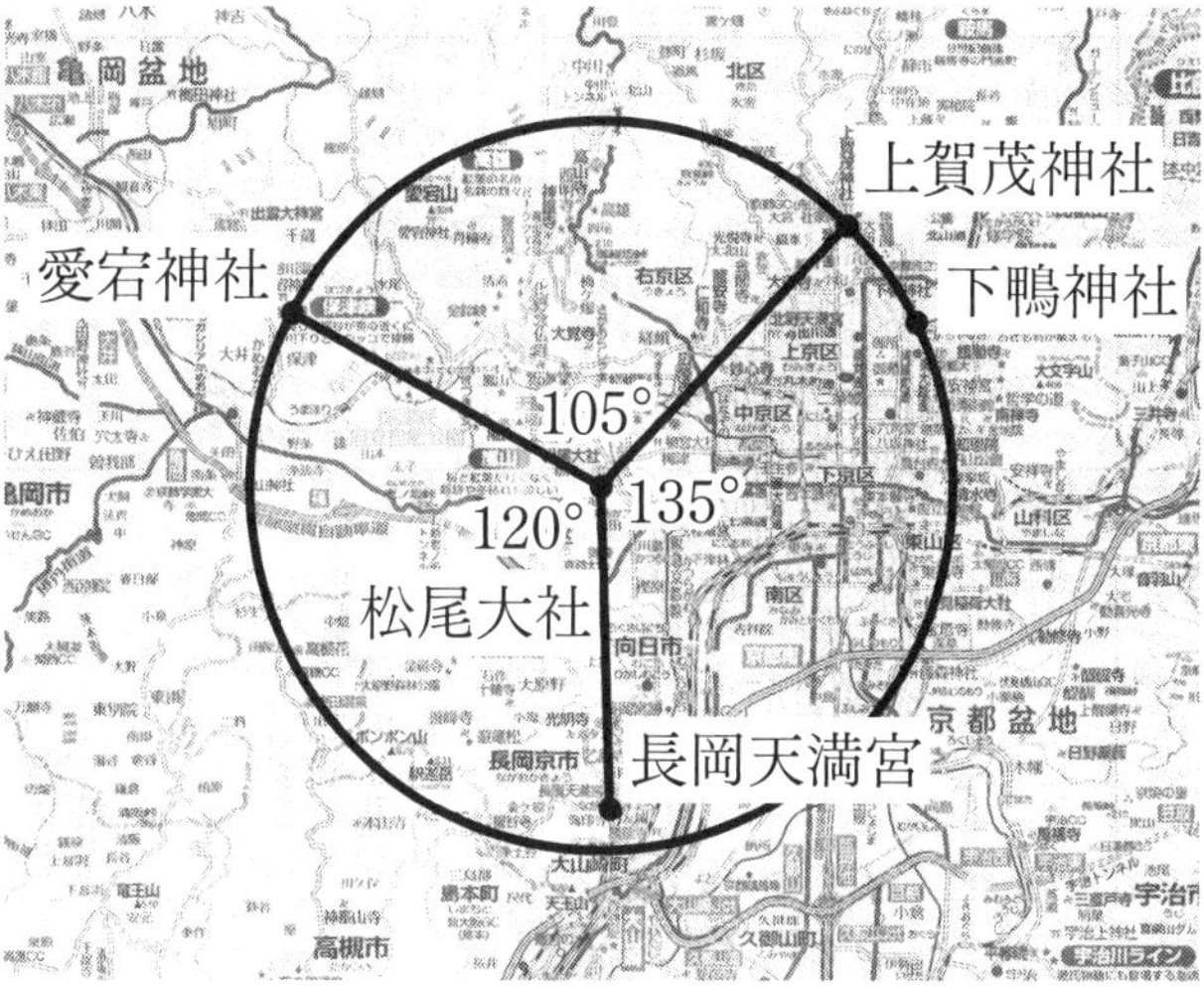

京都松尾大社を中心の円の暗号

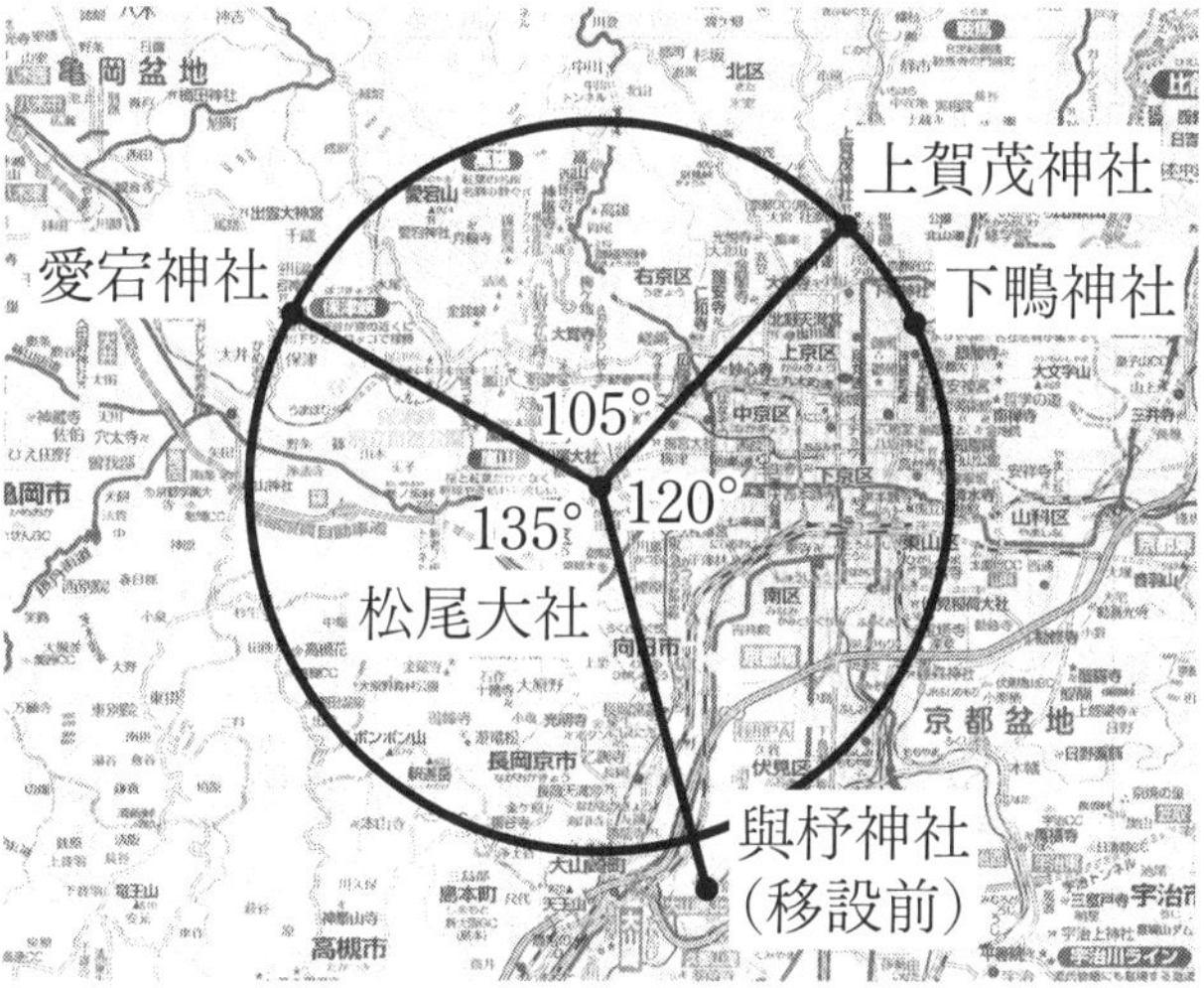

京都松尾大社を中心の円の暗号

「天岩戸開《あまのいわとびら》き神話」の暗号

ところで、暗号者は先の円を使用した「太陽の暗号」を補足するような逸話を『記紀』に残している。それは、「天岩戸開き神話」である。

参考のために、説明しておこう。

「天岩戸開き神話」は、次のような内容である。

須佐之男命《すさのおのみこと》が高天原《たかまがはら》で乱暴を働いたために、天照大神は天の岩戸に隠れてしまった。日の神である天照大神が隠れてしまったために太陽が出なくなり、神々は困り天照大神を天の岩戸から出すために「計略《けいりやく》を練《ね》る」のだ。

「計略を練る」という言葉に注目しておいてほしい。

次の場面を続けよう。

天宇受売命《あめのうずめのみこと》が岩戸の前で踊り、外が騒《さわ》がしくなったので、天照大神は何事だろうと天の岩戸の扉を少し開けて天宇受売命に問う。

「自分が岩戸に隠れて闇になっているのに、どうして、あなたは楽しそうに舞い、多くの神は笑っているのか」

その問いに、天宇受売命は次のように答える。

「貴方様《あなた》より貴い神が現れたので、それを喜んでいるのです」

その隙《すき》に、天児屋命《あめのこやねのみこと》と布刀玉命《ふとだまのみこと》が天照大神の前に、「賢木《さかき》（逆木）」の枝に掛けた「鏡」を差し出す。天照大神は、不覚にも「鏡」に映った自分の姿がその貴い神だと思ってしまい、その姿をもっと見ようとさらに岩戸の扉を開ける。その瞬間を待ち構えていたのが天手力男命《あめのたぢからおのみこと》である。

天手力男命が天照大神の手を取って岩戸の外へ引きずり出すと、布刀玉命は手に持っていた注連縄《しめなわ》を素早く岩戸の入り口に張る。こうして天照大神が岩戸の外へ出ると、高天原も葦原中国《あしはらのなかつくに》も光を取り戻し明るくなるのである。

これが「天岩戸開き神話」の概略である。

要するに、天照大神は「計略」に騙《だま》されて、無理やり天岩戸から出されたことになる。

注目してほしいのは、天照大神を映した「鏡」と「賢《さか》木《き》（逆木）」だ。賢木（逆木）とは「逆さま」を暗示し、鏡も「左右反転」の関係、すなわち正反対の関係を示しているのである。

ちなみに、鏡の「左右反転」にまつわる、興味深い話がある。

京都の下鴨神社を訪問したときに、昼食を食べようと思って近所を歩くと、「しかも坦々麵《たんたんめん》」というラーメン屋さんがあった。

店内に入ると、変わった時計が掛けられている。

普通の時計は、1から12までの数字が右回《みぎまわ》りで、時間を示す長針と短針も同じ右回りである。ところが、その時計は1から12の数字が左回りで、長針と短針も左回りに回る。要するに、文字盤《もじばん》の数字も、時間を示す長針と短針も、すべて左右反転になっている。

気になるので、どこで手に入れたのかを尋ねると、次のような返答だった。

「この時計は、開店のお祝いに知人から頂いたものです。鏡に映ると普通の時計と同じようになり、散髪屋さんなどに売られているそうです」

普通の時計と左右反転のこの時計は、鏡に映ると普通の時計のように見えるのだ。

ここで、「天岩戸開き神話」に戻る。

天照大神の「正反対の神」を写した鏡は、三種神器の一つの八咫鏡《やたのかがみ》である。八咫鏡《やたのかがみ》は、伊勢神宮にお祀りされている。

だから、伊勢神宮には「ほんもの」の天照大神の、「正反対の神」がお祀りされていることになる。

「太陽の暗号」によると、古代の神宮の所在地である「約束の地」から神さまが復活すると、「人の世」は終わり「神の世」が始まることになる。また、暗号によると、大和から東に位置する伊勢の地は、「人の世」が始まる場所である（説明は拙著を参照してほしい）。

つまり、「天岩戸開き神話」は、「約束の地」に「ほんもの」の天照大神が復活するまでの「人の世」の間は、「正反対の神」を祀っていることを示しているのである。

「天岩戸開き神話」によると、鏡に映った天照大神の「正反対の神」を、「ほんもの」の天照大神よりも貴い神だと騙して、天照大神を天岩戸から引っ張り出したことになっているが、神を騙して、岩戸から出すことなどできるはずがない。記紀編集当時、「ほんもの」の天照大神は、天岩戸《あまのいわと》（神の世界）に隠れたままである。「ほんもの」の天照大神は、地球の崩壊と再生の「約束の時」まで復活することはない。

そんなことは、記紀編集者の暗号者は百も承知している。

岩戸の入り口に注連縄《しめなわ》を張ったのは、「ほんもの」の天照大神が復活するまでの間は、

「約束の地」を「封印」したことを示しているのである。

このように、「太陽の暗号」を解読すれば、暗号者が「天岩戸開き神話」で伝えたかったことが読み解ける。

秘密結社「ヤタガラス」の暗号めいた発言

暗号者が「天岩戸開き神話」で、伝えたかったことを説明した。

次は、このことに関連する、秘密結社「ヤタガラス」自身が語った、暗号めいた発言をお伝えしよう。

漫画のところで述べたが、古代史研究家の飛鳥昭雄氏は秘密結社「ヤタガラス」と接触がある。彼は再びその関係者と面談した。

その時、秘密結社「ヤタガラス」の関係者は、次のような暗号めいた発言をしたのである。

「伊勢神宮が甦った後、地上に天照大神が降臨する。その時、誰もが天照大神の御姿をその目で見ることになる。そして伊勢神宮の使命もまた、それをもって終焉となる」

（『失われたキリストの聖十字架「心の御柱」の謎』飛鳥昭雄・三神たける著　学研プラスより）


この発言は、何を意味しているのか？

「伊勢神宮が甦る」と言っているのに、もう一方で、「伊勢神宮の使命が終わる」と言っている。矛盾する内容で、何を言っているのか意味不明だ。

しかし、「約束の人」香代子先生が預かった「神の計画」と、彼ら（秘密結社「ヤタガラス」）の仕掛けた「太陽の暗号」と、今説明した「天岩戸開き神話」の意味がわかれば、その発言が意味していることがわかる。

「約束の人」香代子先生は神さまから、元伊勢の中の元伊勢、神宮の元の場所「約束の地」に、「最高神の住まい」（神宮）を再現するように伝えられた。

「伊勢神宮が甦る」とは「元伊勢に神宮が甦る」ことを言っているのだ。

元伊勢の「約束の地」に神宮（最高神の住まい）が甦れば、「約束の人」もその地に再臨する。「約束の人」のことを、ヤタガラスは天照大神と言っている。「約束の人」香代子先生は肉体を持っている。だから、誰もがその御姿を、その目で見ることができる。

では、「伊勢神宮の使命が終わる」とは、いったい、どういう意味なのか？

「天岩戸開き神話」は、伊勢神宮には「ほんもの」の天照大神の、「正反対の神」をお祀りしていることを示していた。

暗号によると、大和から東の伊勢の地は「人の世」の始まりの場所である。

「人の世」だから、「神の世」の「正反対の神」をお祀りしているのである。つまり、「正反対の神」がお祀りされている伊勢神宮は、「人の世」のために用意された神宮なのだ。

「太陽の暗号」によると、「約束の地」から神さまが復活すれば、「人の世」は終わり「神の世」が始まることになる。だから、元伊勢の「約束の地」に「神宮」（最高神の住まい）と「約束の人」（ほんもの天照大神）が甦ると、「人の世」は終わり「神の世」が始まる。

「神の世」が始まると、「人の世」のために用意された伊勢神宮の使命は終わる。

これが、秘密結社「ヤタガラス」の、暗号めいた発言の意味することである。

秘密結社「ヤタガラス」の暗号めいた発言は、「太陽の暗号」や「約束の人」香代子先生が預かった「神の計画」、すなわち「約束の地」に「最高神の住まい」を再現するという計画、そして、「天岩戸開き神話」で暗号者が伝えたかったことが理解できて、はじめてその意味していることがわかる。

「太陽の暗号」と「天岩戸開き神話」は、やはり秘密結社「ヤタガラス」（暗号者）の仕《し》業《わざ》に違いない。そして秘密結社「ヤタガラス」（暗号者）は、「約束の人」香代子先生が預かった「神さまの大いなる救いの計画」を、神さまから知らされていたのである。

ところで、前述した元伊勢伝承について、飛鳥昭雄、三神たける両氏によると、元伊勢と呼ばれる神社には全て暗号者（秘密結社「ヤタガラス」）とつながる秦氏が関わっているというのである（『失われた契約の聖櫃《せいひつ》「アーク」の謎』飛鳥昭雄・三神たける 学研プラス）。

神宮を「約束の地」から伊勢に遷したのは、暗号者自身なのだ。その目的は、「人の世」の型をつくるためである。だから、秘密結社「ヤタガラス」は、「約束の地」に「最高神の住まい」（神宮）が甦って「神の世」になれば、伊勢神宮の使命は終わると言っているのである。

しかし、私は「神の世」になっても、秦氏をはじめとする神宮関係者の使命が終わるとは思っていない。

誤解があってはいけないので、このこともお伝えしておきたい。

私は伊勢神宮が好きで、暗号を解読してからも、何度も参拝させていただいている。参道に敷かれた玉砂利の「ジャリ　ジャリ」という音を聞きながら、神宮までの道を歩くだけで心が洗われる。多くの方が、私と同じような思いでおられると思う。

伊勢神宮をはじめとする日本全国の神社は、神さま（目に見えない大きな存在）に対する敬虔《けいけん》な気持ちを、多くの日本人に持たせてくれた。

それが、全国に神社をつくった秦氏（秘密結社「ヤタガラス」）の狙いだったと思う。

そして、秦氏（秘密結社「ヤタガラス」）をはじめ神社の関係者は「人の世」が終わっても、次の時代「神の世」の建設に、その力を発揮していただけると、私は考えている。

イスラエルの失われた10支族、秦氏《はた》の謎

秘密結社「ヤタガラス」の暗号めいた発言の意味を説明した。その発言の意味は「太陽の暗号」を解読して、はじめてわかる。

このことからも、秘密結社「ヤタガラス」は、1300年以上も前に仕掛けられた暗号を引き継ぐ集団であることがわかる。

ところで、太陽の暗号者（秘密結社「ヤタガラス」）は古代氏族の秦氏だった。

前述したが、彼らは朝鮮半島からの渡来人だった。

どうして、渡来人の秦氏が日本の「約束の地」に暗号を仕掛け、「預言されし者」（約束

の人）の出現を待っているのか？

その理由を知るには、秦氏の正体を暴かなければならない。

詳しい説明は、前掲の拙著の上巻（229ページから242ページ）を参照していただくこととして、結論を述べる。秦氏はイスラエルの地から「約束の地」日本を目指した「イスラエルの失われた10支族」の一員であり、かつ「預言者集団」である。

まず「イスラエルの失われた10支族」について、三神たける氏と飛鳥昭雄氏の『失われた原始キリスト教徒「秦氏」の謎』（学研プラス）から簡単に説明しよう。

『聖書』によると、ユダヤの歴史は、BC17世紀頃のアブラハムから始まり、孫のヤコブの時代にエジプトに移住する。

ヤコブが「神の御使い」と一晩格闘して勝ったのを記念して、神がヤコブに授けた名前がイスラエルである。ヤコブの12人の子供から、「イスラエルの12支族」が誕生する。

その子孫は、やがてエジプト人の奴隷となり、奴隷の時代が400年ほど続くが、BC1300年に大預言者「モーゼ」が、ユダヤ人を率いて40年間に及ぶ荒れ野の放浪の末、ついに約束の地「カナン」に向かう。

先達モーゼの後を引き継いだのが、大預言者「ヨシュア・ベン・ヌン」である。彼はユダヤ人を率いて、ヨルダン川を横断。現在の「パレスチナ地方」に足を踏み入れ腰を下ろす。

その後、ダビデ王（BC1040年生～BC961年没）の時代に、ユダヤを統一し、12支族が一つになる。しかし、ダビデの跡を継いだソロモン王（BC1011年生～BC931年没）の死後、ユダヤは「サマリア」を首都とする「北朝イスラエル王国」と、「エルサレム」を首都とする「南朝ユダ王国」に分かれる。

北朝イスラエル王国は、ルベン族、シメオン族、イッサカル族、ゼブルン族、エフライム族、マナセ族、ダン族、ナフタリ族、ガド族、アシェル族の10支族から構成された。南朝ユダ王国はユダ族、ベニヤミン族から構成された。

ただし、レビ族だけは祭祀人《さいし》のため、両国それぞれに帰順《きじゅん》した。

その後、BC8世紀頃、メソポタミア地方に「アッシリア帝国」が勢力を拡大。アッシリアは次々に周辺国家を滅ぼし、ついにパレスチナ地方まで攻めてきた。北朝イスラエル王国は必死に抵抗したが、BC722年、首都サマリアがアッシリアによって陥落《かんらく》。北朝イスラエル王国は滅亡した。

10支族は捕虜《ほりよ》としてアッシリアに連行されたが、その後の10支族の行方がわからなくなった。

これが、世界史の最大の謎の一つともいわれる、「イスラエルの失われた10支族」の謎である。

「イスラエルの失われた10支族」は、アフガニスタンやインドや中国で暮らしているという説や、朝鮮や日本にも渡ったという説がある。

私はこの「イスラエルの失われた10支族」の一員が、秦氏だと考えている。

ミトラ教や仏教にもつながる暗号者は預言者集団だった

次は、暗号者はミトラ教や仏教につながる「預言者」だということを説明しよう。この預言者の説明で、暗号が仕掛けられた理由も明らかになる。

ミトラ教（ミトラス教）とは、インド・イランの古代からの神話に共通する、太陽神ミトラを主神とする宗教である。ヘレニズム文化を通じて地中海世界に入り、ローマ帝国統治下で紀元前1世紀より5世紀にかけて大きな勢力を持つ宗教となった。

ローマ帝国の領土において広範《こうはん》に流布《るふ》した宗教で、初期キリスト教とローマ帝国の国教の地位を争ったほど、古代においては優勢な宗教であった。

ところが、キリスト教の勝利と共に忘れ去られることになる。

ローマ帝国の碑文《ひぶん》の研究によって、ミトラ教の存在が明らかになったが、古代ローマのミトラ教は「密儀《みつぎ》宗教」の面が強く、その実態についてはいまだによくわかっていない。

ミトラ教はゾロアスター教の前身である。仏教にも取り入れられ、仏教の「弥勒《みろく》信仰」の弥勒は、サンスクリット語ではマイトレーヤというが、マイトレーヤとはミトラの別名だ。

キリスト教の「クリスマス」も、ミトラ教の冬至の日の「復活祭」がルーツである（ウィキペディア百科事典）。

「メシア信仰」も、ミトラ教をルーツにしていると考えられている。

経済学者の栗本慎一郎氏によると、広い意味のミトラ教（原始ミトラ教）は、古代バビロニア王国にすでに広まっていて、極めて古くからある、人類最古の宗教といっても過言ではないという。

また、ミトラは古代ペルシャ語の一部の方言で「ミシア」と呼ばれ、それが「メシア」となり「救い主」を示す言葉になったというのである（『シリウスの都　飛鳥――日本古代王権の経済人類学的研究』栗本慎一郎著　ＴＴＪ・たちばな出版）。

ヤタガラスとの関係で注目してほしいのは、ミトラ教の信者の位階である。

ミトラ教の信者には7つの位階があるが、その中の一番目の位階が「大烏《おおがらす》」という名称で、「ヤタガラス」の頂点にいる「大烏」と同じ名称なのだ。

暗号者の秦氏は、ミトラ教と関係がある。

このことに、疑問に思われる方もおられるだろう。

前述したように、秦氏は「イスラエルの失われた10支族」の一員だったので、ユダヤ教を奉じていた。

どうして、ミトラ教と関係するのかというと、彼らはイスラエルから日本への長い旅路の中で、ミトラ教や仏教の影響を受けたのだ。

その証拠に、秦氏が創建した広隆寺は、仏教寺院である。

彼らは、多くの宗教の元にある「神の世界」と交信ができる預言者だったので、ユダヤ教やミトラ教や仏教といった、外側の形にこだわっていなかったのではないか、と私は見ている。

プロローグで述べたように、暗号は「神さまのご神託」によって仕掛けられたものだった。「神さまのご神託」とは、「神さまのお告げ」という意味である。だから暗号者は、神さまの言葉を預かることができた。

神さまの言葉を預かる人とは、「預言者」を指す。

いずれにしても、暗号者は「預言者」だと思われる。

だから、暗号者も「約束の人」香代子先生同様、同じ「神の世界」から降ろされた、同じ「救いの計画」を預かることができたのである。

カバリスト、預言者の使命

ところで、「預言者」には特別な使命がある。

この預言者の使命から、暗号が仕掛けられた理由も明らかになる。

そもそも「預言者」とは、未来を予言する単なる「予言者」とは異なり、言葉を預かる人のことをいう。誰から言葉を預かるのかというと、「神」から言葉を預かるのだ。

だから「預言者」とは、占い師や、霊の世界（死後の世界）の霊人とコンタクトをとる霊がかりとは異なり、この世を創造した「神」とコンタクトのとれる人のことを指す。

ところで、ユダヤ思想の源流に「カバラ思想」というのがある。

カバラとは「受け取る」という意味である。

では、誰から何を受け取るのかというと、キリスト教のいう「創造世界」の「主《しゅ》」である「創造主」をはじめ、多くの天使たちから言葉や秘儀を受け取るのである。

「創造世界」とは、私たちの住む世界とは次元の異なる別の世界で、その世界が私たちの住む世界を創造したという考え方から「創造世界」と呼ばれる。

「創造世界」には、創造主をはじめ多くの天使たちがおられる。

言い換えれば、「神の世界」と理解してもらっても差《さ》し支《つか》えない。

ただ、キリスト教の場合、天使たちと天使たちの頂点に君臨する「主」を厳格に区別し、そのお方を「創造主」と呼ぶ。

それが、一神教の所以《ゆえん》でもある。

私は「創造世界」に住む多くの天使たちも、神さまだと思っている。

これは認識の相違で、キリスト教の信者の方々からお叱《しか》りを受けるかもしれないが、「創造世界」すなわち「神の世界」が、国や宗教によって異なることが、私には奇異《きい》に感じる。

私は「神の世界」（創造世界）が存在していることを確信しているが、「神の世界」（創造世界）が国や宗教によって異なるのはおかしいと考えている。「神の世界」（創造世界）は、一つでなければおかしい。

なぜなら、その世界は、キリスト教徒や仏教徒などの特定の宗教の世界ではなく、この地球、いや形あるすべての世界、宇宙のために存在していると思っているからである。

とはいえ、キリスト教や仏教やその他多くの宗教を、否定する気持ちは毛頭《もうとう》ない。「神の世界」についての、私の認識をお伝えしたかっただけである。

それはともかく、「神の世界」とコンタクトのとれる人たちのことを「カバリスト」という。カバリストが預かった神さまの言葉は神さまのご意志でありご計画でもある。

カバリストは「神の計画」の参画者《さんかくしゃ》として、「神の計画」をこの世で実践する。それがカバリストの使命であり、カバリストの中でも特に重要な御言葉を預かる、「預言者」の使命でもある。

今言った「預言者」の使命から「暗号」が仕掛けられた理由も、おわかりいただけたと思う。

それは、「神の計画」を実現させるためである。

暗号は地球の崩壊と再生の「約束の時」、「約束の地」に「約束の人」（預言されし者）が再臨するという、「神さまの大いなる救いの計画」を示していた。

同時に、「約束の人」を証《あか》す仕掛け、暗号も施されていた。

「約束の人」香代子先生は、「約束の地」に「最高神の住まい」を再現するように伝えられた。これは、地上世界を神さまの住まいにする、世界を「神の世」にするということを示している。

また、「新しい時代」のために、日本全国の６カ所の拠点を教えられた。

このことは、６カ所の拠点を中心にそれぞれの地域が再生され、やがて日本が一つの「神の世」になり、いずれは世界が一つの「神の世」になる、というご計画を示している。

前述したように、暗号は香代子先生が「約束の人」であることを証《あか》していたが、それは、香代子先生や暗号者が預かった「神さまの大いなる救いの計画」を、成就させるためだったのである。

さて、暗号者、秦氏の正体も、暗号が仕掛けられた理由も明らかになった。

彼らは「イスラエルの失われた10支族」の一員だった。

イスラエルの10支族がその消息を絶ったのは、今から、約２７００年ほど前である。だから、暗号者の所属していた秘密結社「ヤタガラス」は、約２７００年前から存在していたことになる。

これは驚くべきことだが、さらに驚くことがある。

この秘密結社は、少なくとも神武天皇よりはるか以前、エジプトの三大ピラミッドが建設された４５００年前から存在していた。

それを示しているのが、星をモチーフにした「星の暗号」である。

この暗号は、地球の崩壊と再生の「約束の時」と、そのとき「約束の人」が再臨する「約束の地」を示している。

したがって「神さまの大いなる救いの計画」は、少なくとも4500年前から計画されていたことになる。

このことは、容易には信じられないと思うが、暗号自体も常識で測れる代物ではない。「星の暗号」は日本だけでなく、エジプトやユカタン半島を中心とした中米マヤにも及んでいる。エジプトの「三大ピラミッド」とマヤ文明のマヤカレンダーは、この「星の暗号」の暗号装置でもあったのだ。

次は、もう一つの暗号、「星の暗号」を紹介しよう。

〝約束の時〟…地球を再生するために
〝約束の人〟が〝約束の地〟に甦《よみがえ》る
星の暗号編 前編
〜4500年前からのメッセージ〜

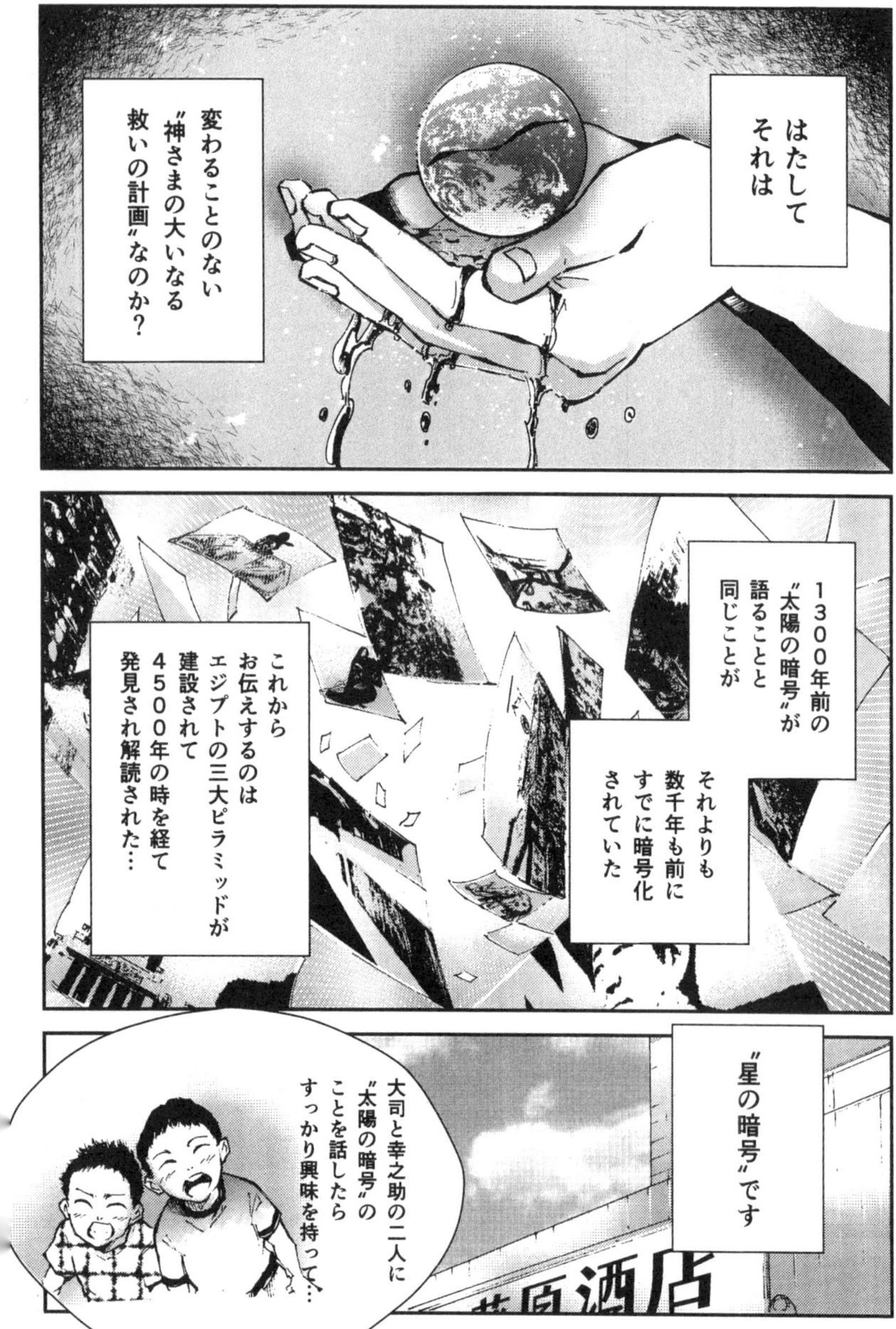
はたして
それは
変わることのない
〝神さまの大いなる
救いの計画〟なのか？
1300年前の
〝太陽の暗号〟が
語ることと
同じことが
それよりも
数千年も前に
すでに暗号化
されていた
これから
お伝えするのは
エジプトの三大ピラミッドが
建設されて
4500年の時を経て
発見され解読された…
〝星の暗号〟です
大司と幸之助の二人に
〝太陽の暗号〟の
ことを話したら
すっかり興味を持って…
酒店

今度お父さんの話が聞きたいって
そうかまた二人を連れて来るといい
それにしても〝約束の時〟には地球を再生するために必ず〝約束の地〟に
〝約束の人〟が甦るという〝神さまの大いなる救いの計画〟があったとはね…
私も驚いているよ
でもそれって暗号が語ったことで本当かどうかわからないでしょ
それはわからない
しかし同じことが4500年も前に暗号化されていたんだ
4500年も前から!?
前にも言ったろう〝太陽の暗号〟の他にも〝星の暗号〟があると…

MEXICO
EGYPT
それは日本とエジプトとマヤを舞台に仕掛けられているんだ
JAPAN
EGYPT
MEXICO
大掛かりな暗号だね それにしても…
交通や通信手段のないそんな古代に日本とエジプトとマヤには交流があったの?
〝太陽の暗号〟を説明したときにも言ったが
〝岩に刻まれた絵文字《ペトログリフ》〟が発見されたことは説明したよね
古代には世界は一つの言葉と宗教で結ばれていた時代があったことを示していたものだよね
そう… 〝星の暗号〟は
私たちの想像をはるかに超えた常識では考えられない代物なんだ
どういうこと?

例えば学校では学んでいないかもしれないが
はるか古代に高度な文明を持った帝国が突然海に沈んでしまった…という伝説があるんだ
あっ聞いたことある
アトランティス帝国だよね
おおっよく知ってるな
古代ギリシャの哲学者のプラトンが語っているんだが
アトランティス帝国は9000年前に沈んだとされているんだ
プラトンは紀元前427年に生まれたと言われているのでそれが事実なら…今から1万年近く前の地球に高度な文明を持った帝国が存在したことになる
信じられるか?
う〜〜〜ん
たしかに高度な文明の存在を示すものがあったことは聞いたことあるけど…
あくまで都市伝説のようなものだろう
そんな曖昧《あいまい》な代物じゃないんだこれは紛れもない事実なんだ

エジプトのギザのピラミッドは知っているだろ？
もちろんだよ世界遺産の中でも最も有名なんだし
でも…
そのピラミッドは〝暗号装置〟ということは初耳だろ？
どういうこと？
STOP!飲酒運転
順を追って説明しようか
随分前になるがグラハム・ハンコックという作家の『神々の指紋』という本がベストセラーになったんだが
題名だけ聞いたことあるけど…
その本には二つの時が記されていた
エジプトの三大ピラミッドに刻まれた〝紀元前1万450年〟と
マヤカレンダーに〝終わりの時〟として刻まれた〝2012年〟だ

〃終わりの時〃？
前にも説明したが地球は一定のサイクルで〃崩壊と再生〃を繰り返しているという考えがあり…
2012年は伝説の洪水から始まった…一つの大きな時代の〃終わりの時〃という意味だ
なるほど…
じゃあもう一つの三大ピラミッドに刻まれた紀元前1万450年はノアの大洪水後の〃始まりの時〃を示しているの？
そう解釈されている
『神々の指紋』によると三大ピラミッドは
紀元前1万450年のオリオン座のベルトの三ツ星を再現したものだというんだ
どうしてそれが発見できたの？
創世の守護神
これを発見したのはグラハム・ハンコックとも共著を出されているロバート・ボーヴァルという方なんだが

彼は三大ピラミッドを真上から撮った写真を見ていたんだ
そのとき…
エジプトの古文書などに語られる『上に在るごとく、下も在れ』という言葉を思い出し
〝三大ピラミッドとナイル川〟は〝オリオン座の三ツ星と銀河の天の川〟を再現したものだと閃《ひらめ》いたんだ
ほんとだ！紀元前1万450年のオリオン座の三ツ星と三大ピラミッドが対応してる！
※実際の画像
でもそんな昔の星の位置をその人はどうやって調べられたの？
私も持っているが場所と時を決めればそのときの天体を調べられるソフトがあるんだ
例えば場所をエジプトの首都カイロに年を紀元前1万450年に設定すればその様子が出てくるんだ
へぇー それは便利だね

でもそこからが大変な作業なんだ
ロバート氏はその画面を1年1年丁寧に調べ上げ
完璧に一致する紀元前1万450年を見つけだしたんだ
それは気が遠くなる作業だね
でもちょっと待ってピラミッドが造られたのは約4500年前だよね
その一致が真実ならそんな昔の人たちがオリオン座の三ツ星の様子をどうやって調べたの?
それが謎なんだ
謎はそれだけじゃないぞ…
三大ピラミッドの中で一番大きなピラミッドを大ピラミッドと呼ぶんだ
932.44m
大ピラミッドの周囲の長さ(932・44m)に4万3200を掛けると地球の赤道周囲の長さと同じになるんだ…
だから大ピラミッドは地球の北半球を4万3200分の1に縮小した投影図のようなものだとも考えられているんだ
これは偶然とは思えない…

つまり…ピラミッドの設計者は地球の赤道周囲の長さを何らかの方法で知っていたということになる…
う～～んたしかに
これらの謎は古代に高度な文明が存在したと考えないと解けないいね
それにそれを窺《うかが》わせるような神話があるんだ
これもグラハム・ハンコックの『神々の世界』という本に書かれていたことなんだが…
古代のインドの神話に地球規模の大洪水後に生き残った者たちは
新時代に〝一つの機関〟あるいは〝結社〟によって古代の知識を再び広めた…
と記されている
お父さんは地球規模の大洪水後に生き残った〝結社〟が三大ピラミッドを設計したと考えているんだね
ああそうだ
それが〝星の暗号〟であり…
〝太陽の暗号〟でもある

その〝結社〟が〝ヤタガラス〟だと考えている
それで…
紀元前1万450年が〝最初の時〟を示しているというのはどういう理由なの?
それはエジプトの神話に『ゼプ・テビ』
すなわち〝最初の時〟のことが語られているからだ
神々が支配した黄金時代の〝始まりの時〟だと語られている
それにオリオン座は〝最初の時〟にエジプトに文明をもたらした神々の一人のオシリスと同一視されている

なるほど…そういう理由で紀元前10450年は〝始まりの時〟を象徴しているんだと解釈されているんだね
そうなんだ
〝星の暗号〟は二つの時の天体図と
〝約束の地〟の近くにあたる大和《やまと》三山《さんざん》を重ねることで発見したんだ
その二つの時の天体図を重ねると二つの場所が浮かび上がってきたんだ
その結果…
二つの時と二つの場所が示されていることがわかったんだよ
この二つの時はさっきも言ったように〝始まりの時〟と〝終わりの時〟を示しているんだ
じゃあ…
二つの場所って何を示していたの？まさか〝約束の地〟を示しているんじゃないよね

もし〝約束の地〟を示しているのだったら〝星の暗号〟は…
地球の〝崩壊と再生〟の〝約束の時〟と〝約束の地〟を示していることになるね
早く暗号解読の結果を知りたいな
それにしてもどうしてお父さんは大和《やまと》三山《さんざん》とその二つの時の天体図を重ねたの？
それは〝大和《やまと》三山《さんざん》と元三輪山のダイヤ形〟に対応関係があることに気づいたことから始まったんだ
元三輪山？
三輪山はこの間説明したよなでも元三輪山を知っている人は少ないだろう
まず大和《やまと》三山《さんざん》から説明しよう
奈良県にある奈良盆地南部にそびえる三体の山々なんだが…
その姿からピラミッドではないかと言われているんだ
私が以前三輪山を登ったときに見た大和《やまと》三山《さんざん》は…

平野の中にその三山だけが際立って見え…
その姿はまさにピラミッドだったよ
日本にもピラミッドがあるなんて
日本には他にもピラミッドとされる山があるんだぞ
秋田県にある黒又山《くろまたやま》という山だ自然の山を加工しているのだが長年の学術調査の結果ピラミッドということが証明されているんだ
その他にも青森の靄山《もややま》
大石神《おおいしがみ》ピラミッド
葦嶽山《あしたけやま》と日本全国でピラミッド山は発見されている
やっぱりお父さんの話は
常識的な知識で固めた固定概念を外して聞かないとついていけないや

私も日本のピラミッドのことをはじめて知ったときは驚いた…というよりは疑ってかかった
しかし膨大な古代史関係の本を読むことで疑いは確信へと変わっていった
じゃあお父さんは
大和三山《やまとさんざん》がピラミッドである確信があるの？
もちろんだ
地図を見ながら説明しようか
まずは大和三山《やまとさんざん》で
天香久山《あまのかぐやま》
畝傍山《うねびやま》
耳成山《みみなしやま》
の三つを線で結ぶと…
耳成山
畝傍山
天香久山
正確な二等辺三角形になるんだ
しかもこの中線は特別なラインなんだよ
どういうこと？
図で示しているように〝夏至の日〟に畝傍山《うねびやま》から見ると元三輪山のダイヤ形の中心から太陽が昇り
〝冬至の日〟に元三輪山のダイヤ形の中心から見ると畝傍山《うねびやま》に太陽が沈むんだ
元三輪山のダイヤ形
夏至の日出方向
元三輪山
耳成山
畝傍山
天香久山
冬至の日没方向

23.4°
北極
自転
赤道
どうしてそんなことになるの?
その原因は地軸が公転面に対して23・4度ほど傾いているからで…
北緯34度周辺の大和《やまと》三山《さんざん》のあるところではそのようなことが起こるんだよ
天香具山
三つの山が二等辺三角形になりその中線も特別なラインになるのは偶然とは考えにくいだろ
まして日本全国にピラミッドが存在することを考えれば…
大和《やまと》三山《さんざん》がピラミッドだという答えに行き着いたんだ
たしかにそうだね
ところで話は戻るけど元三輪山ってどういう山なの?
?
元?
元っていうくらいだから三輪山のモデルになった山なんだ
ただ一つの独立した山というよりは山々といった連山のほうが正しいいな

万葉集に記されている御諸山《みもろやま》(三諸山)は三輪山と同じ山とされているんだが
地元の研究家の栄長さんの長年の研究で
三輪山と御諸山《みもろやま》は違う山で御諸山は三輪山の元の山…
つまり元三輪山だということがわかったんだ
なるほど元伊勢があるように元三輪山もあるんだね
じゃあ元三輪山のダイヤ形はどうやって発見したの?
それは…
三輪山の東西南北に神社が配置されているんだが
それらの神社を結ぶと三輪山を中心とするダイヤ形ができるんだ
兵主《ひょうず》神社
秉田《ひきた》神社
春日《かすが》神社
玉列《たまつら》神社
この三輪山のダイヤ形は暗号者が
元三輪山のダイヤ形に気づかせるためにした布石だと思っているんだ
そういえば三輪はサンワになり〝三羽の鳥〟の暗号を仕掛けた暗号者と関係があったね
そこで大和《やまと》三山《さんざん》のそれぞれの山から中線と同じラインを引いたんだ
すると…

そうすると耳成山《みみなしやま》から引いたラインが桧原《ひばら》神社に重なるんだ
桧原神社
耳成山
桧原《ひばら》神社は〝太陽の暗号〟でも説明したが
崇神《すじん》天皇の代に皇居にお祀りされていた天照大神《あまてらすおおみかみ》を最初に遷《うつ》した場所とされる所だ
そこにはイワクラがあり祭祀の古さを物語っている
イワクラ(磐座)
いずれにしてもこの場所は今も大切にお祀りされているんだ
一体誰がお祀りしているの?
桧原《ひばら》神社は近くの大神《おおみわ》神社の末社になっているから大神《おおみわ》神社の関係者だろう
〝星の暗号〟の重要な場所だから暗号者と関係の深い大神《おおみわ》神社が
今も大切にお祀りされているんだね
大神神社
そうだと思うそれと…

天香久山《あまのかぐやま》から
同じように
ラインを引くと…
今度は
天神山《てんじんやま》と重なる
桧原神社
天神山
天香久山
天神山《てんじんやま》の麓《ふもと》には
神社があり山頂には
イワクラがあるんだ
ということは
この場所も
古い祭祀場
なんだね
そうすると
お父さんが
想定したダイヤ形の
左と右の場所には
どちらも神社と
イワクラが
あるんだね
そうだ
それで三輪山の
ダイヤ形と同じように
元三輪山のダイヤ形を
作ったんだ
そして元三輪山の
ダイヤ形は
大和三山《やまとさんざん》から引かれた
ラインからできているから
“大和三山《やまとさんざん》と元三輪山の
ダイヤ形”には対応関係が
あると考えたんだ
それに
大和三山《やまとさんざん》の
畝傍山《うねびやま》の名前は
対応関係が
あることを
暗示しているんだ
どういう
こと?
畝傍山《うねびやま》の『畝《うね》』は
山脈などの
小高く連なった
ところを意味する
『傍《び》』には
傍流《ぼうりゅう》という言葉が
あるように
「本流のめぐり、ほとり」
という意味だ…
だから畝傍山《うねびやま》は
「山の小高く連なった
ところとそのまわりの
ほとりの山」
という意味になる

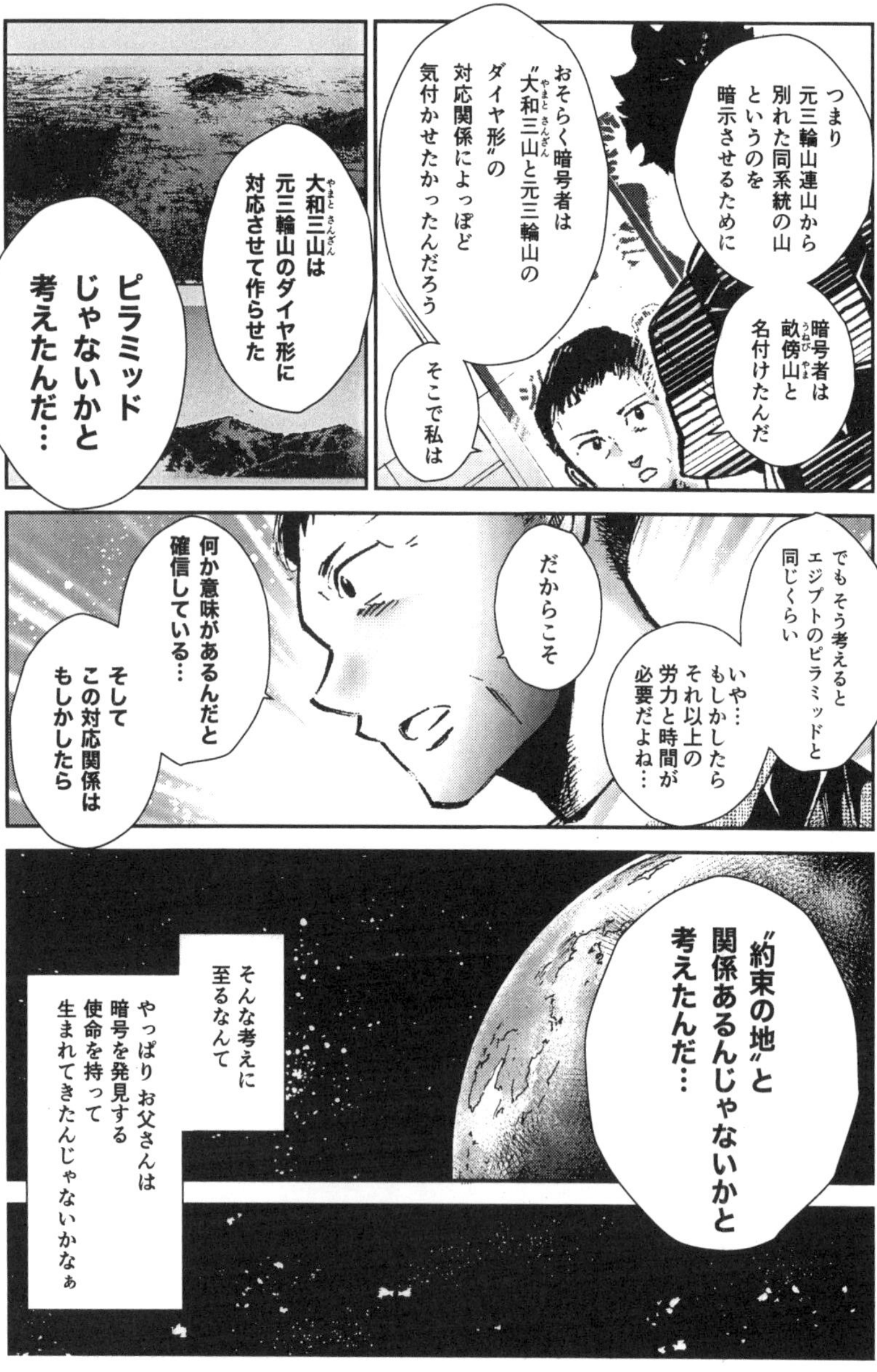
つまり元三輪山連山から別れた同系統の山というのを暗示させるために
暗号者は畝傍《うねび》山《やま》と名付けたんだ
おそらく暗号者は〝大和《やまと》三山《さんざん》と元三輪山のダイヤ形〟の対応関係によっぽど気付かせたかったんだろう
そこで私は
大和《やまと》三山《さんざん》は元三輪山のダイヤ形に対応させて作らせた
ピラミッドじゃないかと考えたんだ…
でもそう考えるとエジプトのピラミッドと同じくらい
いや…もしかしたらそれ以上の労力と時間が必要だよね…
だからこそ
何か意味があるんだと確信している…
そしてこの対応関係はもしかしたら
〝約束の地〟と関係あるんじゃないかと考えたんだ…
そんな考えに至るなんて
やっぱりお父さんは暗号を発見する使命を持って生まれてきたんじゃないかなぁ

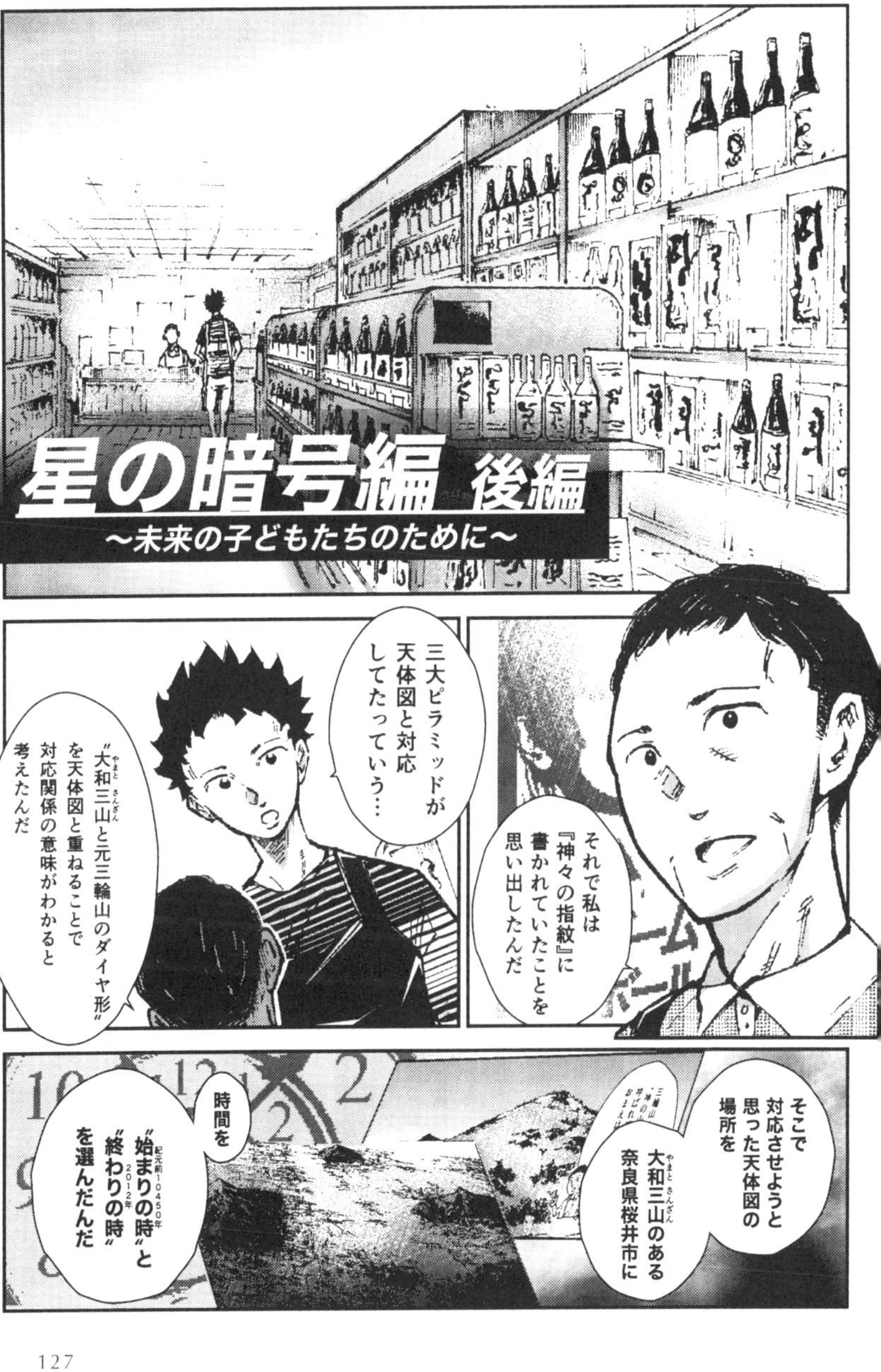
星の暗号編 後編
~未来の子どもたちのために~
それで私は『神々の指紋』に書かれていたことを思い出したんだ
三大ピラミッドが天体図と対応してたっていう…
“大和《やまと》三山《さんざん》と元三輪山のダイヤ形”を天体図と重ねることで対応関係の意味がわかると考えたんだ
そこで対応させようと思った天体図の場所を
大和《やまと》三山《さんざん》のある奈良県桜井市に
時間を
“始まりの時《紀元前10450年》”と“終わりの時《2012年》”を選んだんだ

でも
月と日は？
あっそういえば
さっき大和《やまと》三山《さんざん》の
中線のラインが
〝夏至の日の出と
冬至の日没〟に
関係してたね…
いいところに
気づいたな
私も同じ考えに
至ったよ
冬至の12月23日の
0時ちょうどにした
これが
その天体図だ
紀元前1万450年12月23日(0時0分0秒)
月
スピカ
デネボラ
アルクツールス
スピカ
デネボラ
アルクツールス
でつくる
〝星の三角形〟が
あるだろ
この星の並び
見覚えないか？
そして
重ねたのが
これだ…
耳成山
天香久山
畝傍山
大和《やまと》三山《さんざん》だ!!
だろ？
私もそう思った

BC10450/12/23(Fri) 0:00:00 JST 135.83E 34.50N 140.0° 4.0
木星
月
スピカ
デネボラ
アルクツールス
〝星の三角形〟と大和《やまと》三山《さんざん》がほぼ重なっているね
それにひときわ大きな木星がダイヤ形の中心に…
そして次に同じ年の夏至でもやってみたんだ
ポラリス
デネブ
ベガ
アルタイル
月
今度も〝星の三角形〟と大和《やまと》三山《さんざん》がほぼ重なっている
天体図の中でひときわ大きなポラリスという星が今度はダイヤ形の左の位置にある
BC10450/6/22(Wed) 0:00:00 JST 135.83E 34.50N 140.0° 4.8

二つの天体図と地図を重ねると
ひときわ大きな木星とポラリスがダイヤ形の中心と左の場所に位置している…
これは偶然じゃないと思ったんだ
そこで〝終わりの時《2012年》〟も見てみたんだ
だぜっ!
そういえば2012年ってマヤカレンダーに示されたものだよね
マヤカレンダーってどういうものだったの？
メキシコのユカタン半島からベリーズ、グアテマラ、ホンジュラス辺りにマヤ文明というのがあったんだが
古代の文明ながら現代と引けを取らないほど発達した天文学のもと作られたのがマヤカレンダーだ
そこには現代文明の滅亡の日が記されていたんだがそれが2012年だ
映画や本が出ていたりしてブームになってたよね
もう過ぎたがその年が〝終わりの年〟とされていたが
〝星の暗号〟を発見したことでこの2012年は〝始まりの時〟と同じで
〝終わりの年〟ではなく〝終わりの時〟を象徴していることがわかったんだ…
さぁ話を戻そう〝終わりの時《2012年》〟の天体図も見てみようか

天体図と『大和三山と元三輪山ダイヤ形』の対応関係

AD2012年

	6月22日 0時 0分 0秒			12月23日 0時 0分 0分		
耳成山	デネブ	白鳥座	夏の三角形	プロキオン	こいぬ座	冬の三角形
畝傍山	アルタイル	わし座	夏の三角形	シリウス	おおいぬ座	冬の三角形
天香久山	ベガ	こと座	夏の三角形	ベテルギウス	オリオン座	冬の三角形

	6月22日 0時 0分 0秒	12月23日 0時 0分 0秒
ダイヤ形 左 桧原神社 B地点	ポラリス	
ダイヤ形 中央 ダンナダイラ E地点		ポラリス

BC1万450年

	6月22日 0時 0分 0秒			12月23日 0時 0分 0分		
耳成山	デネブ	白鳥座	夏の三角形	スピカ	おとめ座	春の三角形
畝傍山	アルタイル	わし座	夏の三角形	デネボラ	しし座	春の三角形
天香久山	ベガ	こと座	夏の三角形	アルクツールス	牛飼い座	春の三角形

	6月22日 0時 0分 0秒	12月23日 0時 0分 0秒
ダイヤ形 左 桧原神社 B地点	ポラリス	
ダイヤ形 中央 ダンナダイラ E地点		木星

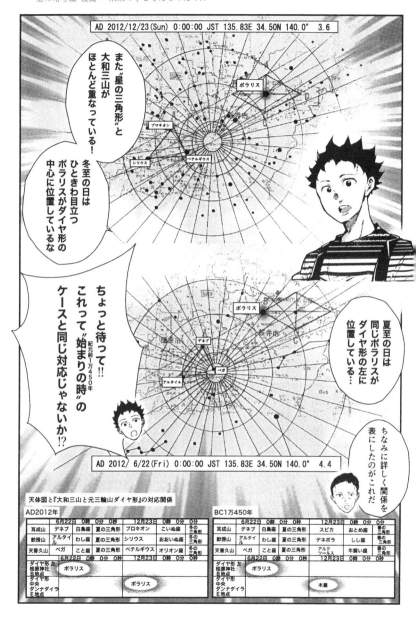

これらの対応関係が偶然だと思うか？
話が出来過ぎてるよ
エジプトの三大ピラミッドに刻まれた〝1万450年〟は〝始まりの時〟を象徴しマヤカレンダーに刻まれた〝2012年〟は〝終わりの時〟を象徴していた
それに大和三山《やまとさんざん》の中線は夏至と冬至を示す特別なラインとなる…
それでお父さんは大和三山《やまとさんざん》と元三輪山のダイヤ形を〝1万450年〟と〝2012年〟の夏至と冬至の天体図に対応させたわけでしょ
そうだその結果
さっきの二つの場所が浮かび上がってきたんだよ
この対応関係は明らかに
〝始まりの時と終わりの時の二つの時〟と〝二つの場所〟を示しているよね…
そうこれが…

〝星の暗号〟だよ
これが暗号なら三大ピラミッドに刻まれた
紀元前1万450年は暗号の仕掛けになるね
まさかピラミッドがつくられたのも？
暗号のためだけではないがそれも目的の一つだったことは間違いないな
そもそもピラミッドは王の墓と言われているが
三大ピラミッドの中で一番大きな大ピラミッドは天文観測所としても機能していたんだ
初耳だなぁどうしてわかったの？
世界に配置された天文観測所の設計図が日本の天文観測所の近くから見つかったんだ
エジプトの大ピラミッド
マヤの太陽のピラミッド
日本の東北にあるピラミッド山が
古代では一体で機能した天文観測所だったことを発見したんだ

詳しいことは私の本に書いてあるから読み直してみなさい
なんだか宣伝みたいだな
でも三大ピラミッドに刻まれた紀元前1万450年が暗号の仕掛けという証拠はあるの?
もちろん
ポラリスと木星の位置関係だよ
さっきの対応表にも書いてあるが…
ポラリスは二つの時でダイヤ形の真ん中や左に位置していた
このポラリスは地球から遠く離れた恒星で何百年何千年と同じ位置に留まるんだ
ちなみにポラリスは〝北極星〟のことだ
そうなんだ
紀元前1万450年と2012年だけじゃなくかなり長い期間同じ対応関係だといえる

でも紀元前1万450年の冬至にダイヤ形の真ん中に位置するのは木星だよね？
0:00:00 JST 135.83E 34.50N 140.0° 5.0
木星
月
木星は地球と同じように太陽の周りを公転する惑星で
毎年その位置を変えるだろ
紀元前1万449年も紀元前1万451年も
木星はダイヤ形の真ん中には位置しないんだ
つまりこの位置にくる紀元前1万450年は特別な年なんだ…
暗号者はこの特別な年を何かに刻んで残さなければ暗号を見つけることができないと考えたということ？
そうだ だから紀元前1万450年のオリオン座のベルトの三ツ星を設計図に
三大ピラミッドを設計したと思っている
三大ピラミッドが〝星の暗号〟の暗号装置というのはそういう意味だったんだね
それじゃあ何らかのメッセージが込められているはずだね
そう…二つの時から考えよう

〝終わりの時〟というのは古い文明の終わりの時だが
それは新しい文明の〝始まりの時〟でもある 同じように〝始まりの時〟は古い文明の〝終わりの時〟だ
この二つの時は地球の〝崩壊と再生〟の時を示していると思う…
じゃあ 二つの場所は何を示しているの?
二つの時は地球の〝崩壊と再生〟の一つの時を示しているので
二つの場所も一つの場所を示していると考えたんだ
それって もしかして…
もう言わなくてもわかるよな
〝約束の地〟だ

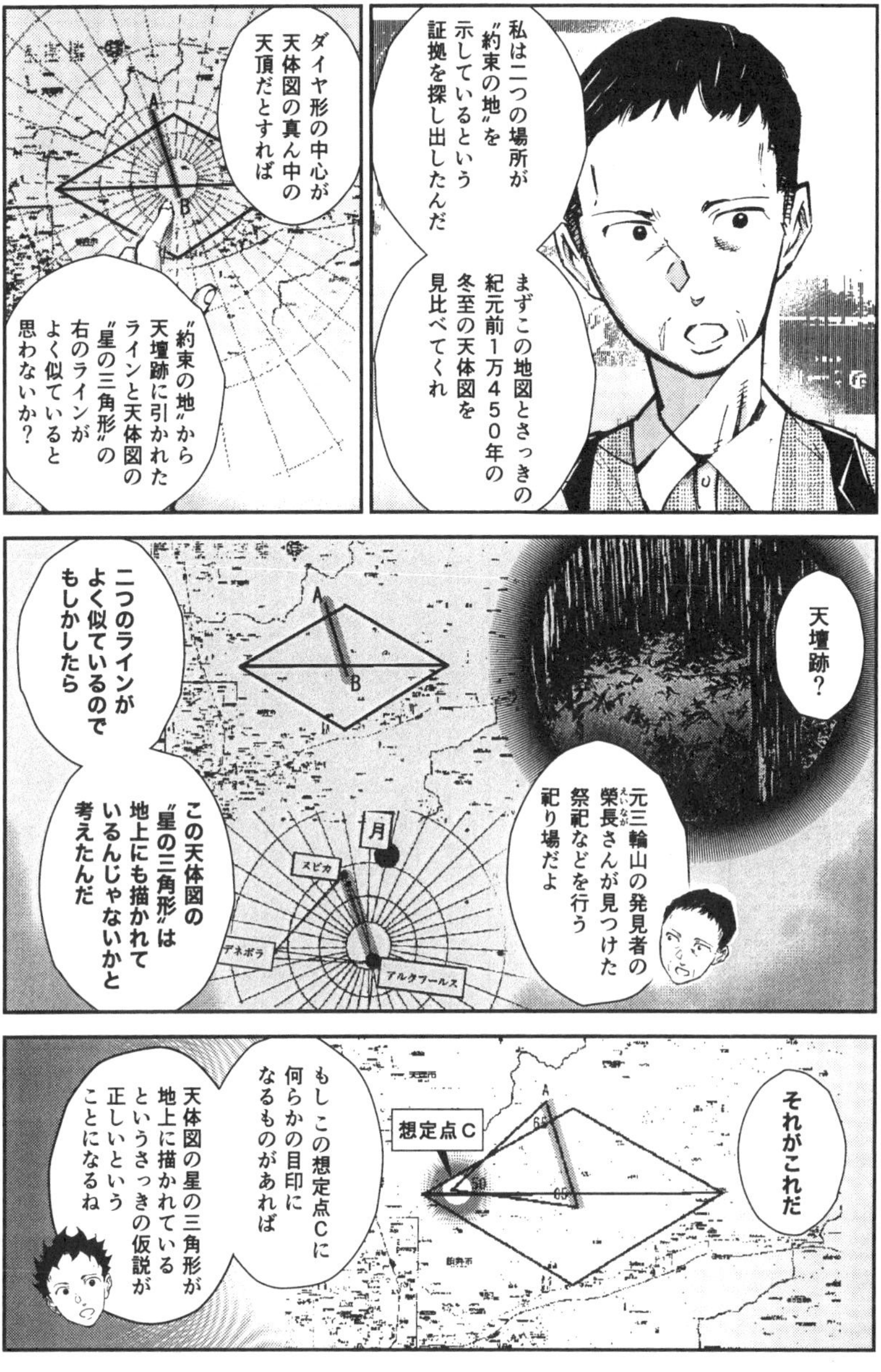
私は二つの場所が〝約束の地〟を示しているという証拠を探し出したんだ
まずこの地図とさっきの紀元前1万450年の冬至の天体図を見比べてくれ
ダイヤ形の中心が天体図の真ん中の天頂だとすれば
〝約束の地〟から天壇跡に引かれたラインと天体図の〝星の三角形〟の右のラインがよく似ていると思わないか？
A
B
天壇跡？
元三輪山の発見者の榮長《えいなが》さんが見つけた祭祀などを行う祀り場だよ
二つのラインがよく似ているのでもしかしたら
この天体図の〝星の三角形〟は地上にも描かれているんじゃないかと考えたんだ
A
B
月
スピカ
デネボラ
それがこれだ
もしこの想定点Cに何らかの目印になるものがあれば
天体図の星の三角形が地上に描かれているというさっきの仮説が正しいということになるね
想定点C
A

もちろん探したよ
するとこの場所とほとんど同じ場所に…
無数のイワクラがこの場所だけにあったんだ
ほんとだ見事だね
で結局
さっきの4枚の天体図の四つの〝星の三角形〟と同じ三角形が地上にも描かれていたんだよ
ようするに〝星の暗号〟で使用された天体図の〝星の三角形〟が地上にも再現されているんだ
それでその地上に描かれた〝星の三角形〟と
二つの場所には何か関係があるの?
次にこれを見てごらん

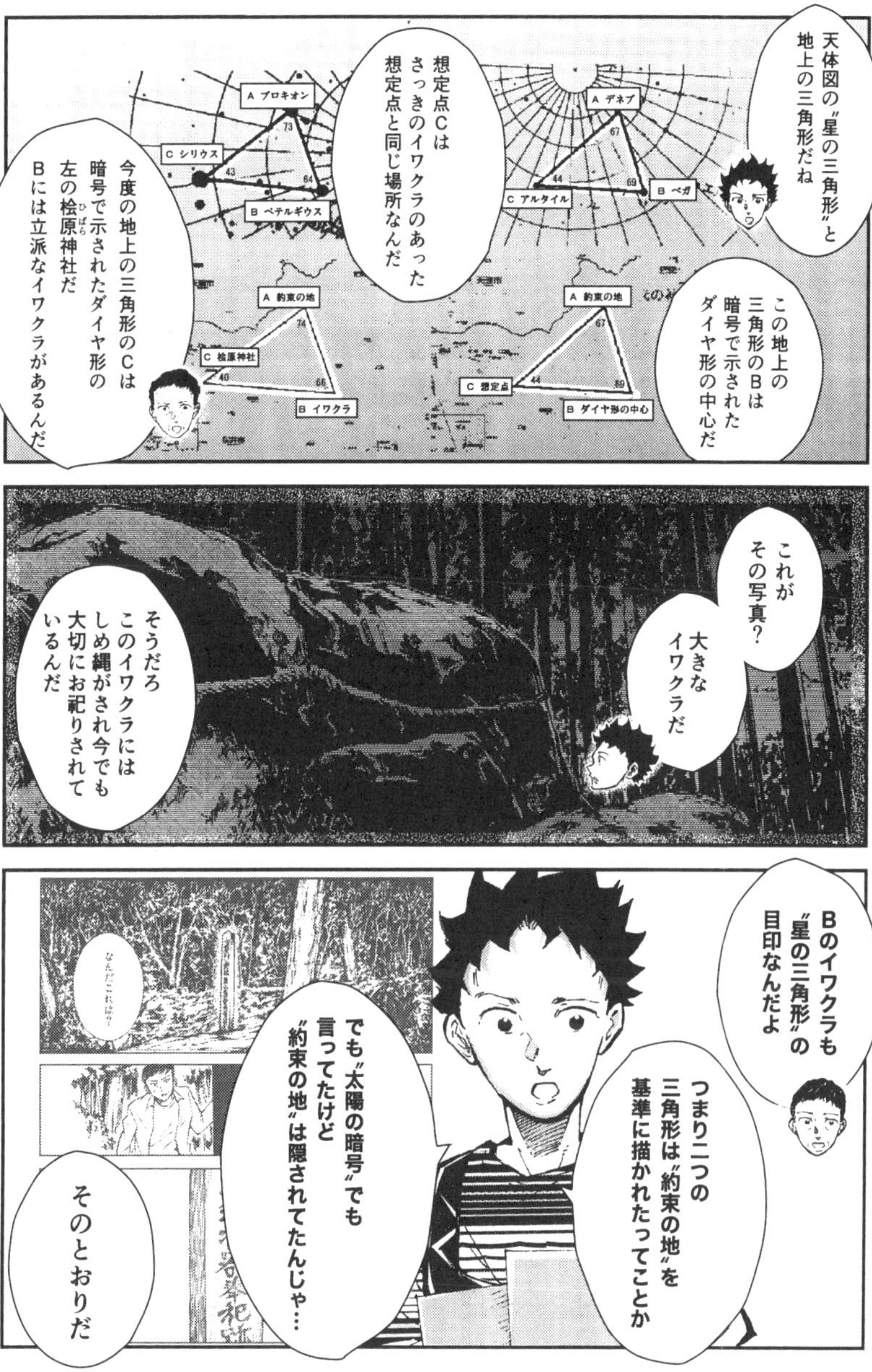
天体図の〝星の三角形〟と地上の三角形だね
A デネブ
B ベガ
C アルタイル
67
44
69
A プロキオン
C シリウス
B ベテルギウス
73
43
64
この地上の三角形のBは暗号で示されたダイヤ形の中心だ
A 約束の地
C 想定点
B ダイヤ形の中心
67
44
69
想定点Cはさっきのイワクラのあった想定点と同じ場所なんだ
A 約束の地
C 桧原神社
B イワクラ
74
40
66
今度の地上の三角形のCは暗号で示されたダイヤ形の左の桧原《ひばら》神社だ
Bには立派なイワクラがあるんだ
これがその写真?
大きなイワクラだ
そうだろ
このイワクラにはしめ縄がされ今でも大切にお祀りされているんだ
Bのイワクラも〝星の三角形〟の目印なんだよ
つまり二つの三角形は〝約束の地〟を基準に描かれたってことか
でも〝太陽の暗号〟でも言ってたけど〝約束の地〟は隠されてたんじゃ…
そのとおりだ

最初の地上の三角形の想定点Cに天体図の〝星の三角形〟のアルタイル
そして暗号で示されたダイヤ形の中心に〝星の三角形〟のベガを合わせると…
デネブが〝約束の地〟を示す
隠された〝約束の地〟がわかる!
A デネブ
C アルタイル
B ベガ
A 約束の地
C 想定点C
B ダイヤ形の中心
二つ目の地上の三角形のCの桧原《ひばら》神社も暗号で示されていたけどそこにシリウスを…イワクラにはベテルギウスを合わせると
なるほど暗号で示された〝二つの場所〟と
イワクラの目印で隠された〝約束の地〟を見つけることができるんだね
そう二つの場所は〝約束の地〟を示していることになる……
A プロキオン
C シリウス
B ベテルギウス
A 約束の地
C 桧原神社
B イワクラ
〝星の暗号〟は地球の終わりと始まりの
〝約束の時〟と〝約束の地〟を示しているんだ
〝星の暗号〟も〝太陽の暗号〟と同じように
〝神さまの大いなる救いの計画〟を伝えていたんだよ

なんて壮大な暗号なんだろ
でもどうして暗号者は世界を舞台にしたんだろう…
そこにもメッセージが込められているんだ
どういうこと?
暗号者が世界的なネットワークを持っていたことを示そうとしたんだと思う
なるほど
〝太陽の暗号〟は〝人の世〟が終わると〝神の世〟が始まることを示していた…
暗号者は日本から生まれる〝神の世〟を世界中に広め世界を立て直したのかもしれないね
でも4500年前にこれほど高度な暗号が…
前にも言ったが暗号者は大洪水後に生き残った者たちで高度な知識を持っていた
そして数千年後には天体ソフトのような暗号解読の技術が生まれることも予想していたんだと思う

それで一番 気になるんだけど 〝約束の地〟に〝約束の人〟の 香代子先生が甦ったよね？
じゃあ暗号が 語るように 〝約束の時〟は 本当に訪れるの？
それは わからない
しかし暗号は 最高の英知と 技術を結集し 想像を絶する程の 労力と時間をかけて つくられていた…
そして それは自分たちの ためではなく
数千年後の 未来の子どもたちの ためにつくられた ものだと思う
なんだか 暗号者の気持ちが わかるような…
他人事《ひとごと》じゃない 気がするんだ
僕にもかけがえのない 大切な子どもたち… 大司と幸之助がいるから

もしかしたら〝約束の時〟への準備は
〝新しい時代〟の世界中の子どもたちへの最高の貢献になるかもしれないな…
私はこの暗号から暗号者の愛と使命を感じとることができる
暗号とは暗号者からの未来の子どもたちへのメッセージではないだろうか？
しかしそれをどう受け止めるかどう生きるかは自分自身で決めるしかない
私はそう思う

「三輪山ダイヤ形」と「三ツ鳥居」の謎

漫画（星の暗号編）で「星の暗号」を紹介したが、もう少し詳しく説明する。まず、「星の暗号」を発見した経緯からお伝えしよう。

「星の暗号」を発見したきかっけは、「三輪山ダイヤ形」の存在と「三ツ鳥居」の謎の意味を知ったことからである。

それを教えてくれたのは、小川光三氏である（『大和の原像』小川光三著）。三輪山の西に春日《かすが》神社、東に秉田《ひきた》神社、南に玉列《たまつら》神社がある。小川氏は三輪山の北にあったと言われている、兵主《ひょうず》神社の旧跡の現地調査をされた。38ページで述べたが、兵主神社は大兵主《だいひょうず》神社に合祀《ごうし》されている。この大兵主神社の中由雄《なかよしお》宮司が、「約束の地」に「木の碑」を建てられた人物である。

それはともかく、調査の結果、大兵主《だいひょうず》神社に合祀《ごうし》される前の兵主神社は、三輪山の真北にあったことを確認された。

このことから、三輪山の東西南北に神社があることが判明し、それぞれの神社を結ぶと「三輪山ダイヤ形」ができる。

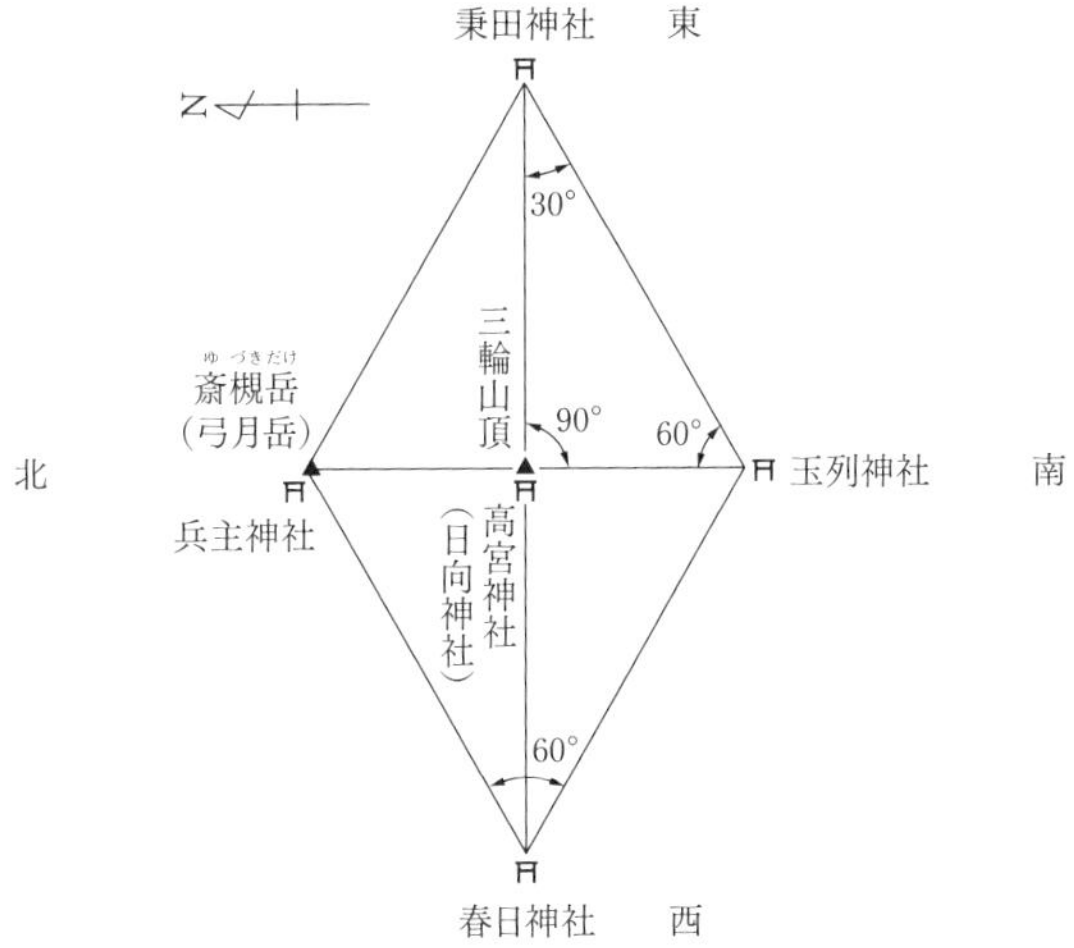

三輪山ダイヤ形——三輪山を中心に東西南北に神社がある

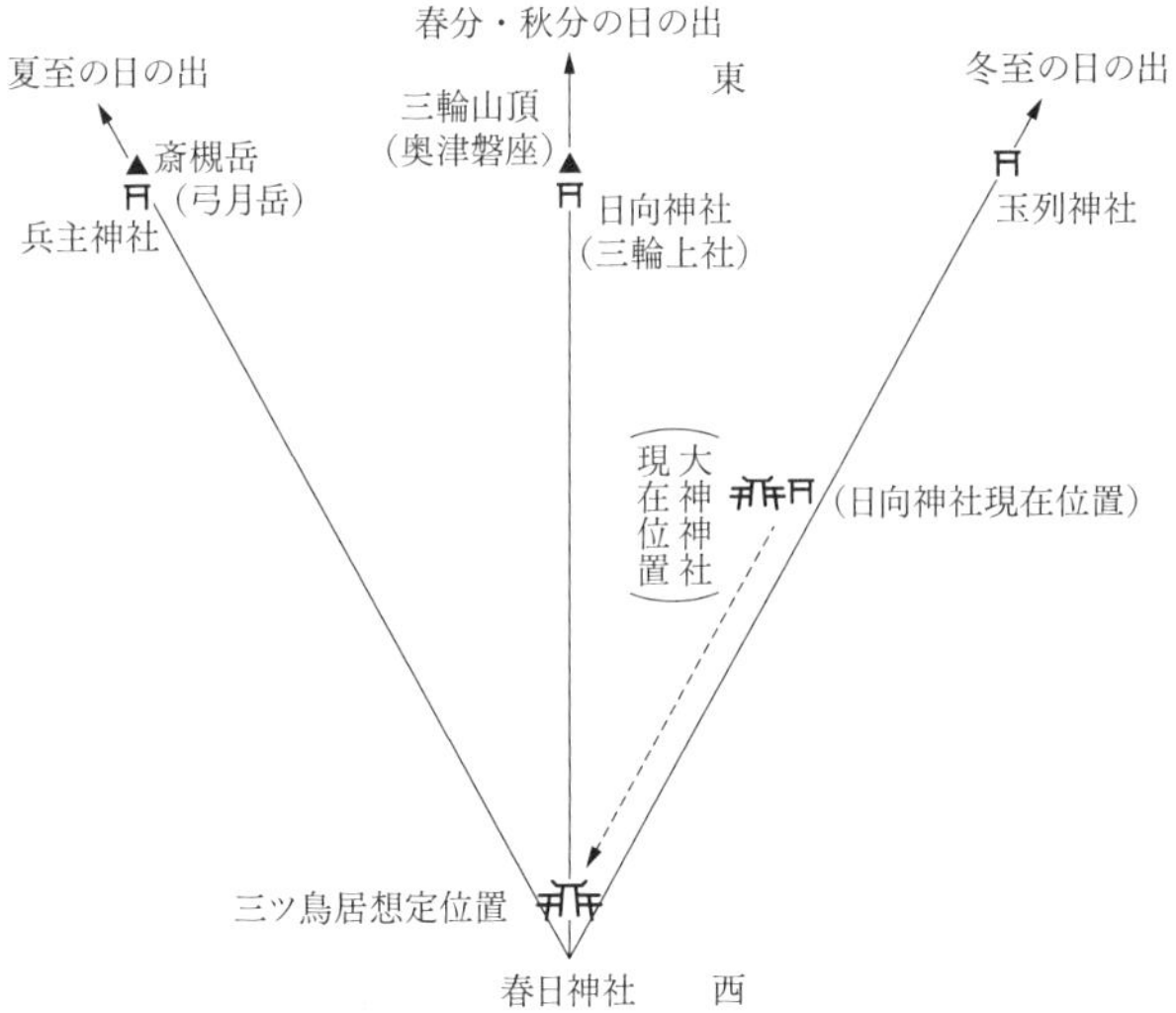

春日神社から観測した太陽の位置（2点ともに大和書房『大和の原像』小川光三著より）

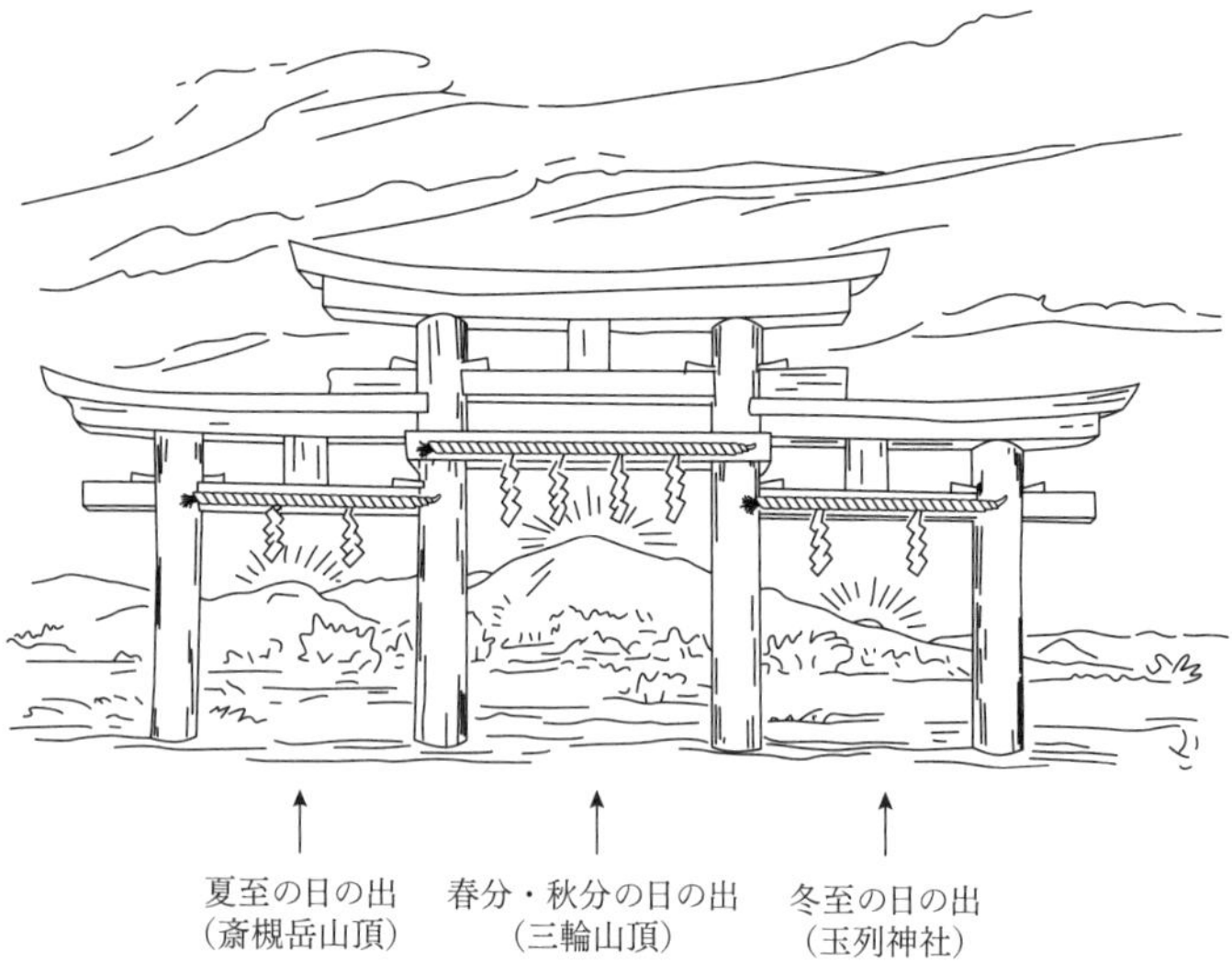

春日神社の「三ツ鳥居」から眺めた風景（大和書房『大和の原像』小川光三著より）

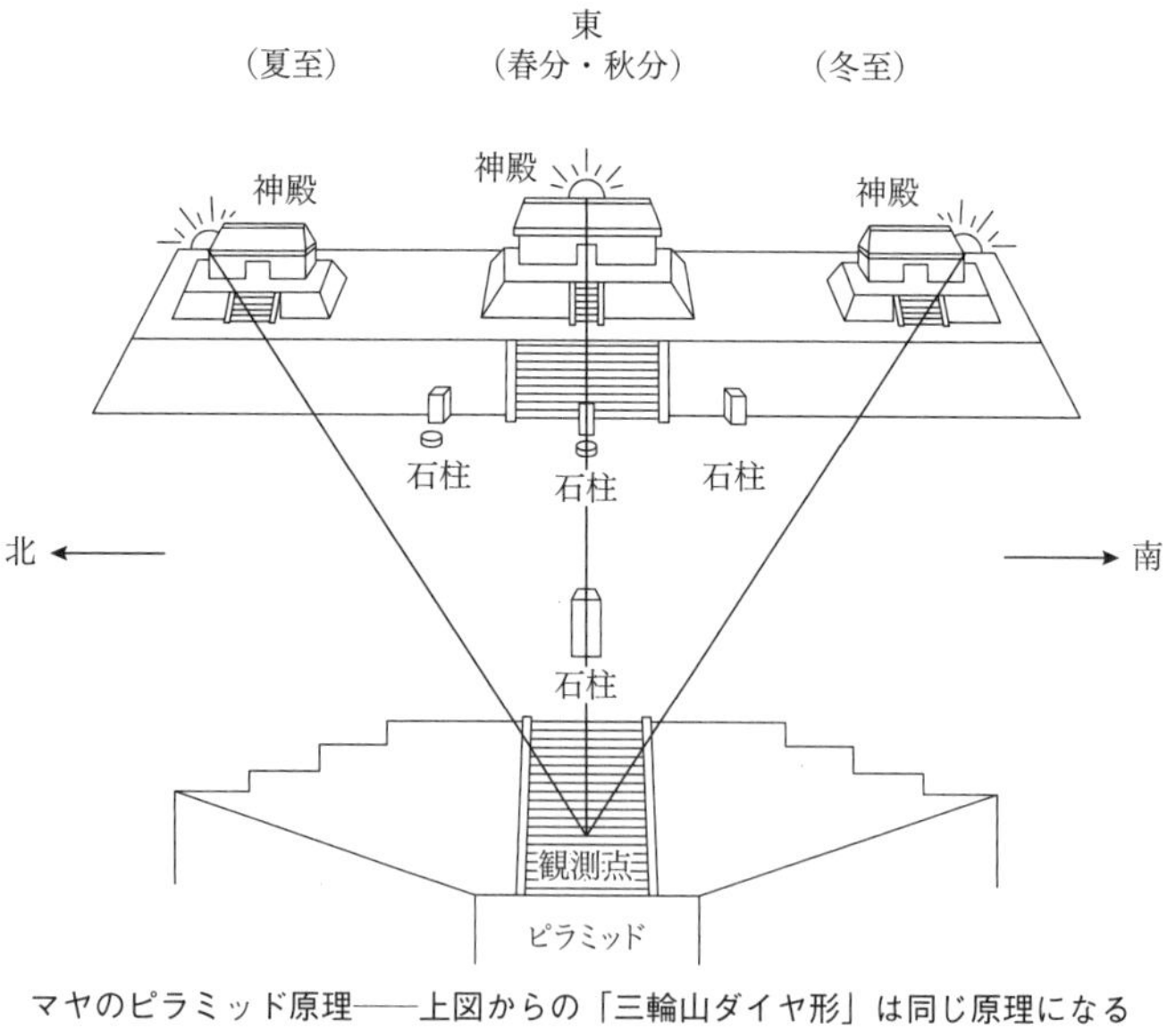

マヤのピラミッド原理――上図からの「三輪山ダイヤ形」は同じ原理になる

この「三輪山ダイヤ形」の発見から、小川氏は大神《おおみわ》神社で祀られている、「三ツ鳥居」の謎を解明された。

「三ツ鳥居」は、普通の神社なら本殿のある場所（拝殿と三輪山の境）に大切に保管されている。というのも、大神神社は三輪山をご神体（本殿《ほんでん》）としているため、拝殿《はいでん》があるだけで本殿がないからだ。

「三ツ鳥居」の場所を示したのが、145ページの図の「大神神社　現在位置」である。この場所にある「三ツ鳥居」を、仮にその図の「春日神社」の場所（三ツ鳥居想定位置）へ移動すると、146ページの図のような光景になる。

この図が示すように、「夏至《げし》の日」は「三ツ鳥居」の左の屋根から、「春分《しゅんぶん》・秋分《しゅうぶん》の日」には真ん中の屋根から、「冬至《とうじ》の日」は右の屋根から、それぞれ太陽が昇る。

日本に冬至、夏至、春分、秋分があるのは、地球は北極点と南極点を結ぶ地軸を中心に自転しながら太陽の周りを公転しているが、この公転面に対して地軸が右へ23・4度ほど傾いているからである。

そのため、季節によって、146ページの上の図のように日の出の位置も変化する。

つまり、「三ツ鳥居」を仮にダイヤ形の西の「春日神社」の場所へ移動すると、「三ツ鳥居」の三つの屋根で、「夏至」「春分・秋分」「冬至」という季節の節目を確認することができるのだ。

ところで、146ページの下の図の複合ピラミッドは、アメリカ大陸の中央部のマヤ地方にあるワシャクトンの遺跡である。この遺跡は、天文観測施設と考えられている。

146ページの上と下の図を対比させると、「三輪山ダイヤ形」は下の図のマヤの複合ピラミッドと同じ原理で、「三輪山ダイヤ形」の西の春日神社は観測地点にあたる。このことから、「三ツ鳥居」は「夏至」「春分・秋分」「冬至」を知るための、太陽の観測ツールとしてそのような特殊な形になったことがわかる。

このように、マヤのピラミッド原理は、「三ツ鳥居」の謎を解明された、小川氏の見解が正しいことを示している。

日本の「三輪山ダイヤ形」と、マヤの複合ピラミッドが同じ原理であることに、疑問を持たれるかもしれないが、古代の日本はマヤだけでなく、エジプトともつながっている。そのことは改めて説明する。

ここで注目して欲しいのは、「三ツ鳥居」は「三輪山ダイヤ形」に気づかせるための、「三羽の鳥」の暗号の一つであるという点である。

「元《もと》三輪山」の発見

その後、私は漫画のところでお伝えしたように、「元三輪山」の存在を知り、「元三輪山」にもダイヤ形ができるのではないかと思ったのである。

「元三輪山」から説明しよう。

「元三輪山」を発見したのは、郷土史《きょうどし》研究家の榮長増文《えいながますふみ》さんである。

榮長さんは奈良県桜井市出雲《いずも》にお住まいで、地元の土地区画整備のコンサルタントをされていた。仕事柄、地元の自然風土や伝承等に触れる機会も多く、それがきっかけで、地元の調査、研究をされるようになった。

榮長さんが「元三輪山」の存在に気づいたのは、巻向《まきむく》山の山中にある「ダンノダイラ」の発見がきっかけだった。

ある時榮長さんは、「出雲村は、古代には、巻向山の『ダンノダイラ』と呼ばれるところにあった」と、村の古老から教えてもらった。その古老によると、明治の初め頃までは、年に一度、村じゅうの者が「ダンノダイラ」へ行って相撲《すもう》をしたり弁当を食べたりして、昔の先祖を偲《しの》んだというのである。

その後、榮長さんは「ダンノダイラ」の調査のために有志を募り、有志の方々と現地の山を調査した。その結果、「ダンの平ら」と呼ぶにふさわしい、広大な平坦地を発見された。この「ダンノダイラ」には、土を円状に5段に盛っているところがあり、その直径が約20メートルもあったらしい。

平成10年、榮長さんは、皇学館《こうがくかん》大学大学院の村野豪教授をこの場所へ案内された。そのとき村野教授は、「長年にわたり『天壇《てんだん》』を探し求めて各地を調査したが見当たらず、遂に『ダンノダイラ』で雄大な『天壇』に巡《めぐ》りあった」と言って、感激されたらしい。「天壇」とは、道教《どうきょう》の祭壇《さいだん》のことで北京《ペキン》に現存する。それは、皇帝《こうてい》が冬至《とうじ》の日に、天帝《てんてい》を奉祀するために設けられた祭壇である。村野教授が、日本で天壇を探した理由は不明だが、村野教授の感激の様子から、日本にも天壇が存在したのだろう。

それはともかく、この天壇の発見から榮長さんは、「ダンノダイラ」とは「天壇のある平らな場所」から名づけられたのではないかと指摘されている。

この「ダンノダイラ」の発見が、「元三輪山」の発見につながるのである。

三輪山は『記紀』や『万葉集』には、三諸《みもろ》山や御諸《みもろ》山、御諸岳《みもろだけ》などと記されているが、それらは呼び名が違うだけで同じ山だとされている。しかし、榮長さんは『記紀』や『万葉集』の記述から現地をくまなく調査され、三輪山と三諸山は異なった山であることを突き止められた。

一例を紹介しよう。

次に示すのは、『日本書紀』の記述の要約である。

大和朝廷に服属しなかった「蝦夷《えみし》」という部族が、数千もの大軍を動員して暴動を起こした。朝廷はその暴動を鎮圧し、「蝦夷」のリーダーの「綾粕《あやかす》」らを捕え、次のように言う。

「景行《けいこう》天皇の御世《みよ》に、お前たち『蝦夷』らを討伐《とうばつ》した。そのとき、殺すべき者は殺し、許せる者は許された。そこで、前例に従ってリーダーたちを殺そうと思う」

それに対して、「綾粕」を筆頭とするリーダーたちは恐れかしこみ、泊瀬《はつせ》川の中流の川中に入り、水をすすって御諸岳に向かって誓いを立て、次のように言う。

「私ども『蝦夷』は、今から後、子々孫々に至るまで、清く明るき心をもって帝《みかど》にお仕え致します。もし誓いに背《そむ》いたなら、天地の諸神と天皇の霊に、わたくしどもの種族は絶滅されるでしょう」

以上が『日本書紀』の記述の要約だが、それによると、「蝦夷」のリーダーが泊瀬川の中流で御諸岳（三輪山とされている）に向かって、天皇への服従を誓うと記されている。

ところが、泊瀬川の中流域から三輪山は見えない。

私は榮長さんに、泊瀬川の中流域に案内してもらったが、その場所は三輪山から遠く離れた場所で、三輪山はまったく見えなかった。しかし、その場所は『日本書紀』の記述通り、御諸岳、すなわち榮長さんの発見された「元三輪山」を眺めるには、絶好のポジションだった。

このことは、地元の歴史研究家ならではの発見で、文献をおもに研究されている古代史研究家の先生方にとっては盲点《もうてん》である。御諸岳（三諸《みもろ》山、御諸《みもろ》山）と三輪山が同じ山と見なされていたのも、仕方のないことかもしれない。

今、一例を紹介したが、榮長さんの執念とも思えるような長年の研究は、『万葉集』をはじめ、地元の古地図、古道、伝承等の多方面にわたっている。その結果、御諸岳（三諸《みもろ》山、御諸《みもろ》山）は三輪山のことではなく、先ほどの「ダンノダイラ」を含む、巻向《まきむく》山や泊瀬《はつせ》山の連山であることを突き止められたのである。

この御諸岳（三諸《みもろ》山、御諸《みもろ》山）が、三輪山のモデルの「元三輪山」である。

ちなみに私は、この「元三輪山」も、「約束の地」（古代の神宮の場所）が隠されたのと

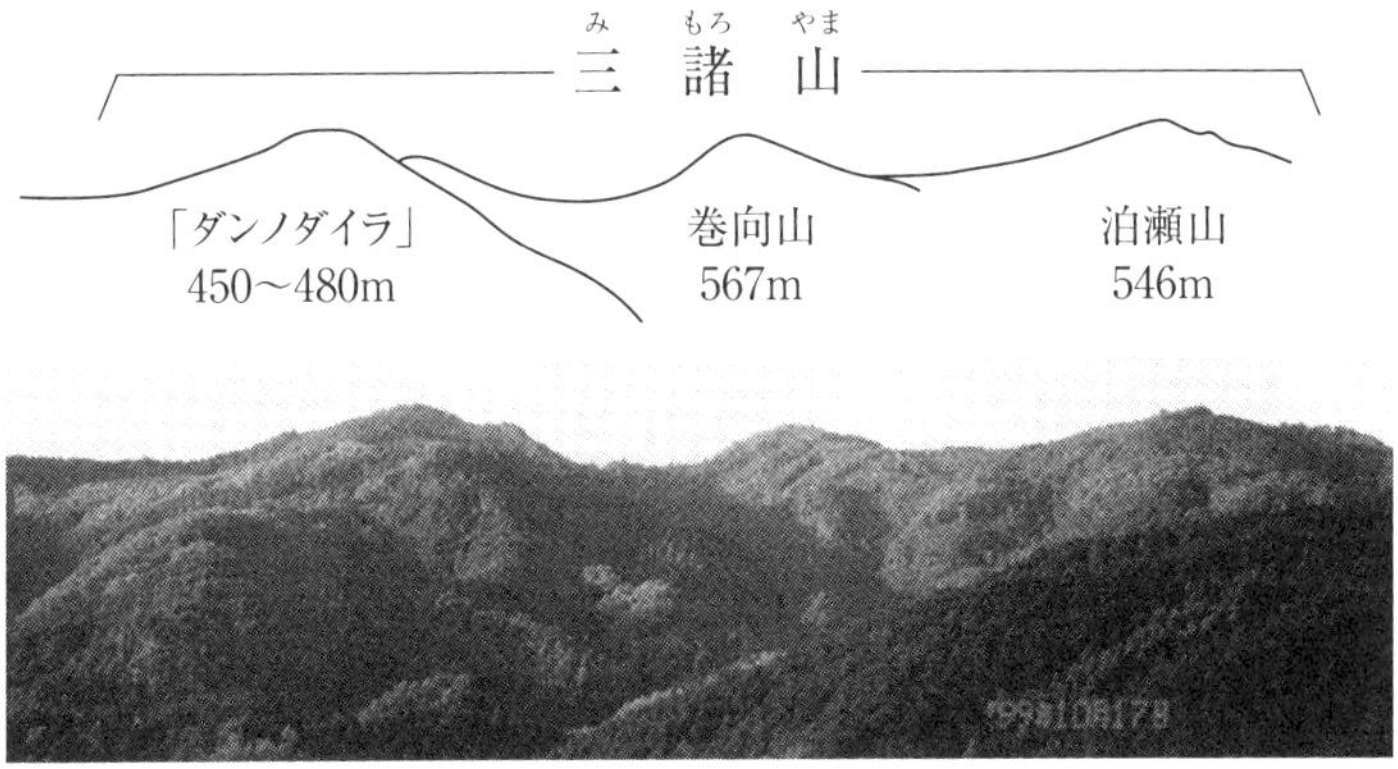

三諸山

巻向山《まきむくやま》を中にして「ダンノダイラ」と泊瀬《はつせ》山の三山周域を三諸山という。三諸の神山が初瀬谷に被《かぶ》さるように聳《そび》えている（泊瀬川の中流の出雲《いずも》からの眺め）

位置図（三諸山《みもろやま》・ダンノダイラ・三輪山）

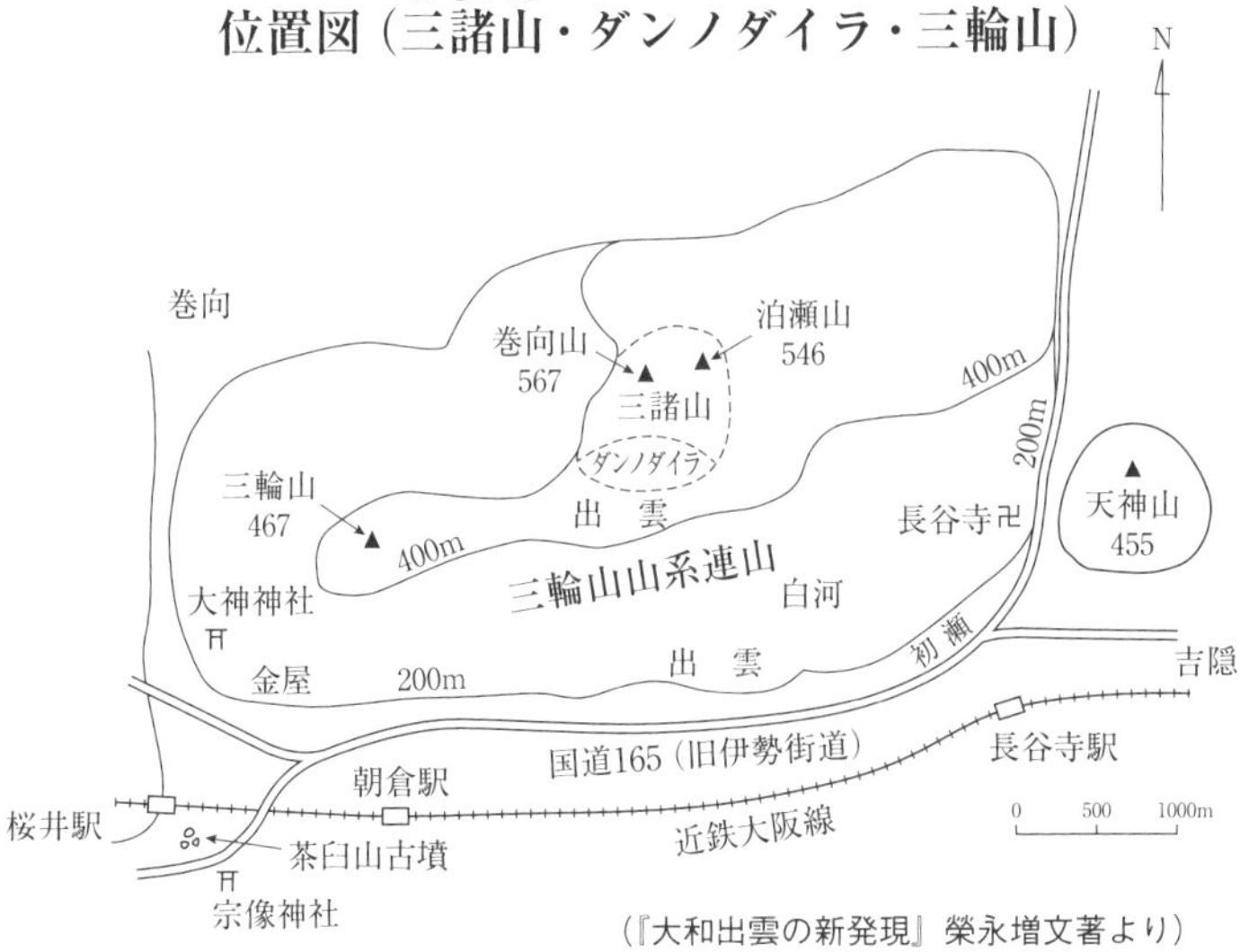

（『大和出雲の新発現』榮永増文著より）

同じように、暗号者によって隠されたと考えている。

「大和三山」と「元三輪山ダイヤ形」

「元三輪山」を説明した。次は、「元三輪山ダイヤ形」を説明しよう。

地図を見ると、榮長さんの発見した「元三輪山」の南西方向に、「大和三山」がある。

この「大和三山」は、正確な二等辺三角形である。

そのことを指摘されたのが、私の所属している、イワクラ学会の渡辺豊和《わたなべとよかず》会長である。

渡辺会長は「大和三山」の二等辺三角形の中線が、特別なラインであることにも気づかれた。

「大和三山」の中線は、北緯約34度周辺のこの辺《あた》りでは次のような現象が起こる。

この現象も地軸が公転面に対して23・4度ほど傾いているために起こるが、この中線のラインは南西の畝傍山から北東の元三輪山ダイヤ形の中心の方を望めば「夏至の日の出」が確認でき、逆に、元三輪山ダイヤ形の中心（ダンノダイラ）から南西の畝傍山の方を望めば「冬至の日没」が確認できるという特別なラインなのだ。

つまり、このラインは立つポジションによって、「夏至の日の出」と「冬至の日没」が確認できる、いわば「夏至の日の出・冬至の日没ライン」と言ってもいいような特別なラインである。

そこで私は、「大和三山」の中線のライン（畝傍山から北東方向へのライン）を、「元三輪山」の方向に引いたのである。すると、そのラインは榮長さんが発見された「元三輪山」の中心、ダンノダイラ周辺にあたる。

次は、そのラインと平行なラインを、「耳成山《みみなしやま》」から「元三輪山」の方向に引いた。すると、そのラインは檜原神社と重なる。さらに、同じ平行なラインを、今度は、「天香久山《あまのかぐやま》」から「元三輪山」の方向にラインを引くと、天神山《てんじんやま》に重なるのだ。

天神山には、もともとこの山に鎮座していた神が天神にこの山を譲ったという伝承があり、それで天神山と呼ばれるようになった。山頂には「イワクラ」もあり、祭祀の古さを物語っている。

檜原神社にも「イワクラ」があり、今も大切に祀られている。

ところが、檜原神社には、どういうわけか、「三ツ鳥居」がお祀りされているのだ。

ここで、前述した「三ツ鳥居」の仕掛けを思い出して欲しい。

檜原神社の「三ツ鳥居」は、「元三輪山」を中心に、もう一つダイヤ形ができることを示すために、暗号者によって意図的に置かれたのである。

そこで私は、「元三輪山」の西の檜原神社と東の天神山の2点と、「大和三山」から「元三輪山」の方向へ引いたラインを基準にダイヤ形をつくったのである。

157ページの図の左が「三輪山ダイヤ形」で、右が「元三輪山ダイヤ形」である。158ページの図は、「元三輪山ダイヤ形」と「大和三山」を示した図である。

158ページの上の図が示す通り、畝傍山からの中線は「元三輪山」の中心（榮長さんに案内してもらった「ダンノダイラ」周辺）に、耳成山は檜原神社に、天香久山は天神山にそれぞれぴったり重なる。

前述したように、「大和三山」から「元三輪山ダイヤ形」へのラインは、「夏至の日の出・冬至の日没ライン」という特別なラインである。

だから、「夏至の日」の朝、畝傍山から太陽を観測すると、太陽は「元三輪山ダイヤ形」の中心から昇る。逆に「冬至の日」の夕方、「元三輪山ダイヤ形」の中心から太陽を観測すれば、太陽は畝傍山に沈む。

耳成山と檜原神社、天香久山と天神山でも同様の現象が起こる。

このように、「大和三山」と「元三輪山ダイヤ形」は、「夏至の日の出・冬至の日没ライン」という特別なラインで対応する。

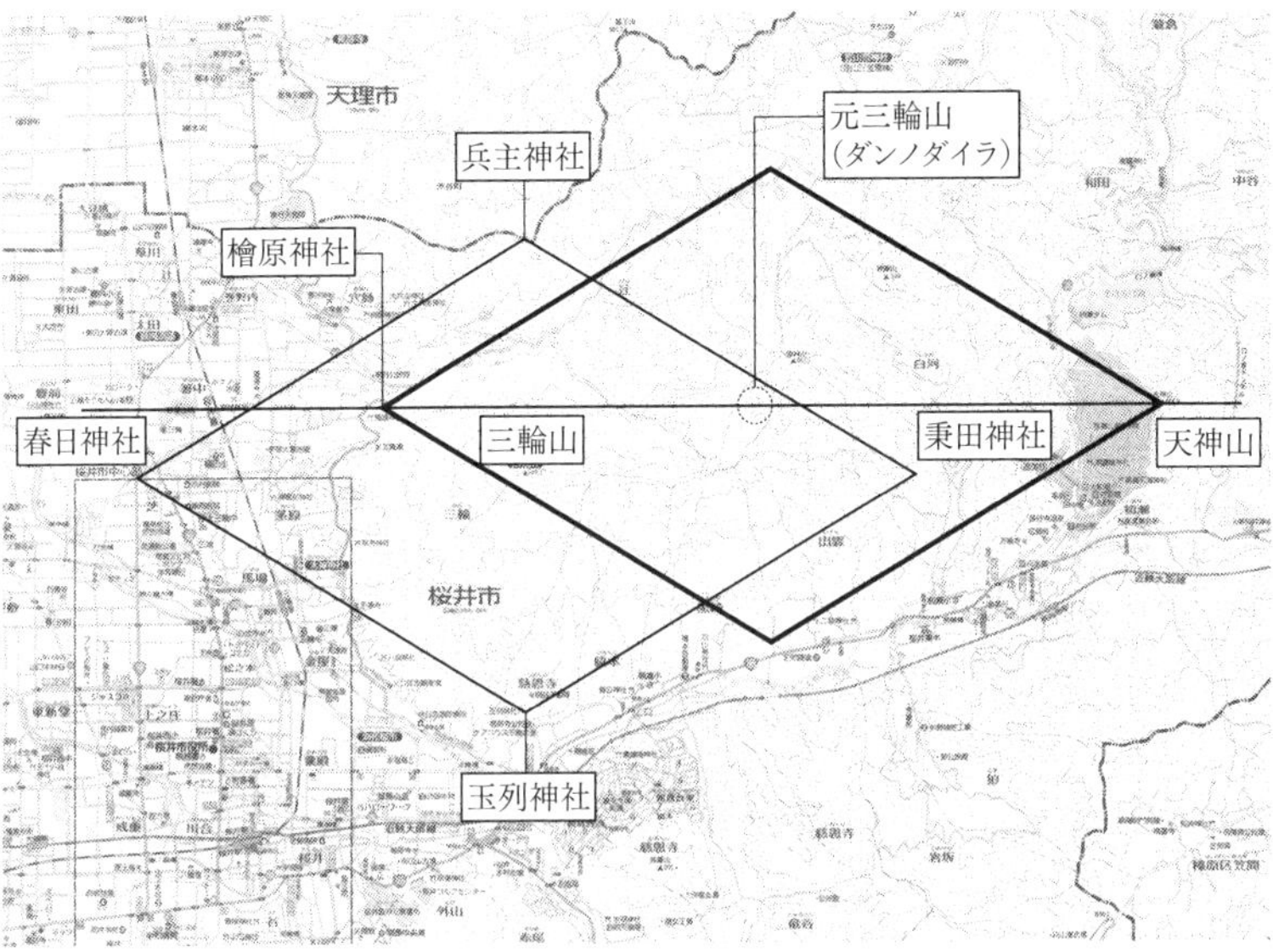

「三輪山ダイヤ形」（左）と「元三輪山ダイヤ形」（右）

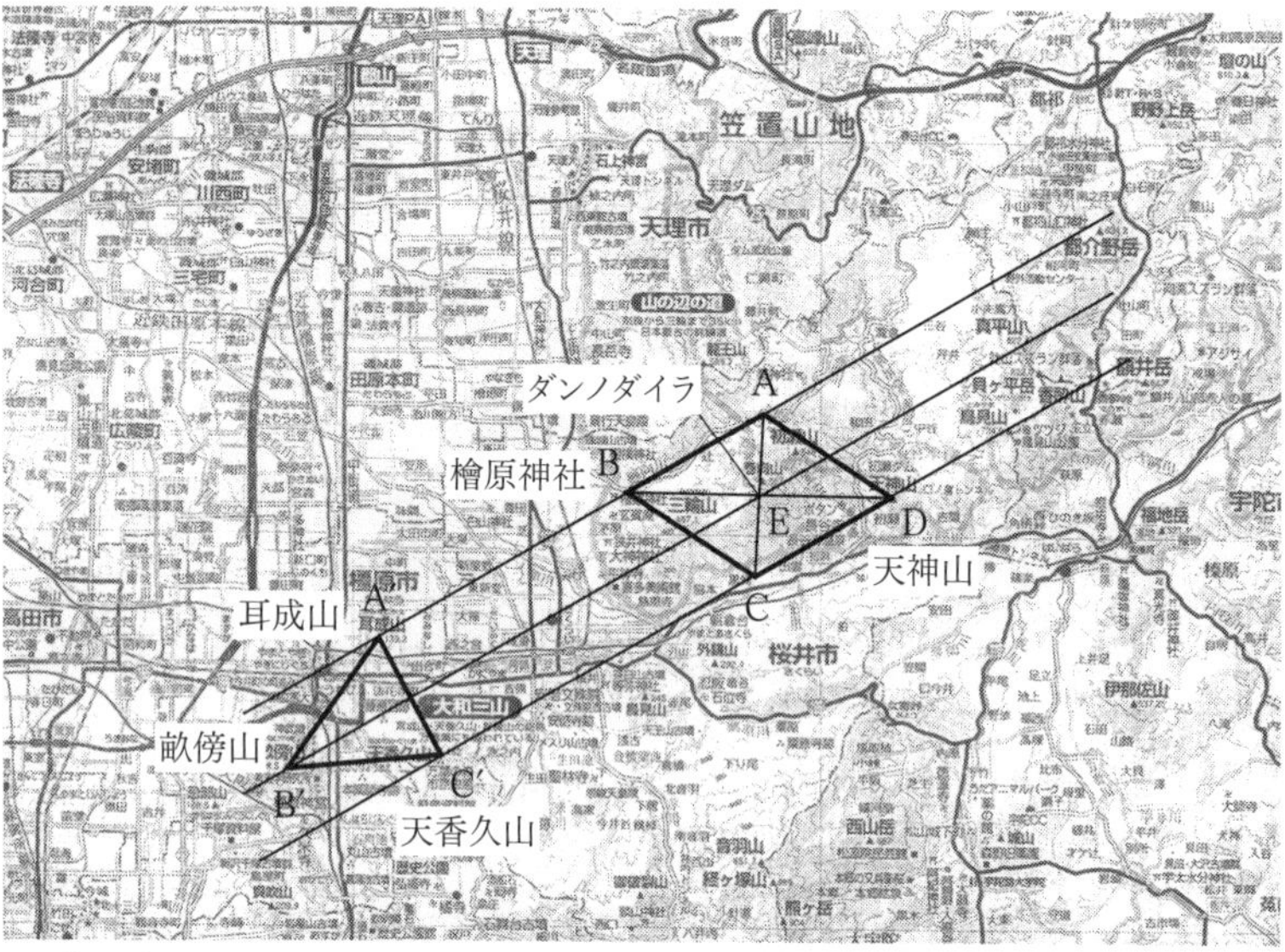

「元三輪山ダイヤ形」と大和三山は「夏至の日の出・冬至の日没ライン」で対応する

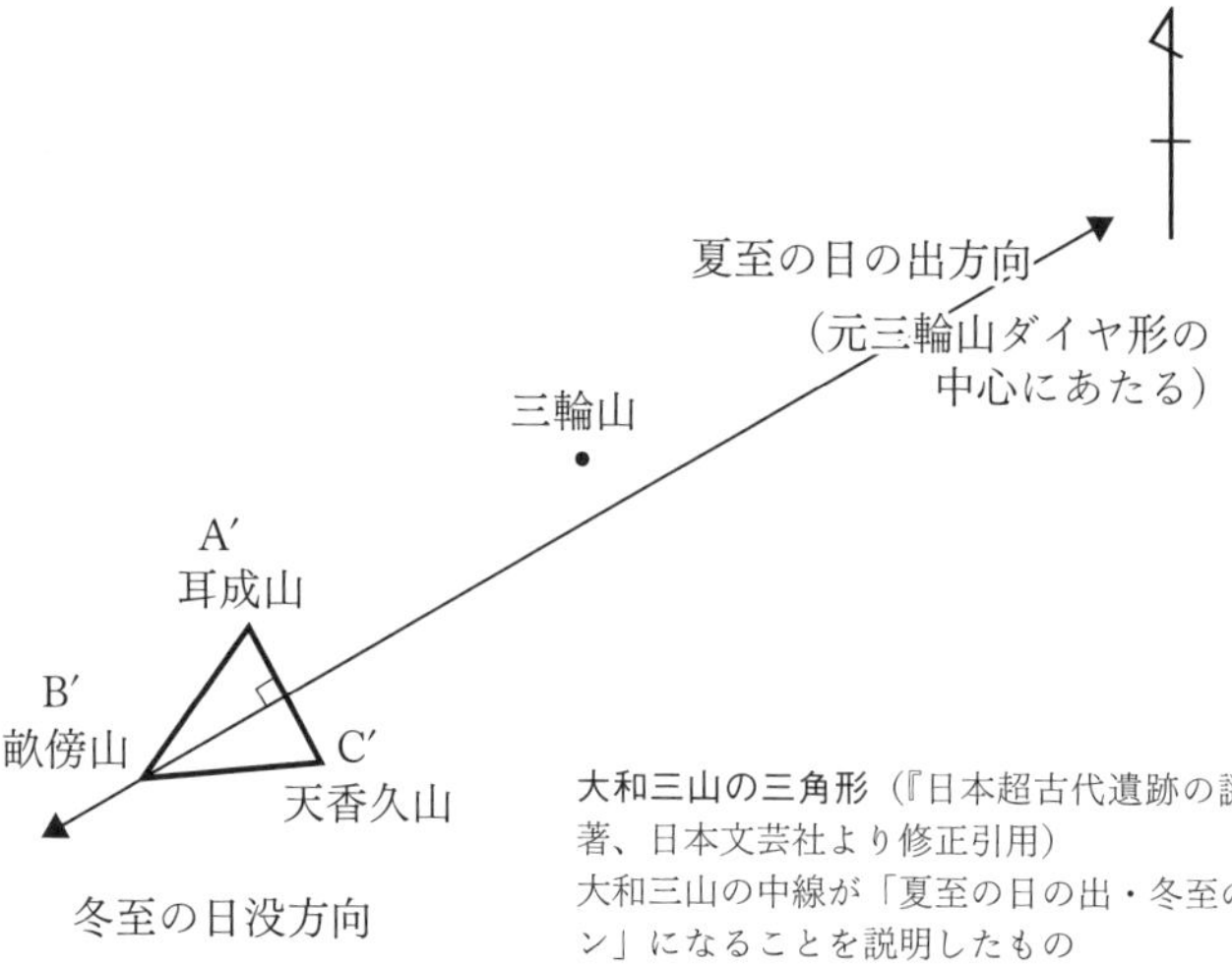

大和三山の三角形(『日本超古代遺跡の謎』鈴木旭著、日本文芸社より修正引用)
大和三山の中線が「夏至の日の出・冬至の日没ライン」になることを説明したもの

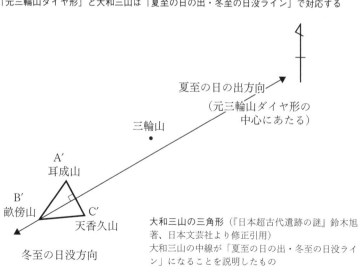

ちなみに、「元三輪山ダイヤ形」と「大和三山」に、対応関係があることを示す暗号が残されている。

それは、「大和三山」の二等辺三角形の頂点の「畝傍山《うねびやま》」である。「畝傍山《うねびやま》」の「畝」という字を広辞苑で調べると、「畝」とは「山脈・波などの小高く連なったところ」という意味がある。「傍《び》」には傍流《ぼうりゅう》という言葉があるように、「本流のめぐり、ほとり」という意味だ。だから畝傍山は、「山の小高く連なったところとそのまわりの、ほとりの山」という意味になる。

榮長さんの発見された元三輪山は、「ダンノダイラ」・巻向山《まきむく》・泊瀬山《はっせ》などの三諸山《みもろ》（巻向連山）である。その連山（元三輪山）と「夏至の日の出・冬至の日没ライン」で対応する畝傍山は、まさに「山の小高く連なったところを本流とする、そのめぐりの、ほとりの山」になる。

畝傍山の「畝傍」という言葉は、巻向連山（元三輪山）と畝傍山が、「小高く連なった山々」と「そのほとりの山」という関係を示している。

前述したように、檜原神社の「三ツ鳥居」も、「元三輪山」を中心にダイヤ形ができることを示すための仕掛けだった。

これらは、「太陽の暗号者」によるものだと思われる。

後で説明するが、「大和三山」と「元三輪山ダイヤ形」の特別な対応関係は、実は「星の暗号」の仕掛けなのだ。だから、「星の暗号」に気づかせるような仕掛けが、「太陽の暗号者」によって施されているのである。

このことは、「太陽の暗号者」と「星の暗号者」とのつながりを物語っているが、それは同時に、「大和三山」と「元三輪山ダイヤ形」の対応関係は偶然ではないことも示している。「大和三山」は「元三輪山ダイヤ形」に対応させてつくられたピラミッドである可能性も考えられるのである。

「大和三山」は「元三輪山ダイヤ形」に対応してつくったピラミッド?

「大和三山」と「元三輪山ダイヤ形」には、特別な対応関係があることをお伝えした。私はこの特別な対応関係には、何か意味があるのではないかと思った。

「大和三山」は、「元三輪山ダイヤ形」と「夏至の日の出・冬至の日没ライン」で対応させてつくられたピラミッドかもしれない、と思ったのである。

前述したように、「大和三山」の配置は正確な二等辺三角形で、しかも、この二等辺三角形の頂点からおろされた中線の延長は、「夏至の日の出・冬至の日没ライン」という特別なラインになる。このことから、「大和三山」ピラミッド説が、多くの歴史研究家に支持されているが、私もその一人である。

いずれにしても、「大和三山」が「元三輪山ダイヤ形」に対応させてつくられたピラミッドだとしたら、何か意味があるに違いない。それは、「元三輪山ダイヤ形」の近くにある「約束の地」（古代の神宮の場所）と、関係があるかもしれないと思った。

そして、「大和三山」と「元三輪山ダイヤ形」に天体図を重ねると、「約束の地」（古代の神宮の場所）との関連が見えてくるかもしれない、と思ったのである。

というのも、グラハム・ハンコックの『神々の指紋』によると、エジプトのギザの「三大ピラミッド」はＢＣ１０４５０年の「オリオン三ツ星」を地上に再現したものだという。それは、ロバート・ボーヴァルが、天体図と「三大ピラミッド」を対応させてわかったからである。

「大和三山と元三輪山ダイヤ形」と「ＢＣ１０４５０年」（始まりの時）の冬至の「天体図」

私は早速、天体ソフトを購入した。

この天体ソフトは非常に便利で、「場所」と「時間」を設定すると、その場所から、その時間に見える天体の様子がパソコンの画面に再現される。

そこで、「大和三山」と「元三輪山ダイヤ形」と「天体図」を重ねようと思ったが、問題はその「天体図」である。

「場所」と「時間」を設定しなければ、「天体図」を見ることができない。まず、場所を、「大和三山」のある奈良県の桜井市に設定した。

次は、時間を設定しなければならない。

なんの根拠もなかったが、とりあえず「年」を、エジプトの「三大ピラミッド」が「オリオン三ツ星」と対応しているという「BC10450年」に設定した。あとは、「日」と「時間」を設定すれば、天体図を見ることができる。

このとき、前述した「大和三山」から「元三輪山ダイヤ形」へのそれぞれのラインは、「夏至の日の出・冬至の日没ライン」という特別なラインであることを思い出した。

そこで、「日」と「時間」を、冬至の日の0時0分0秒（12月23日、0時0分0秒）に設定した。それが、163ページの天体図である。

この天体図は、BC10450年、12月23日、0時0分0秒に、観測点桜井市から夜空を見あげたときの、天頂周辺の星々の様子である。

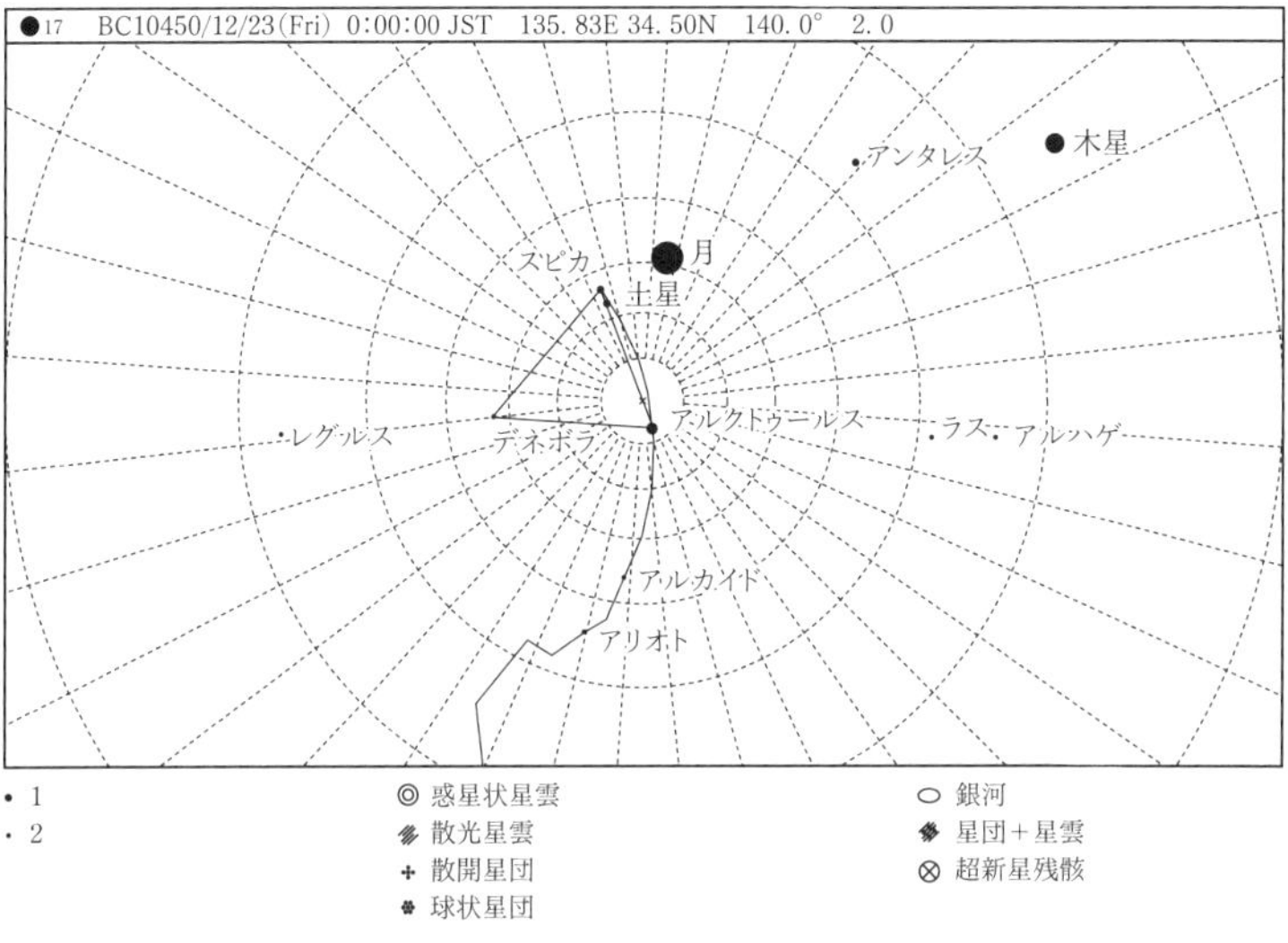

BC10450年の冬至（真夜中）の天体図（桜井市）――天頂（円の中心）近くに「大和三山」と同じような形の「星の三角形」（春の大三角）がある!?

天頂周辺に、地図の「大和三山」と、同じような大きさや形の「星の三角形」がパソコンの画面の天体図の中にあるのを発見した。

この三角形は、牛飼い座のアルクトゥールス、しし座のデネボラ、おとめ座のスピカでつくる「春の大三角」である。冬至は冬なのに、「春の大三角」というのはおかしいと思われるかもしれないが、アルクトゥールスとデネボラとスピカでつくる三角形を、天文学では「春の大三角」と名付けている。

それはともかく、この「星の三角形」と「大和三山」を重ねようと思い、165ページの上の地図の「大和三山」と「元三輪山ダイヤ形」に、プラスチック製の透明のシートを上に重ね、下の地図から透《す》けて見える「大和三山」と「元三輪山ダイヤ形」だけをそのシートに写し、「二等辺三角形とダイヤ形」のシートをつくった。そのシートを、先の天体図に重ねたのが166ページの二つの図である。

上の図では、デネボラと畝傍山は少しずれるが、スピカと耳成山、アルクトゥールスと天香久山がぴったり重なる。一方下の図では、スピカとアルクトゥールスは耳成山、天香久山と少しずれるが、デネボラと畝傍山はぴったり重なる。

注目してほしいのは、どちらの図も、「木星」が「ダイヤ形の中心」に重なることである。

ローマ神話で「木星」はユピテル（ジュピター）と呼ばれ、最高神とされている。

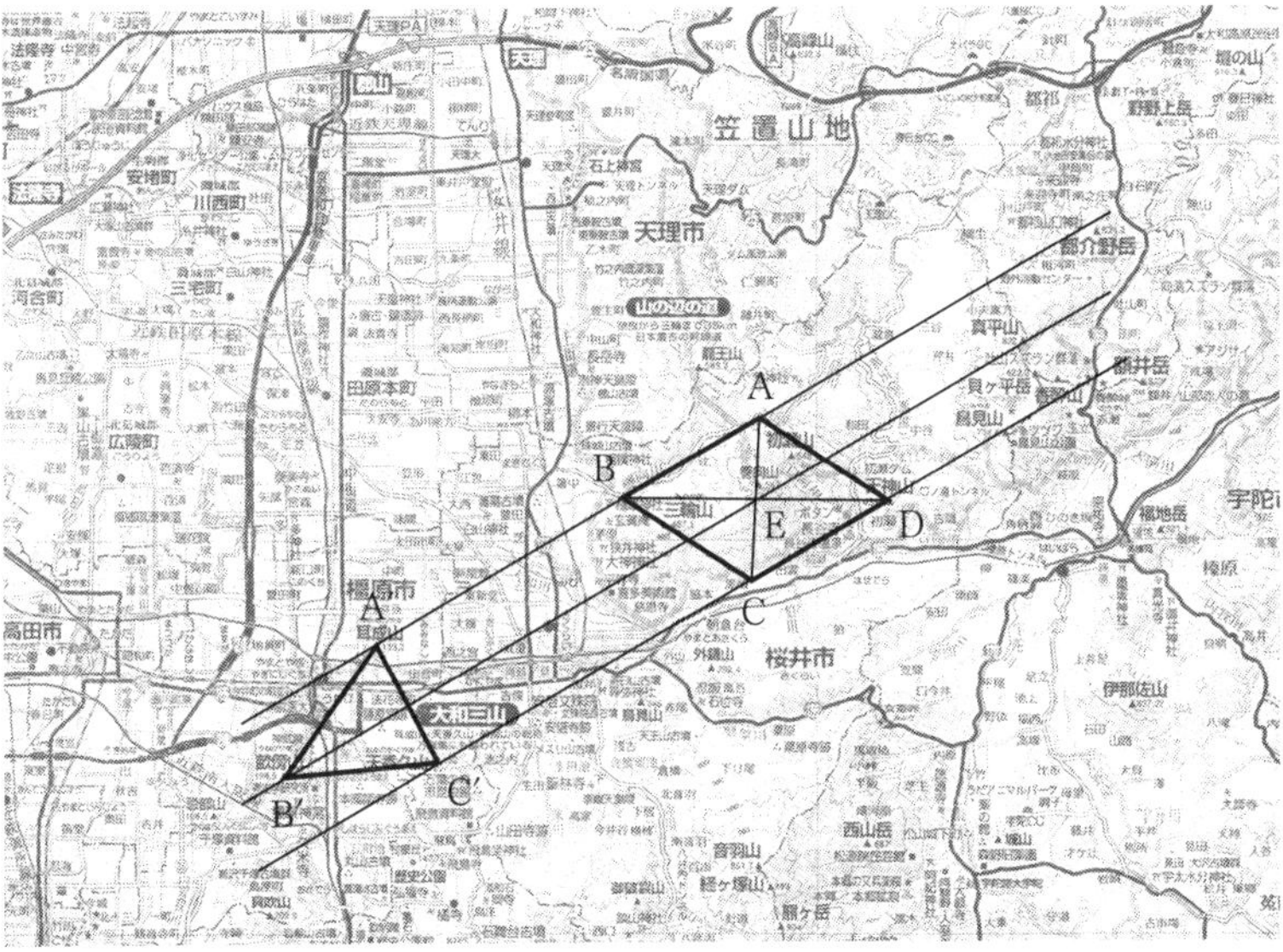

⇩

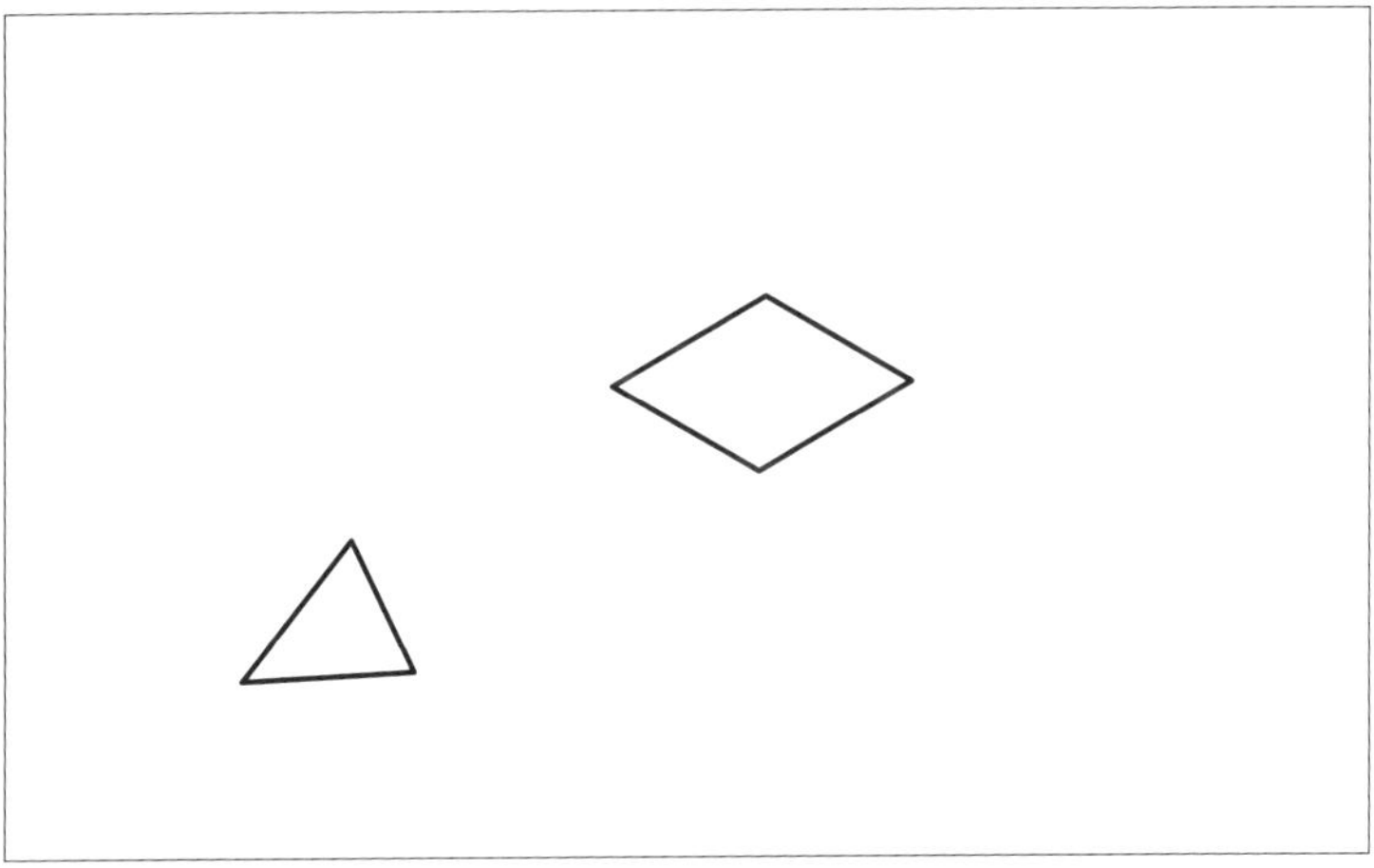

上の図に透明プラスチック製のシートを重ね、「大和三山と元三輪山ダイヤ形」だけを写したもの

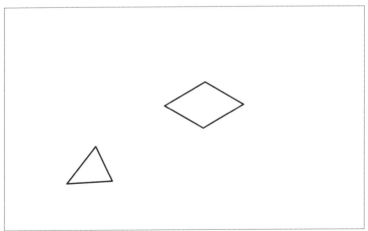

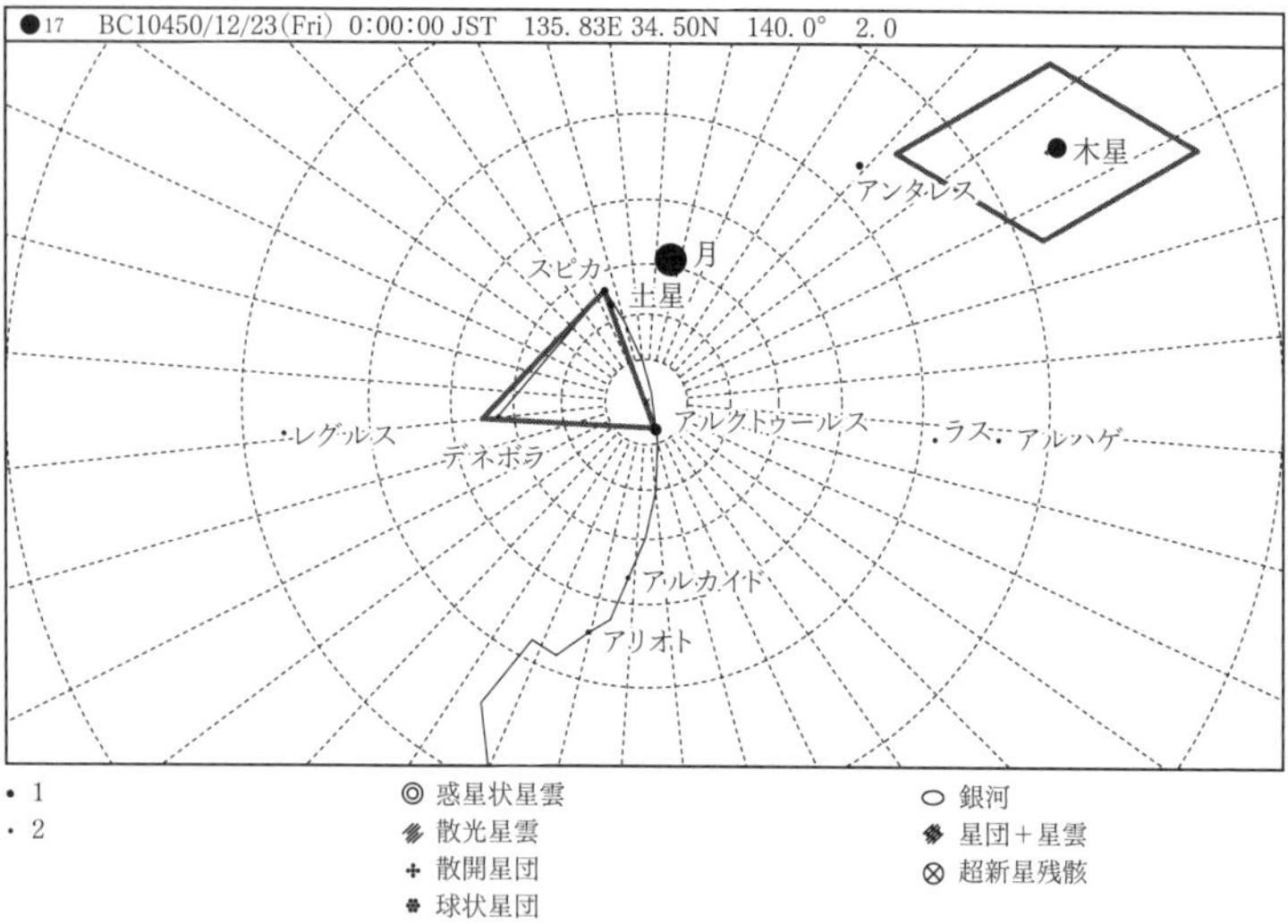

BC10450年の「冬至」の天体図（P163の図）に「二等辺三角形とダイヤ形」の透明シートを重ねた結果①

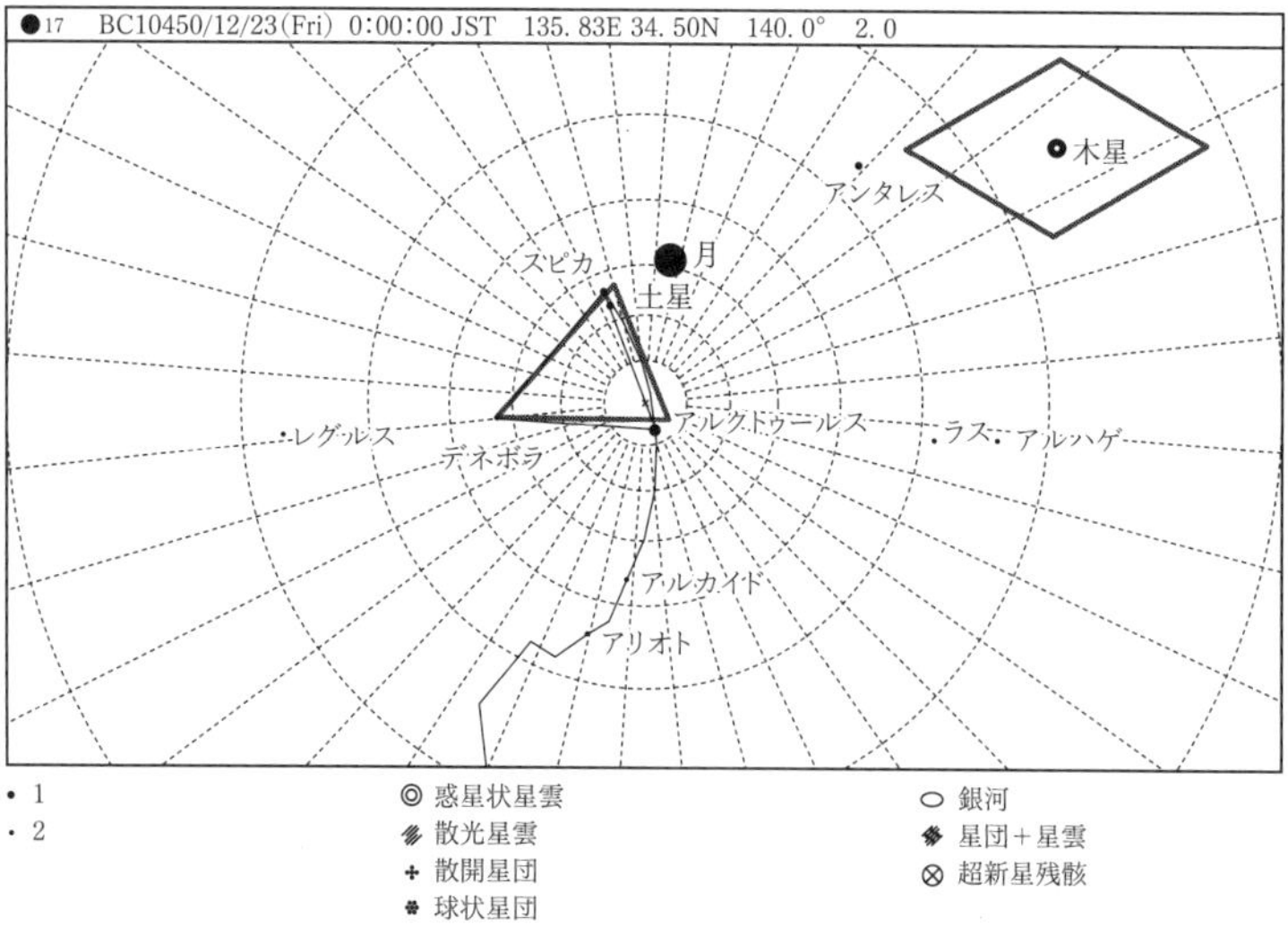

同②――上図と下図のどちらも「木星」が「ダイヤ形の中心」に当たる!?

この二つの図は、「春の大三角」と「大和三山」がほぼピッタリ重なり、最高神の「木星」が「ダイヤ形の中心」に重なることを示している。

「大和三山と元三輪山ダイヤ形」と「BC10450年」(始まりの時)の夏至の「天体図」

「これは偶然か……何か意味あるのでは⁉」

そう思い、冬至の反対のもう一つの節目の日、夏至の日の真夜中（6月22日、0時0分0秒）の天体図も見た。それが、168ページの上の図である。

冬至の天体図と同じように、この天体図にも、地図の「大和三山」と同じような大きさや形の「星の三角形」が天頂の近くにある。

今度は、白鳥座のデネブ、わし座のアルタイル、こと座のベガでつくる「夏の大三角」である。

前回と同じように、「大和三山と元三輪山ダイヤ形」を写した「二等辺三角形とダイヤ形」のシートを、BC10450年の夏至の天体図に重ねた。

すると、「夏の大三角」が「大和三山」とほとんどぴったり重なり、今度はその天体図の中でひときわ目立つ「ポラリス」が、地上「ダイヤ形の西（左）」（檜原神社）に重なる。

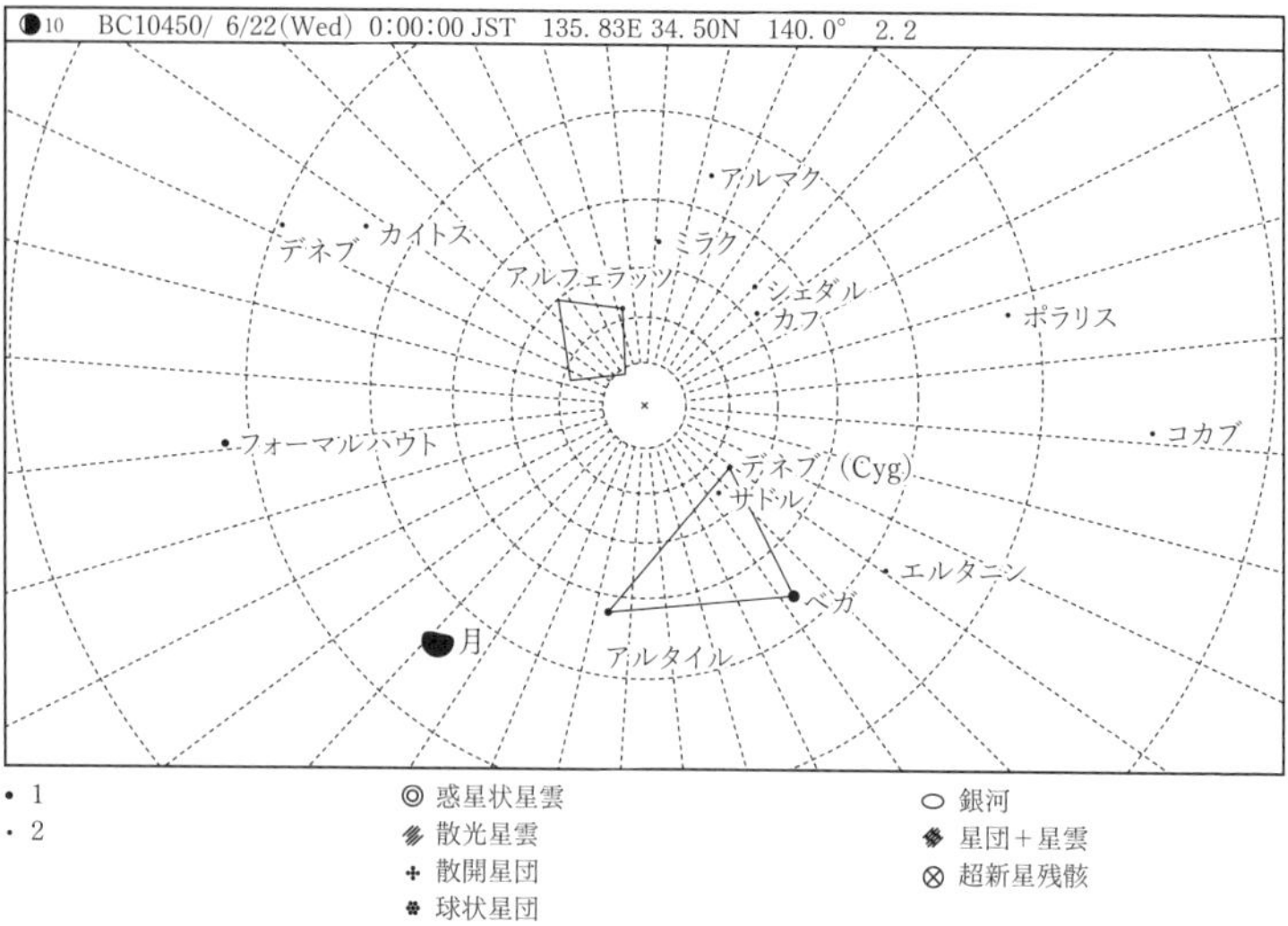

BC10450年の「夏至」（真夜中）の天体図（桜井市）――この天体図にも、天頂の近くに「星の三角形」（夏の大三角）がある

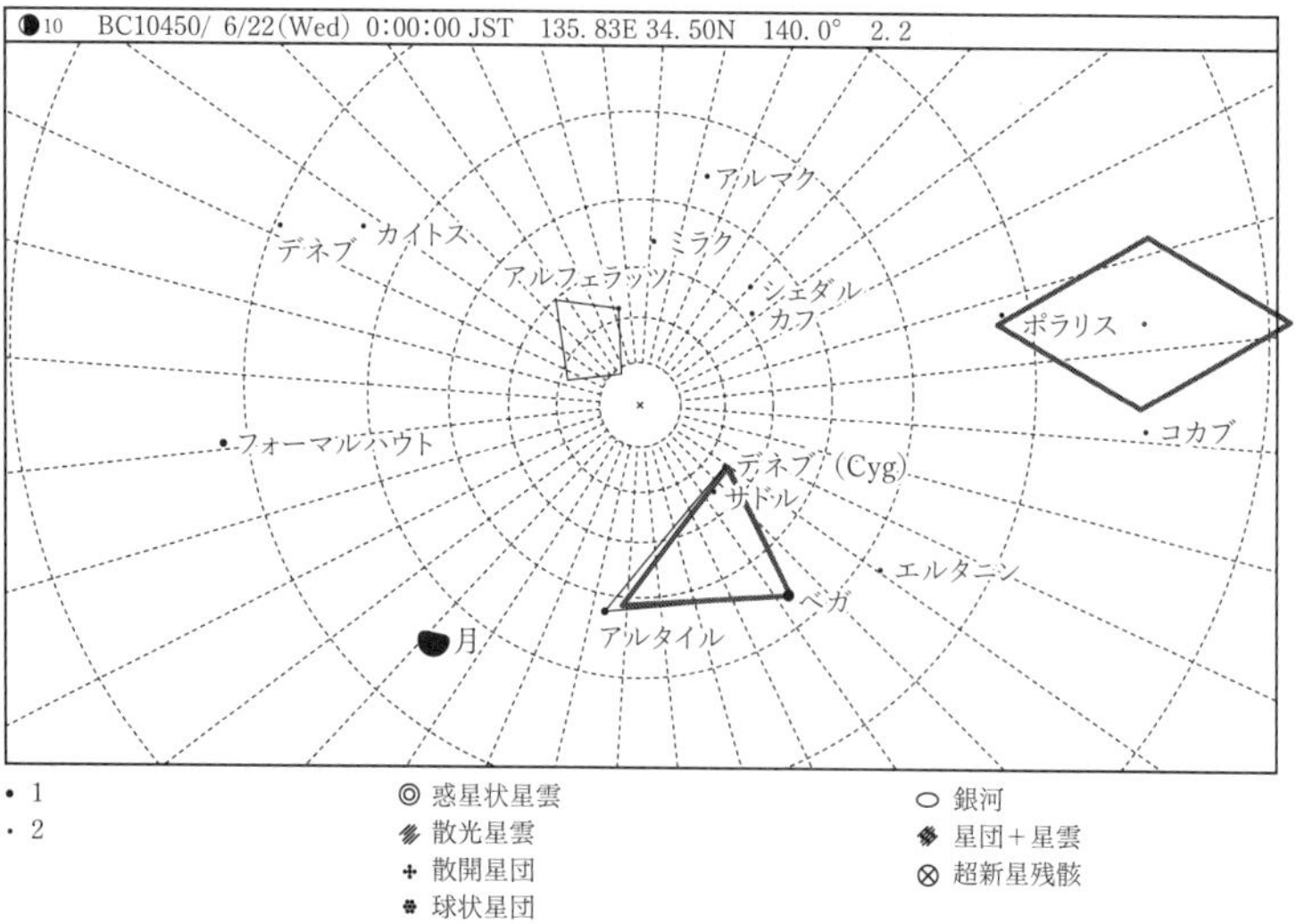

BC10450年の「夏至」の天体図（上図）に「二等辺三角形とダイヤ形」の透明シートを重ねた結果――「ポラリス」が「ダイヤ形の西（左）」に当たる⁉

それが、168ページの下の図である。

ポラリスは北極星で、中国では北極大帝と呼ばれ、万星を統御する星として神格化されている。今回も「夏の大三角」と「大和三山」がほとんどぴったり重なり、万星を統御する最高神の「ポラリス」が「ダイヤ形の西（左）」（檜原神社）に重なる。

「大和三山と元三輪山ダイヤ形」と「AD2012年」（終わりの時）の冬至の「天体図」

これは偶然ではないかもしれないと思い、次は、同じ『神々の指紋』の中で紹介された、AD2012年12月23日の0時0分0秒の天体図を見ることにした。

どうして、「AD2012年」の天体図を、見たのかを説明しよう。

『神々の指紋』によると、『聖書』に記された「ノアの大洪水」のような地球規模の天災によって、それまでの文明は破壊されて「新しい文明」が始まったという。その「新しい文明」の「始まりの時」を示すために、エジプトの「三大ピラミッド」に「BC10450年」が刻まれたというのである。

一方「マヤカレンダー」には、現代の文明が滅びる「終わりの時」が示され、それが「AD2012年」なのだ。

このように、『神々の指紋』には、もちろん仮説ではあるが、現代の文明の「始まりの時」（BC10450年）と「終わりの時」（AD2012年）が記されている。

前述したように、「BC10450年」の天体図の中の「星の三角形」と「大和三山」を重ねると、冬至のときは「木星」が「元三輪山ダイヤ形」の中心に対応し、夏至のときは「ポラリス」が「元三輪山ダイヤ形」の左（檜原神社）に対応する。

実を言うと、「AD2012年」の天体図の「星の三角形」に「大和三山」を重ねると、「BC10450年」のケースと同じように、その天体図の中の目立った星が「元三輪山ダイヤ形」の「中心」（ダンノダイラ）と「左」（檜原神社）に対応するかもしれない、と密《ひそ》かに期待していた。

というのも、「BC10450年」のケースで示された「元三輪山ダイヤ形」の「中心」と「左」の「二つの場所」は、「約束の地」（神宮の元の場所）を示すのではないか？　と思っていたからだ。

プロローグ（5ページ）で述べたように、神さまに定められた「約束の地」は、天照大神が皇居で倭大国魂《やまとおおくにたま》とともに祀られ以前の「古代の神宮」のあった場所である。

『竹内文書《もんじょ》』によると、「古代の神宮」は神聖政治の世界の中心だった。

その古文書によると、世界が「土《どろ》の海」になるような大異変がかつて何度もあり、その度《たび》に、日本の天皇（現人神《あらひとがみ》）が世界各地に日本人を派遣して世界を立て直し、神聖政治によって世界を平和的に統治していたという。その世界統治のための「世界の政庁」、すなわち世界の国会議事堂、あるいは統治力をより強固にした国連のような存在が、「古代の神宮」だったというのである。

だから、「二つの場所」が「約束の地」を示しているとすれば、「約束の地」は世界が「土《ど》の海」になるような大異変のとき（終わりと始まりの時）に、世界を平和的に統治するための「世界の政庁」（神宮）のあった場所になり、『竹内文書』の内容と一致する。

そんな思惑もあって、マヤカレンダーに示された「終わりの時」、「AD2012年」の冬至の天体図を見たのである。

その天体図が、172ページの上の図である。

この天体図にも、天頂周辺に「星の三角形」がある。

こいぬ座のプロキオン、おおいぬ座のシリウス、オリオン座のベテルギウスで作る「冬の大三角」である。

この天体図に、「二等辺三角形とダイヤ形」のシートを重ねたのが172ページの下の図である。

ご覧のように、プロキオンとベテルギウスは耳成山、天香久山とは少しずれるが、シリ

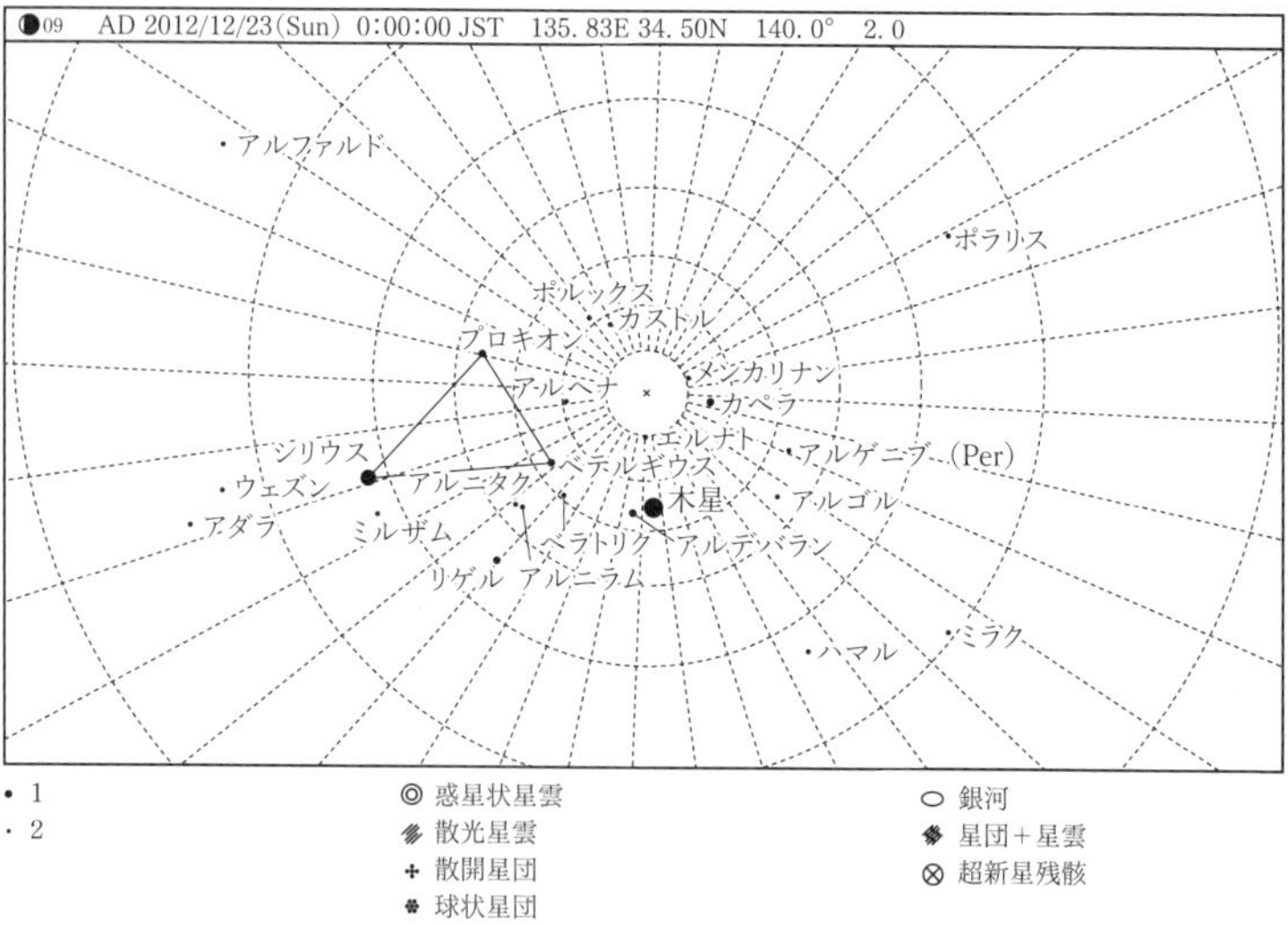

AD2012年の「冬至」（真夜中）の天体図（桜井市）――この天体図にも、「星の三角形」（冬の大三角）がある!?

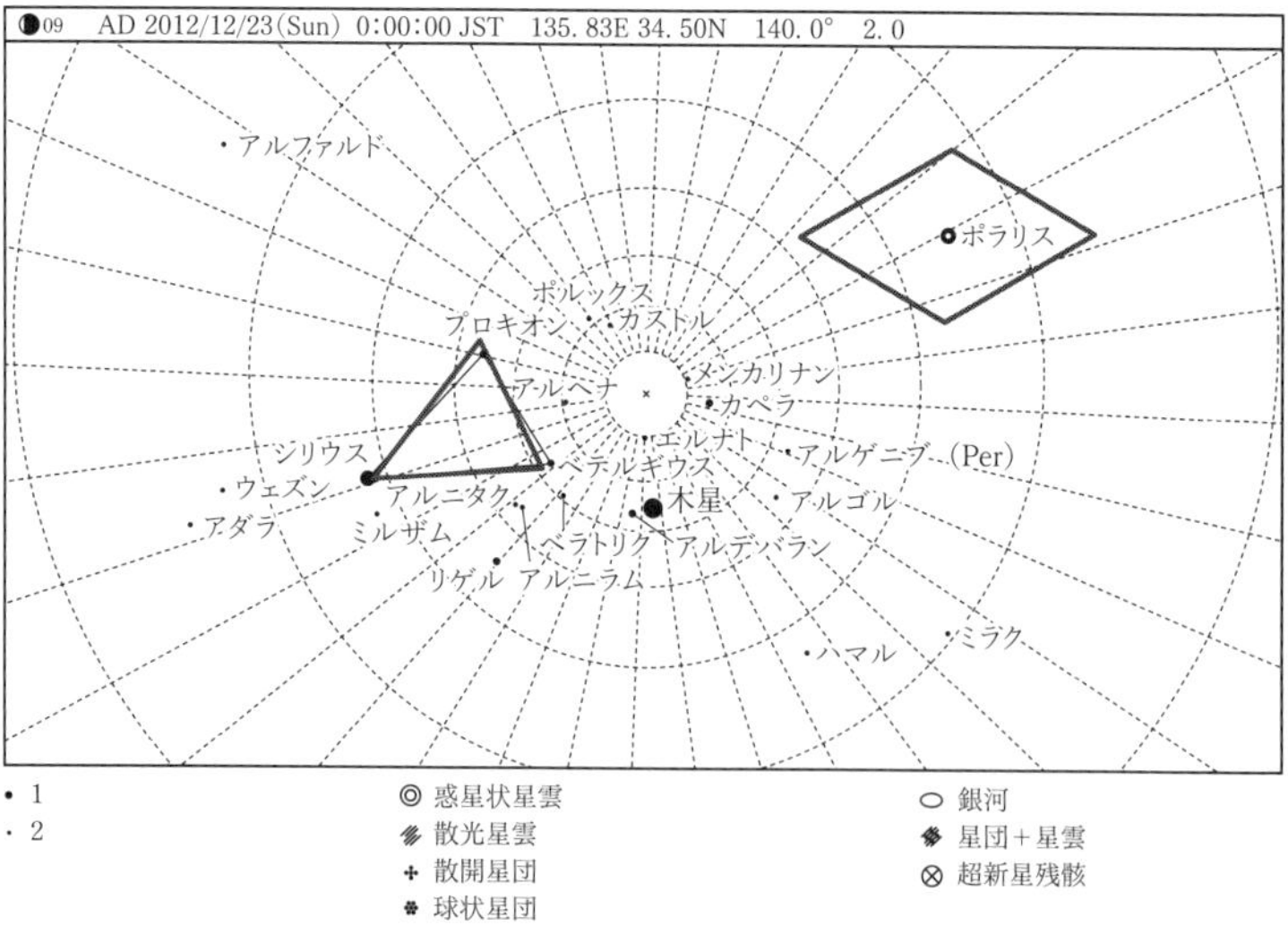

AD2012年の「冬至」の天体図（上の図）に「二等辺三角形とダイヤ形」の透明シートを重ねた結果――「ポラリス」が「ダイヤ形の中心」に当たる!?

ウスと畝傍山が重なる。そして今回も、私の期待どおり、BC10450年のケースと同じように、この天体図の中でひときわ目立つ「ポラリス」が、「ダイヤ形の中心（ダンノダイラ）」にぴったり重なる。

「大和三山と元三輪山ダイヤ形」と「AD2012年」（終わりの時）の夏至の「天体図」

ドキドキしながら、次は、AD2012年の夏至の日（6月22日）の真夜中（0時0分0秒）の天体図を見た。

この天体図の中の「夏の大三角」に「大和三山」を重ねると、天体図の中の目立った星が、もし「元三輪山ダイヤ形」の「西（左）」（檜原神社）に対応すれば、私の思った通りの結果になる。

174ページの図は、この天体図に、「二等辺三角形とダイヤ形」のシートを重ねたものである。

「夏の大三角」に「大和三山」を重ねると、なんと！　私の思った通り、BC10450年のケースと同じように、ひときわ目立つ「ポラリス」が「ダイヤ形の西（左）」にぴったり重なるではないか!!

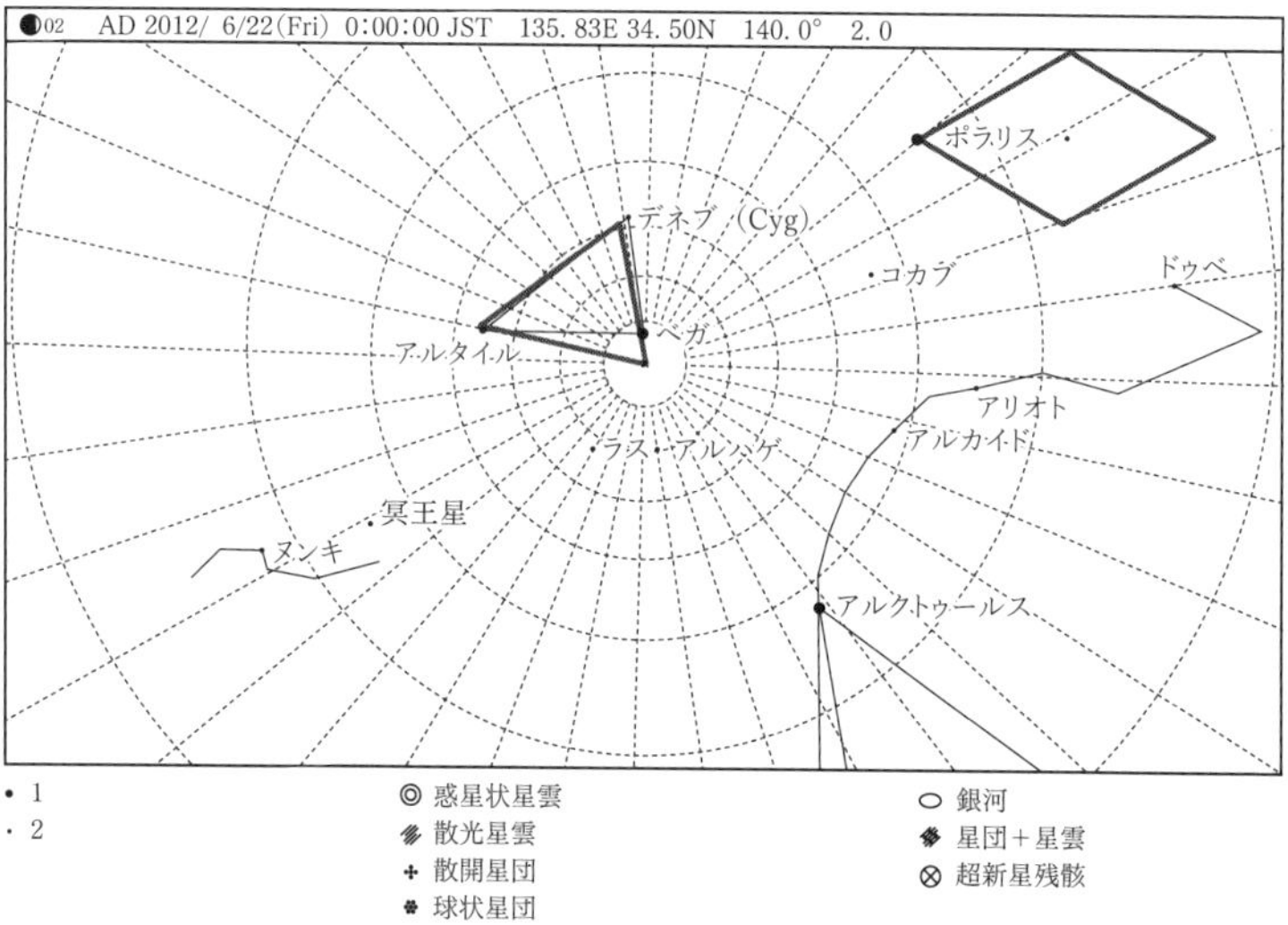

AD2012年の「夏至」の天体図に「二等辺三角形とダイヤ形の透明シート」を重ねた結果——「ポラリス」が「ダイヤ形の西（左）」に当たる!!

「大和三山と元三輪山ダイヤ形」と「天体図」の対応関係表

BC10450年

	6月22日　0時　0分　0秒			12月23日　0時　0分　0秒		
耳成山	デネブ	白鳥座	夏の大三角	スピカ	おとめ座	春の大三角
畝傍山	アルタイル	わし座	夏の大三角	デネボラ	しし座	春の大三角
天香久山	ベガ	こと座	夏の大三角	アルクトゥールス	牛飼い座	春の大三角
ダイヤ形　左 檜原神社 B 地点	ポラリス					
ダイヤ形 中心 ダンノダイラ E 地点				木星		

AD2012年

	6月22日　0時　0分　0秒			12月23日　0時　0分　0秒		
耳成山	デネブ	白鳥座	夏の大三角	プロキオン	こいぬ座	冬の大三角
畝傍山	アルタイル	わし座	夏の大三角	シリウス	おおいぬ座	冬の大三角
天香久山	ベガ	こと座	夏の大三角	ベテルギウス	オリオン座	冬の大三角
ダイヤ形　左 檜原神社 B 地点	ポラリス					
ダイヤ形 中心 ダンノダイラ E 地点				ポラリス		

今見た対応関係から、「二つの場所」と「二つの時」が浮かび上がってくる。それを示したのが、175ページの「大和三山と元三輪山ダイヤ形」と「天体図」の対応関係表である。

浮かび上がってきた「二つの時」と「二つの場所」（星の暗号）

私がたまたま手にした『神々の指紋』の中に、「始まりの時」（BC10450年）と「終わりの時」（AD2012年）が記されていたこと。

その「二つの時」の天体図を見たこと。そして、天体ソフトのパソコンの画面に示された、天体図の「星の三角形」の大きさが、12万分の1の地図の「大和三山」と同じような大きさだったこと。

これらのことは、確かに偶然である。

しかし、この対応関係が偶然だとは、考えられない。

結論を先に言う。

これは、大きな時代の「始まりの時」（BC10450年）と「終わりの時」（AD2012年）、言い換えれば、地球の崩壊と再生の「約束の時」と、「約束の人」が甦る「約束の地」を示す暗号なのだ。

しかし、これが「暗号」といわれても、おそらく信じられないだろう。

もし「暗号」だとすれば、日本の「大和三山」とエジプトと「三大ピラミッド」と「マヤカレンダー」は「暗号」の仕掛けのために、同じ設計者（星の暗号者）によって設計されたことになる。

エジプトの「三大ピラミッド」といえば、今から約4500年も前に建造されたと考えられている。ところが、マヤ文明の最盛期は8世紀頃と考えられている。

暗号は同じ設計者に設計されているはずなのに、年代に大きな開きがある。

疑問に思うのも、当然だ。

しかし、この疑問は解決している。それは、マヤカレンダーの説明のところでお伝えする。

また、175ページの「大和三山と元三輪山ダイヤ形」と「天体図」の対応関係表から浮かび上がってきた「二つの時」と「二つの場所」は、偶然の産物ではなく意図的なもの、すなわち「暗号」であることを示す確かな証拠も存在する。

このことも、後半で説明する。

そこで、これからは、175ページの「大和三山と元三輪山ダイヤ形」と「天体図」の対応関係表から浮かび上がってきた「二つの時」と元三輪山のダイヤ形の「二つの場所」（ダンノダイラと檜原神社）には、暗号者のメッセージが刻まれているという前提で話を進めさせていただく。

エジプトの三大ピラミッドに刻まれた「始まりの時」

「二つの時」から説明しよう。

前述したように、「二つの時」は、グラハム・ハンコックの『神々の指紋』に、「始まりの時」と「終わりの時」として記されていた。

まず「始まりの時」、「BC10450年」について説明する。

漫画でもお伝えしたが「BC10450年」は、4500年前に建設されたエジプトのギザの「三大ピラミッド」に刻まれている。

これは、イギリス人の建築技師、ロバート・ボーヴァルが発見したものである。彼がエジプトに旅行に行ったときのことだ。

カイロの博物館で、「三大ピラミッド」を真上から撮《と》った航空写真を目にし、何気なくそれをカメラに収めた。その後彼は、「ピラミッド・テキスト」をはじめ、エジプトの古

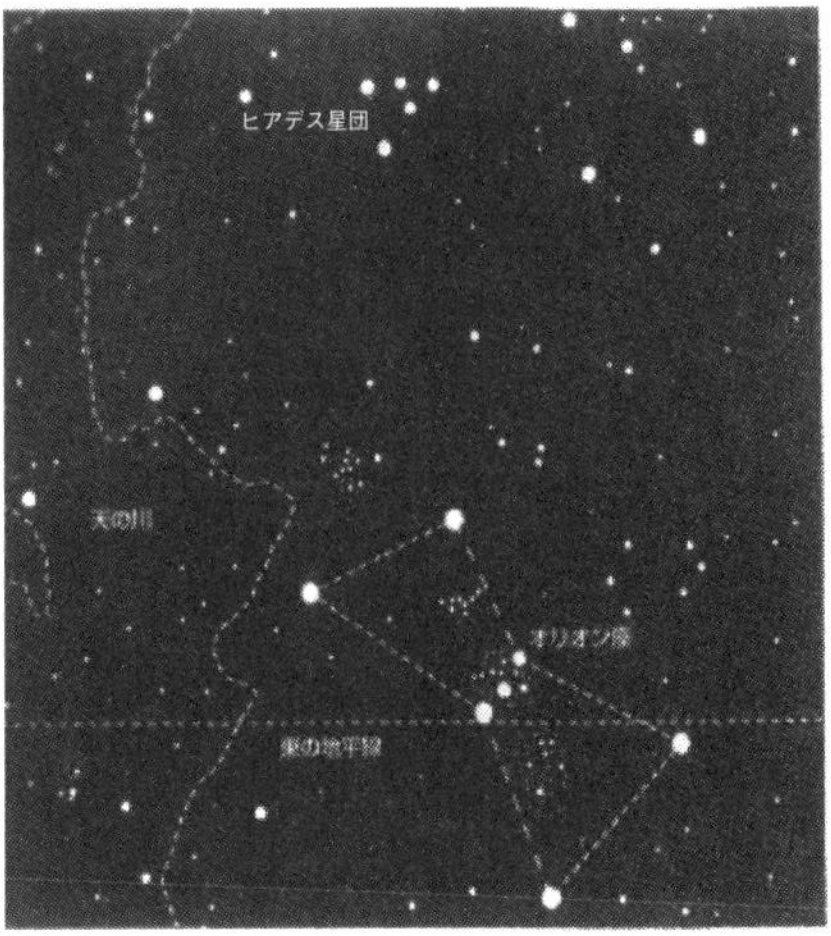

⬅夜空に輝くオリオン座とヒアデス星団。古代人は、夜空を神々の世界と考えていた。それゆえ地上の神殿もまた、夜空の星に対応させたのかもしれない。

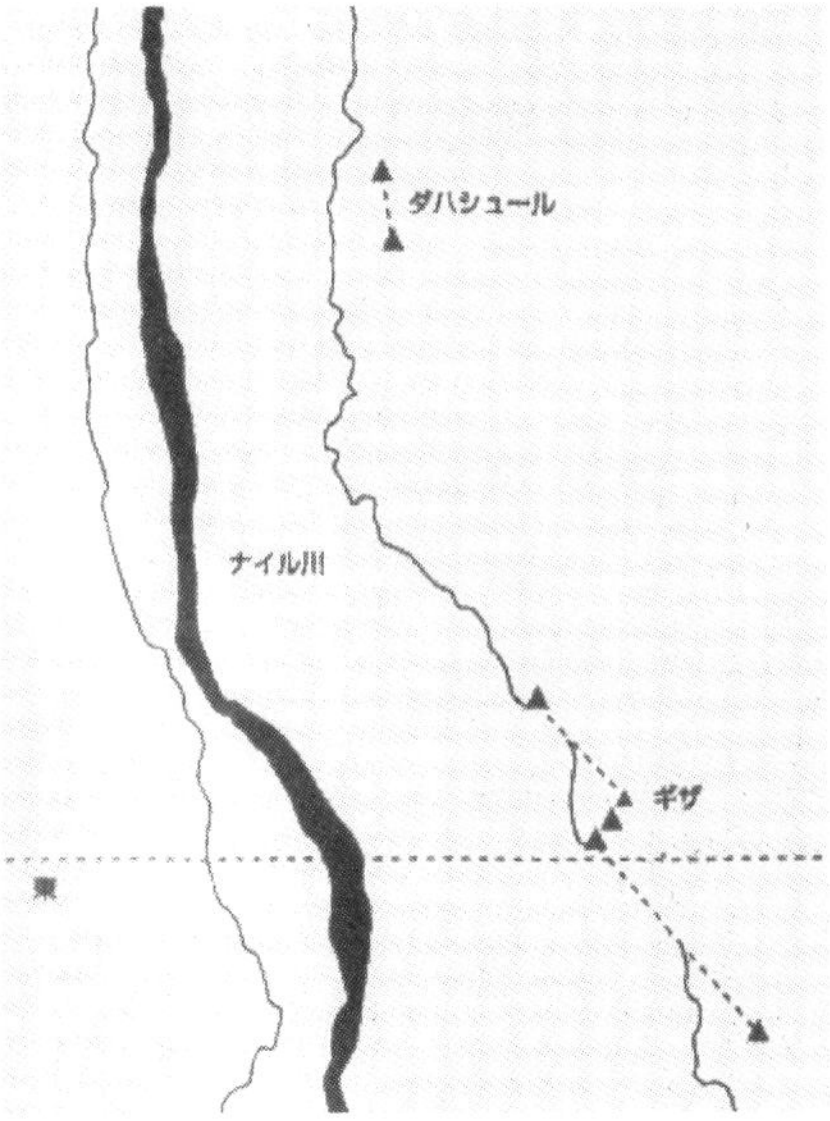

⬅エジプトのピラミッドの配置図。驚くことに、オリオン座の三ツ星のほか、ヒアデス星団の位置にピラミッドが建設されている。しかも、驚くことに、天の川がナイル川に対応している。

(『失われたキリストの聖十字架「心御柱」の謎』飛鳥昭雄・三神たける著　学研プラスより引用)

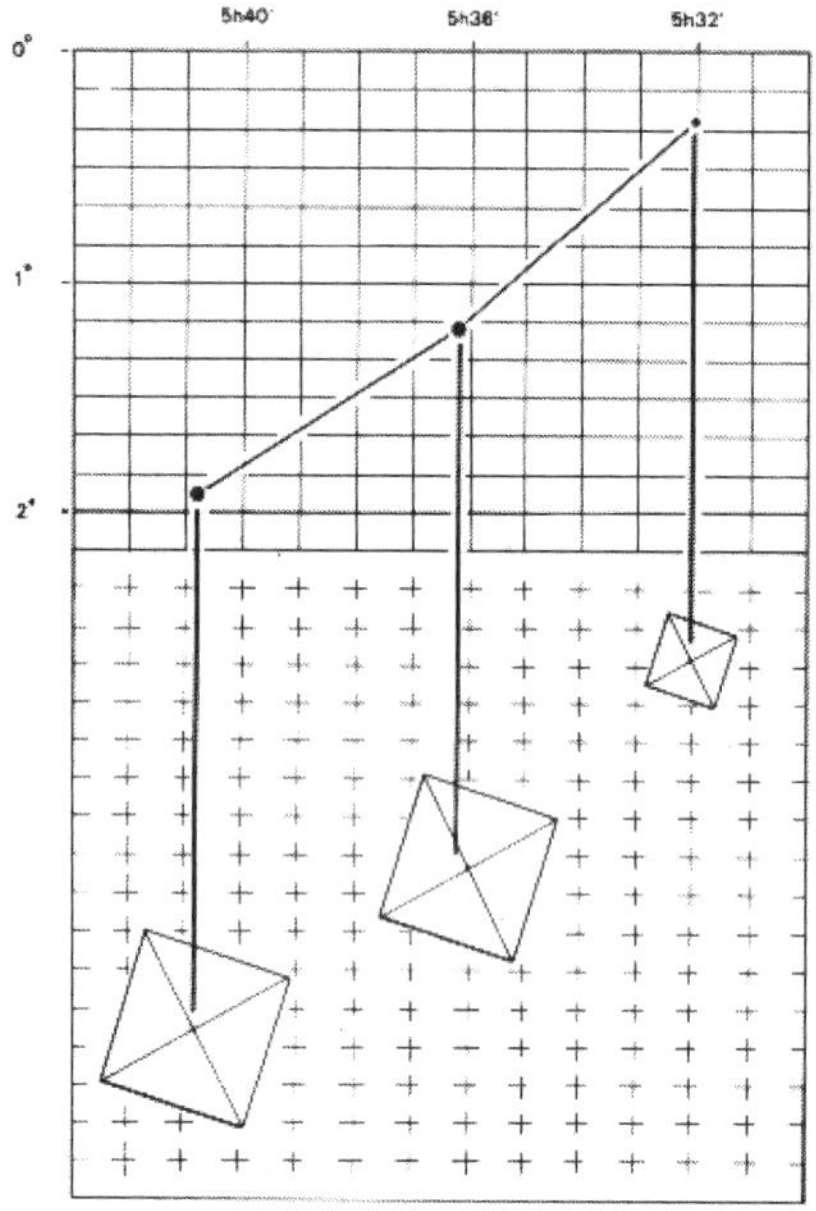

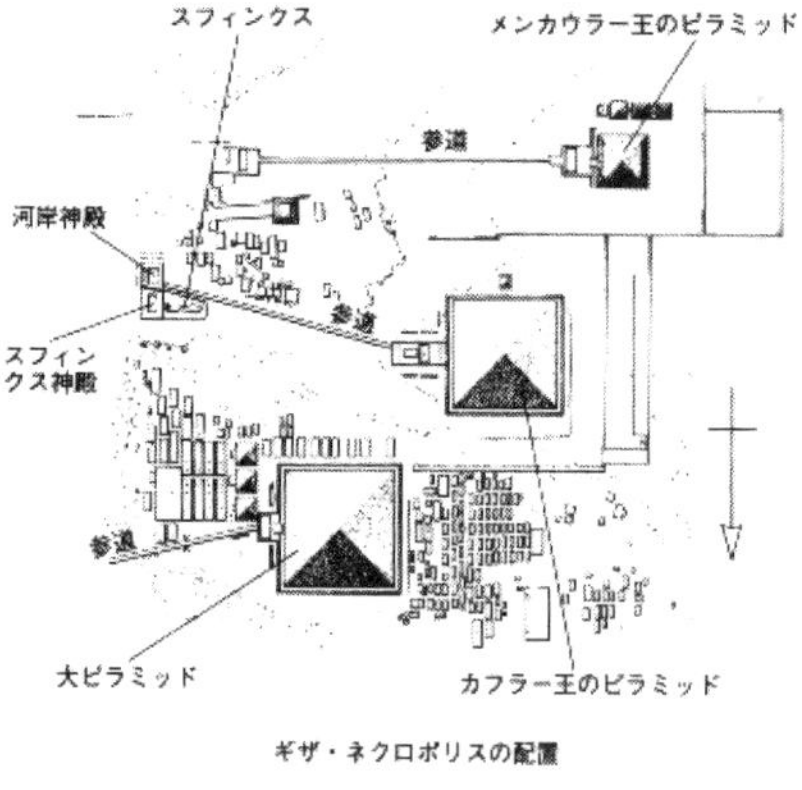

ギザ・ネクロポリスの配置

(『神々の指紋』グラハム・ハンコック著　翔泳社より引用)

文書に語られる、「上に在《あ》るごとくに、下も在れ」の意味を考えていた。そのとき、夜空に輝く「オリオン座の三ツ星と天の川」が「三大ピラミッドとナイル川」の組み合わせである、ということに気づいたのだ。

ちなみに、古代のエジプトでは、天空の「天の川」を「天のナイル」と呼んでいた。「ピラミッド・テキスト」とは、エジプトのアブ・シール遺跡や南サッカラのピラミッドに記《しる》された、死後に復活を果たすための呪文《じゅもん》などの原初的な葬祭《そうさい》文書である。この「ピラミッド・テキスト」は、第五王朝と第六王朝の時代に残された神聖な文書で、その一部は、ヘリオポリスの神官たちがBC3000年の終わりに書いたと見られている。またその内容の一部は、神官たちがBC3100年頃はじまった王朝時代以前に遡《さかのぼ》って書いたとされる、古い信仰の影響だと考えられている。

それはともかく、「オリオン座の三ツ星と天の川」が「三大ピラミッドとナイル川」の組み合わせであることに気づいたロバート・ボーヴァルは、両者が対応する「時」を知るために天体ソフトを丹念に調べた。

その結果、「BC10450年」の天体図の「オリオン座の三ツ星」が、地上の「三大ピラミッド」に完璧《かんぺき》に対応することを発見したのである。

ところで、オリオン座は「ＢＣ１０４５０年」頃、歳差周期において最も緯度の低いところに位置する。

歳差周期というのは、地球の地軸が首をふりながら運動することによって起こる現象で、地球から見える星座は時間の経過とともにゆるやかに移動し、約２６０００年かけて元に戻る。

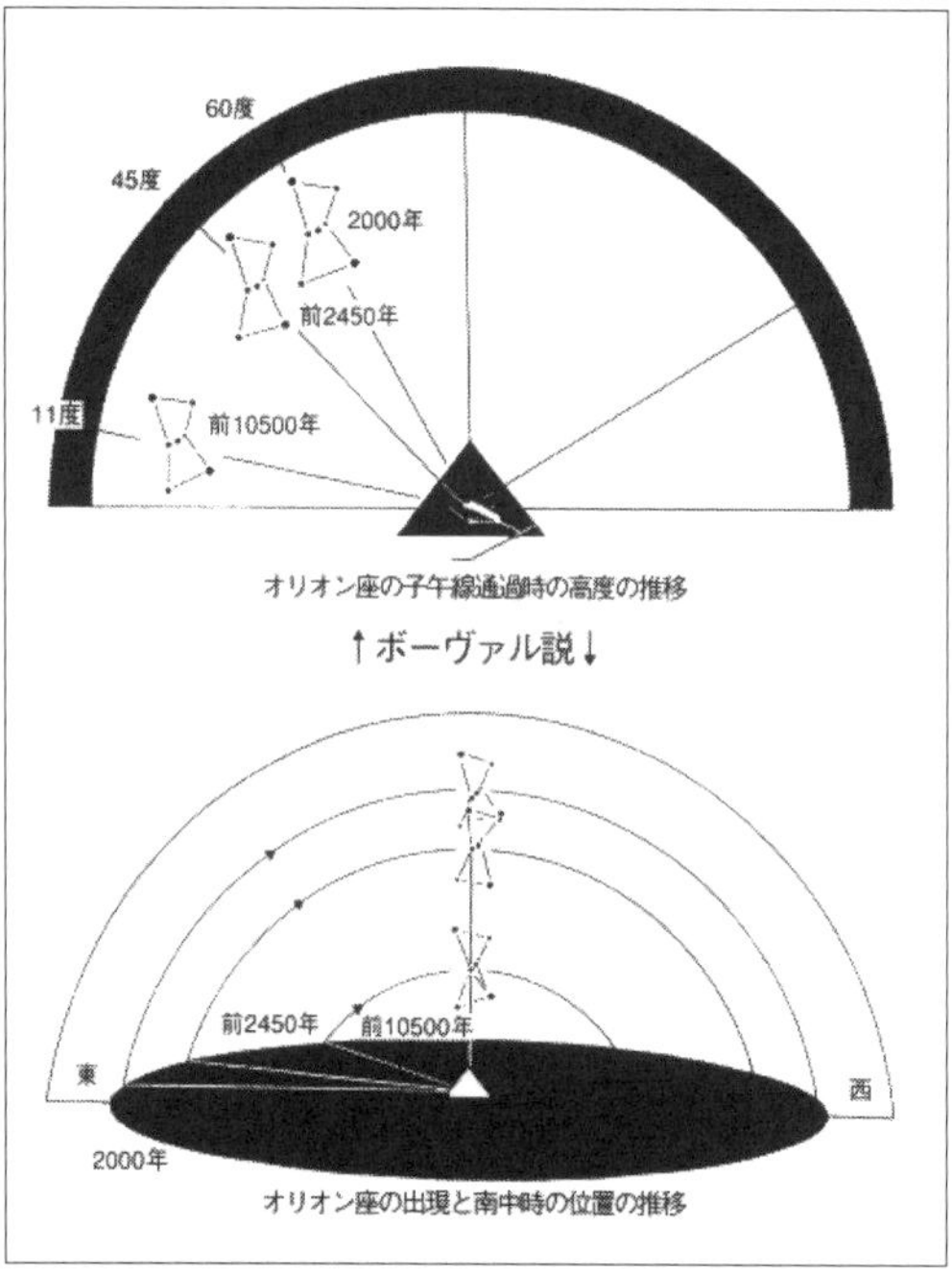

（『神々の指紋』グラハム・ハンコック著　翔泳社より引用）

それを示したのが上の図である。

この図が示すように、オリオン座は約１３０００年（２６０００の半分）かけて緯度の最も高いところへ移動し、また、約１３０００年かけて最も緯度の低いところに戻る。

つまり、オリオン座は約２６０００年周期で、緯度の低いところから高いところへ上がったり下がったりを繰り返すのだが、「BC10450年」頃は、緯度の最も低いところに位置する。このことは、「BC10450年」が「始まり時」を示しているとロバート・ボーヴァルは考えた。

その証拠にオリオン座は、「最初の時」（始まりの時）にエジプトに文明をもたらした神々の一人の、オシリスと同一視されているのだ。

これらのことは偶然でなく、そこには「三大ピラミッド」の設計者の、重要なメッセージが込められていると、ロバート・ボーヴァルは考えた。彼は「三大ピラミッド」に「BC10450年」が刻まれたのは、エジプト神話に語られる、神々が支配した黄金時代の「最初の時」（ゼプ・テビ）、すなわち「新たな時代」の「始まりの時」を示していると考えたのである。

では、「最初の時」（始まりの時）とは、どういう「時」なのか？

「最初の時」（始まりの時）の伝承が、エジプトに残されている。

古代のエジプト人によると、「最初の時」（始まりの時）は混沌《こんとん》とした世界を覆《おお》った水が引き、原始の暗闇《くらやみ》が消え去り、人類が陽光を浴びて文明の贈り物を授かった、神々が支配した黄金時代だったという。

その時代、神々と人間を仲介した「ウルシュ」という存在がいたという。

この神々と人間を仲介した「ウルシュ」とは、「太陽の暗号」のところで説明した預言者と同じ存在である。

このエジプトの伝承から、「最初の時」（始まりの時）とは、『聖書』の「ノアの洪水」のような地球規模の大災害によって「一つの時代」が終わったとき、言い換えれば、「新たな時代」の「始まりの時」を意味する。

「三大ピラミッド」の設計者（＝「星の暗号」の設計者）に対するロバート・ボーヴァルの感想

「三大ピラミッド」の設計者は、175ページの「大和三山と元三輪山ダイヤ形」と「天体図」の対応関係表に示された、「二つの時」と「二つの場所」が示された「星の暗号」の設計者でもある。その設計者について、ロバート・ボーヴァルは次のような感想を述べている。

「永遠の墓を立てたのではない事は確かだ。私の見方では、彼らは永遠に生きる事について疑いは持っていなかった。彼らは自分たちの思想を伝えてきているが、その媒体《ばいたい》には意識的にあらゆる意味で永遠のものを使っている。彼らは自動的に働く力を生み出すのに成功したが、それは理解できる人にしか与えられない。その力とは、物事を尋ねさせる『質問』だ。彼らは人間性を完璧に理解していたと思う。またゲームの原則も知っていた……違うだろうか？

冗談を言っているわけじゃない。彼らは何をしているのか知っていた。

彼らは自分たちが姿を消した後の遠い未来の人々を、自分たちの考え方に巻き込む事が出来るのを知っていたのだ。それを行なうには永遠に動く機械を造ればよいことも知っていた。それは質問を生み出す機械だ。……（中略）……

機械とはピラミッドの事だ！　それにギザ・ネクロポリス全体だ。

われわれを見てみろ。何をしている？　質問だ。

とんでもない時間に凍《こご》えながら立って、太陽が昇るのを見に来て、質問をしている。際限なく質問を投げかけているが、これは機械のプログラムに組み込まれた通りの行動をしているに過ぎない。本物の魔術師の手に乗っているのだ。

本物の魔術師は、シンボルだけで、適切なシンボルに関する問いを発するだけで、人を変えることができる。だが、対象となる人間は質問をするタイプの人でなければならない。

質問をする人だったら、ピラミッドについて質問を始め、たくさんの返答に出会い、それが更に次の質問を生む。それで次から次へと質問が出て、最終的に巻き込まれてしまう。……（中略）……彼らは種を蒔《ま》いているのだ。

間違いない、彼らは魔術師だ。また思考の持つ力を知っている。どうやって思考を成長させるか、人々の心で発展させるかを知っている。

そこでもし思考をめぐらし始め、理由付けの過程を通過すると、私のようにオリオンや、紀元前１０４５０年に行き着く。

つまりこれは自動的に進行する過程なのだ。その種を食べたら、あるいはそれが潜在意識に入り込んだら、ひとりでに成長し始める。そうなったら抵抗することもできなくなる……」（『神々の指紋』グラハム・ハンコック著より）

つまり、エジプトの「三大ピラミッド」に疑問や質問を投げかければ、自動的にオリオンや「ＢＣ１０４５０年」にたどり着くような仕掛けを、暗号者は施している、と彼は言っている。

「大和三山と元三輪山ダイヤ形」と四つの「天体図」（「始まりの時」（ＢＣ１０４５０年）と「終わりの時」（ＡＤ２０１２年）の「夏至」「冬至」の真夜中の天体図）の「星の三角形」を「大和三山」に対応させると、その天体図の中でひときわ目立つ木星やポラリスが、

「元三輪山ダイヤ形」の左と中心にあたる。このような偶然とは考えられない暗号めいた対応関係を見てきた私は、「大和三山」の設計者のマジックにかかっているのではないか、という感覚に度々襲われた。私もロバート・ボーヴァルと同じように、暗号者の蒔《ま》いた種を食べてしまったのだ。

「BC10450年」が「三大ピラミッド」に刻まれたのは、「二つの時」と「二つの場所」が示す「星の暗号」を完成させるためだった!!

ロバート・ボーヴァルは、「三大ピラミッド」が「BC10450年」を示していることについては、次のように述べている。

「このように地上と天空の配置が、BC10450年で完全に一致するのは、偶然ではありえない。もう偶然というのは、議論の対象ではなくなっている。今や真の問題は、『なぜか?』だ。なぜ、こんなことをしたのか?なぜ、BC10450年に、これほど執拗《しつよう》に目をむけさせようとするのか?」(『神々の指紋』グラハム・ハンコック著より)

これから、「なぜ、BC10450年に、これほど執拗《しつよう》に目をむけさせようとするのか？」という、ロバート・ボーヴァルの問いに答えたいと思う。

先に答えを言う。

BC10450年がエジプトの「三大ピラミッド」に刻まれたのは、「二つの時」と「二つの場所」が示された「星の暗号」を完成させるためである。驚くことに、エジプトの「三大ピラミッド」は、「星の暗号」の暗号装置としての役割も果たしているのである。

説明しよう。

もう一度、175ページの「大和三山と元三輪山ダイヤ形」と「天体図」の対応関係表を見てほしい。

この対応関係表から「二つの時」（BC10450年とAD2012年）と、「二つの場所」（元三輪山ダイヤ形の左と中心）が浮かび上がってくる。

私はBC10450年とAD2012年のときと同じように、「二つの場所」が浮かび上がってくる特別な対応が、どのような頻度《ひんど》で起こるのかを知るために、同じような対応関係を示す期間を、天体ソフトを使用して調べた。

それは、次のような方法である。

私の使った天体ソフトは、「日時」と「場所」をセットすればそれらを固定することができ、「年」だけを変更することができる。

例えば、「夏至の真夜中」の桜井市の天体の様子（天体図）を見る場合、「日時」を6月22日の0時0分0秒にセットし、「場所」を奈良県の桜井市にセットする。

そうすると「日時」と「場所」は固定され、「年」を変更するだけで、BC30000年からAD30000年の60000年間の、桜井市から見た夏至の真夜中の天体の様子（天体図）を、パソコンの画面に再現できる。同様に、「日時」を12月23日の0時0分0秒にセットすれば、「冬至の真夜中」の60000年間の天体図を見ることができる。

今言った方法で、60000年間の「夏至」と「冬至」の真夜中の、桜井市から眺める天体の様子（天体図）を見たのである。

そうすると、パソコンの画面に映る天体図の「夏至」と「冬至」の、天頂周辺の春・夏・冬の「星の三角形」をつくるそれぞれの星は、時の推移とともに天頂周辺から大きく移動して姿を消し、また天頂周辺に戻って、再び、地図の「大和三山」と同じような大きさや形の三角形をつくる、といった運行を繰り返す。

「星の三角形」に焦点をあてると、時の推移とともに、三角形が小さくなったり大きくなったり、さらには、形を変えて三角形でなくなったり、また再び、「大和三山」と同じような大きさや形の三角形になったり、というようなことを繰り返す。

まず私は、AD2012年の「夏至」と「冬至」のケースと、同じ対応関係を示す期間を調べた。

AD2012年のケースでは、175ページの「大和三山と元三輪山ダイヤ形」と「天体図」の対応関係表にあるように、天体図の「星の三角形」に「大和三山」を重ねると、「夏至」のときは「ポラリス」が「元三輪山ダイヤ形」の「左（檜原神社）」、「冬至」のときは「ポラリス」が「元三輪山ダイヤ形」の「中心（ダンノダイラ）」に対応する。

これと同じような対応をする天体図は、AD2012年の天体図と同じように、パソコンの画面に映る天体図の「星の三角形」が「大和三山」と同じような大きさや形で、その同じ天体図の「ポラリス」が、「夏至」のときは「元三輪山ダイヤ形」の「左」、「冬至」のときは「元三輪山ダイヤ形」の「中心」に対応するようなところに位置する、という条件を満たす天体図である。

私はパソコンの画面に映る天体図を見ながら、この条件を満たす天体図を調べた。その結果、この条件を満たす天体図は、AD2000年頃~AD2300年頃の約300年間に及ぶことがわかった。

だから、この約300年間のどの年であっても、「夏至」と「冬至」の真夜中の天体図の「星の三角形」に「大和三山」を重ねると、AD2012年のケースと同じように、「ポラリス」が「夏至」のときは「元三輪山ダイヤ形」の「左」、「冬至」のときは「元三輪山ダイヤ形」の「中心」に対応する。

次は、BC10450年の「夏至」のケースを調べた。

175ページの「大和三山と元三輪山ダイヤ形」と「天体図」の対応関係表にあるように、このケースでは、天体図の中の「夏の大三角」に「大和三山」を重ねると、「ポラリス」が「元三輪山ダイヤ形」の「左（檜原神社）」に対応する。

これと同じような対応をする天体図は、BC10450年の「夏至」のケースと同じように、パソコンの画面に映る天体図の「星の三角形」が「大和三山」と同じような大きさや形で、その同じ天体図の「ポラリス」が、「元三輪山ダイヤ形」の「左」に対応するところに位置する、という条件を満たす天体図である。

今回も、パソコンの画面に映る天体図を見ながら、これと同じ条件を満たす天体図を調べた。その結果、この条件を満たす天体図は、紀元前に限っても、BC10450年頃〜BC5450年頃の、約5000年間に及ぶことがわかった。

だから、この5000年間のどの年であっても、BC10450年のケースと同じように、「夏至」の真夜中の天体図の中の「星の三角形」に「大和三山」を重ねると、「ポラリス」が「元三輪山ダイヤ形」の「左」に対応する。

さて、AD2012年の「夏至」と「冬至」のケースと、BC10450年の「夏至」のケースと、同じ対応関係を示す期間をお伝えした。

私は対応する期間が、思ったよりも長期に及ぶことに驚いた。

その理由は、「星の三角形」は、地球から遠く離れた「恒星」でつくる三角形のため、地球から見ると、同じ場所に長期間とどまる。そのため、パソコンの画面に映る「星の三角形」が地図の「大和三山」と同じような大きさや形になる期間も長期にわたる。

同様に、「ポラリス」も「恒星」のため、同じ場所に長期間とどまるので、天体図に地図を重ねると、「ポラリス」が「元三輪山ダイヤ形」の「左」や「中心」に対応する期間も長期にわたるのである。

しかし、BC10450年の「冬至」のケースだけは別だ。

注目してほしいのは、ここからである。

このケースでは、天体図の中の「春の大三角」に「大和三山」を重ねると、その天体図の「木星」が「元三輪山ダイヤ形」の「中心」に対応している。

ご存じのように、「木星」は「星の三角形」や恒星の「ポラリス」とは異なり、地球と同じ様に太陽を回る惑星である。

そのため、毎年、その位置を変える。

例えば、BC10450年の1年前や1年後の天体図を見ると、天体図の「星の三角形」は恒星のため、BC10450年とほとんど同じ位置にあり、ほとんど同じ形なので、BC10450年と同じように、「星の三角形」と「大和三山」はほぼ重なる。

しかし、今言ったように、「木星」は惑星なので、毎年、その位置を変えるため、「ダイヤ形の中心」に対応しない。

だから、エジプトの三大ピラミッドに「BC10450年」以外の「年」、例えば「BC10451年」が刻まれていたとしたら、冬至の真夜中の天体図の「星の三角形」に「大和三山」を重ねても、「木星」は「元三輪山ダイヤ形」の中心に対応しない。

そうすると、175ページの「大和三山と元三輪山ダイヤ形」と「天体図」の対応関係表が示すような、「元三輪山ダイヤ形」の「左」と「中心」の「二つの場所」は浮かび上がってこない。

「BC10450年」は、「冬至」の真夜中の天体図の「春の大三角」が「大和三山」と同じような大きさや形の「星の三角形」であるという条件と、その「星の三角形」に「大和三山」を重ねると、その天体図の中の「木星」が「元三輪山ダイヤ形」の「中心」にきて、「二つの場所」を示す「特別な年」なのだ。

つまり、「BC10450年」は、夏至のポラリス、冬至の木星が「二つの場所」を示す「星の暗号」が完成させるために、特別に選ばれた年なのだ!!

「二つの場所」を示す「星の暗号」は、「BC10450年」(始まりの時)の天体図を見なければ発見できない。だから、暗号者は暗号の「鍵」になる「BC10450年」を、どこかに刻み残さなければならなかった。

そこで考えたのが、「BC10450年」の天体図の「オリオン三ツ星」を設計図に、エジプトの「三大ピラミッド」を設計するという方法である。

これが、ロバート・ボーヴァルの問いの答え、すなわち「三大ピラミッド」に「BC10450年」が刻まれた理由である。

「終わりの時」を示す「AD2012年」も同じ理由、すなわち「星の暗号」を完成させるために、「マヤカレンダー」に刻まれたものと思われる。

マヤカレンダーに刻まれた「終わりの時」AD2012年

次は、「終わりの時」を象徴している「AD2012年」について説明しよう。

「AD2012年」は「マヤカレンダー」に刻まれている。

アメリカ大陸の中央部、メキシコからコスタリカにいたる地域は、「メソアメリカ」と呼ばれている。その中でも、メキシコ、グアテマラ、ベリーズの3国にまたがるユカタン半島周辺に紀元前8000年から紀元後1539年まで栄えた文明が、謎の文明と言われる「マヤ文明」である。

どうして、謎の文明といわれるのかというと、謎のカレンダーが発見されたからである。

太陽暦の1年は365・2422日だが、このカレンダーを解析すると1年が365・2420日となり、0・0002の誤差しかない。

これは、1582年に科学知識を総動員してつくったグレゴリオ暦（1年 365・2425日）よりも、どういうわけか正確なのだ。

この「マヤカレンダー」は、マヤ文明に先行する、オルメカ文明から受け継いだものとされている。ところが、このオルメカ文明はいつ頃形成されたのか、どれほど古いものかも解明されていない。

つまり、いつ頃つくられたのかわからないほど古い「マヤカレンダー」が、16世紀につくられたカレンダー（グレゴリオ暦）よりも正確なのだ。

古代のマヤ人は、金星の「会合周期」も知っていた。

「会合周期」とは、地球から見て惑星が太陽の周りを回って、同じ場所に戻ってくるのにかかる期間のことである。

このように、マヤの天文学とカレンダーは、古代のものとは考えられないほど高度なものだが、この仕組みは今も解明されず謎とされている。


この謎に、177ページで述べた暗号装置（エジプトの「三大ピラミッド」と「マヤカレンダー」）の、年代の開きの問題も隠されている。

「星の暗号」はエジプトの「三大ピラミッド」が建造された頃で、それは今から4500年前頃である。ところが、マヤ文明の最盛期は8世紀頃と考えられている。暗号は同じ設計者に設計されているはずなのに、年代に大きな開きがある。

しかし、マヤ文明の起源については、紀元前1000年頃とされていたが、最近の研究から、その起源は前述したように、紀元前8000年頃にまで遡《さかのぼ》ると考えられている

（ウィキペディア百科事典）。

また、マヤ文明とは、１２０００年以上前に、アジア大陸からアメリカ大陸に進出したモンゴロイド先住民の末裔が、築きあげた文明だという研究者もいる。

ところで、謎のマヤカレンダーについて、「星の暗号」の発見になくてはならない存在である『神々の指紋』（グラハム・ハンコック著）によると、このカレンダーはアステカ神話の神人ケツァルコワトルが発明し、マヤ人に受け継がれたものだというのである。

『神々の指紋』によると、太古の昔に海からユカタン半島にやってきたと信じられている神人ケツァルコワトルが、マヤ人に最後の日を計算するのに使用した、高度な数学とカレンダーをつくる公式を発明したと言われている、というのである。

では、マヤカレンダーを発明した神人ケツァルコワトルとは、いかなる存在なのか？

この質問にも、『神々の指紋』（グラハム・ハンコック）は、マヤ研究の第一人者シルバナス・グルスウォルド・モーリーの結論を次のように示し、答えてくれている。

偉大な神ククルカンあるいは「翼ある蛇」は、アステカのケツァルコワトルのマヤ版である。このメキシコの神は光と学習と文化の神だった。マヤの神は、偉大な組織者で、町を造り、法律を定め、暦について教えた。この神の行ったこと、および生涯はあまりにも人間的であり、この人物は歴史上で実在したと考えられる。優れた法律の制定者で、組織者であったこの人物の業績は、死んだあとも長く語り継がれ、最後には神格化されたのであろう。

『神々の指紋』(グラハム・ハンコック)に記された、マヤ研究の第一人者の見解をお伝えした。私は神格化されたケツァルコワトル(ククルカン)とは、日本から派遣された人たちだと考えている。

何度も言うが、『竹内文書』によると、地球が「土《ど》の海」になるような大異変のたびに、日本人が世界各地に派遣されて世界を立て直したという。ケツァルコワトル(ククルカン)とは、地球の大異変のときに日本から派遣された人たちで、その人たちの末裔が暗号者だと考えれば、エジプトの「三大ピラミッド」とマヤカレンダーの年代の開きの差の問題も解決する。

ちなみに、「ククルカン」は、日本語で意味が通じる。

『竹内文書』の研究家である高坂和導氏によると、この「ククルカン」は「括《くく》る環《かん》」、すなわち「大きな和」を意味するという。どうして、彼は「ククルカン」を「大きな和」を意味する「括《くく》る環《かん》」と読んだのかというと、「大きな和」を意味する神名は、マヤ地方だけでなく他の地域にも存在するからである。

北アメリカのインディアンのポーハタン族が、古代に信仰した神は「オオキワス」という名で、それを日本語で読むと「大きく和す」という意味になる。

日本のアイヌには「オキクルミカムイ」という神がいるが、それは「大きく包《くる》む神」を意味する。その他にも沖縄や台湾は、それぞれ「大きな和」や「大和《たいわ》(ん)」を示し、「大きな和」はそのまま日本の国名の「大和《やまと》」になる。

(『[竹内文書」超古代アメリカを行く』高坂和導著　徳間書店より引用)

また、マヤの「ククルカン」のアステカでの別名の「ケツァルコアトル」も、日本語で意味が通じる。「ケツァルコアトル」の「ケツ」を日本語にすると、「お尻《しり》」という意味になる。それは、「ドンジリ」や「ドンケツ」という俗語があるように、「最後」を意味する。だから、「ケツァルコアトル」を日本語読みすると「ケツ有《あ》る怖取《こわと》る」になり、それは「最後は有るが、その恐怖を取り除く」という意味になる。

前述したように、マヤの伝承では、「ケツァルコアトル」(ククルカン)が、マヤ人に「暦」を教えたことになっている。「マヤカレンダー」には最後の日が示されている。「最後の日の恐怖を取り除く」ために、マヤ人に「カレンダー」を教えた神を、アステカ人は

「ケツァルコアトル」と呼んでいるのだ。

このアステカは「明るい未来」を望んだ、「明日照るか＝あすて（る）か」から、その名が付けられたのかもしれない。

この他にも、日本語で意味が通じる地名がある。

それは、南米ペルーの「インカ」だ。これは、隠れ家《かくが》を意味する「隠家《いんか》」かもしれない。このインカ人がつくった、世界遺産で有名な標高2400メートルにある空中都市は「マチュピチュ」という。それは、空中（宇宙）の町を意味する「町宇宙《マチウチユウ》」から変化したものだと、私は考えている。

それはともかく、マヤカレンダーを発明したと言われている「ケツァルコアトル」（ククルカン）は、前述したように日本語で意味が通じる。それは『竹内文書』の言うように、その地域を立て直すために、日本から派遣された人たちが、マヤカレンダーを発明したことを物語っている。

いずれにしても、エジプトの「三大ピラミッド」が建造されたと考えられている4500年前頃には、すでに、謎のマヤカレンダーもつくられていたものと思われる。そして、「始まりの時」（BC10450年）を刻んだエジプトの「三大ピラミッド」と「終わりの時」（AD2012年）を刻んだマヤカレンダーは、「星の暗号」の暗号装置だと、私は考えている。

さて、マヤ人は大きな時間の周期の中で、世界は「崩壊と再生」を繰り返すと信じていて、いくつかの種類のカレンダーを持っていた。

特に注目されているのは、ロングカウントカレンダーと呼ばれるものである。

彼らは25640年を、大きな歴史のサイクルと考えていた。

それを5つに分け、第1の時代は土、第2の時代は風、第3の時代は火、第4の時代は水によって滅び、現代の第5の時代は、火山の大噴火、食糧危機、大地震によって滅ぶと考えられている。

その第5の時代の始まりの日がBC3114年8月13日で、終わりの日が、問題のAD2012年12月23日である。

ところで、マヤカレンダーに「終わりの時」とされた「AD2012年」には、何も起きなかった。

この点に、疑問を持たれる方もおられるだろう。

「星の暗号」のところで説明したように「BC10450年」冬至の天体図の「星の三角形」と「大和三山」を重ねると、その天体図の中の「木星」が「元三輪山ダイヤ形」の中心にあたるという条件を満たす年として選ばれた年であり、「始まりの時」その時ではなく、「始まりの時」を象徴していた。

一方、「ＡＤ２０１２年」と同じ対応関係（ポラリスがダイヤ形の左と中心への対応）は、ＡＤ２０００年頃～ＡＤ２３００年頃まで３００年にも及ぶ。

このことから、私は「ＡＤ２０１２年」も「終わりの時」その時ではなく、「終わりの時」を象徴する年として選ばれた年だと考えている。

ところで、「終わりの時」について、『聖書』には「主の日が夜中の盗人のように来るということは、あなたがた自身がよく承知しているからです」（テサロニケ人への手紙第一５章２）と預言されている。

「主の日」とは「終わりの日」のことだが、それを言い当てる人はいない。

ただ、「主」すなわち創造主（最高神）だけが、「終わりの日」を明らかにできる、と私は考えている。

それはともかくマヤ人は、世界が「崩壊と再生」を繰り返すと信じていた。

暗号者も同じように、地球は一定の周期で「崩壊と再生」を繰り返していると信じていた。そして彼らは、「ＢＣ１０４５０年」と「ＡＤ２０１２年」の二つの時を、一つの大きな時代の「始まりの時」と「終わりの時」に見たてて、暗号を仕掛けたのである。

「表裏一体の陰陽」の原理（一つで二つ、二つで一つ）

次は「二つの場所」（ダンノダイラ、檜原神社）について考えてみよう。

私は「星の暗号」を発見した当初から、この「二つの場所」は「約束の地」を示していると思っていた。

というのも、暗号には、「表裏一体の陰陽」の原理が使用されているからである。49ページの漫画（太陽の暗号編）のところでお伝えしたが、このことを示すように、暗号者・秘密結社「ヤタガラス」は、自らのことを闇の陰陽師《おんみようじ》集団と言っている。

「表裏一体の陰陽」の原理とは、例えば、一枚の紙には表と裏があるが、それは「一つで二つ、二つで一つ」という関係である。

暗号で示された「二つの時」を説明したが、そこにも「表裏一体の陰陽」の原理が見てとれる。

「二つの時」は約12500年の大きな時代の「始まりの時」（BC10450年）と、「終わりの時」（AD2012年）を象徴している。

BC10450年は「新しい時代」の「始まりの時」だが、それは同時に、それまでの時代の「終わりの時」である。AD２０１２年は「終わりの時」だが、それは「新しい時代」の「始まりの時」でもある。

だから、BC１０４５０年の一つは、「始まりの時」と「終わりの時」の二つの意味があり、AD２０１２年の一つは、「終わりの時」と「始まりの時」の二つの意味がある。

また、BC１０４５０年とAD２０１２年の「二つの時」は、大きな時代の「始まりと終わりの時」、すなわち、地球の「崩壊と再生」の「約束の時」（二つの時）である。

ここには、「一つで二つ、二つで一つ」の「表裏一体の陰陽」の原理が見てとれる。このように、暗号者は「一つで二つ、二つで一つ」の「表裏一体の陰陽」の原理で暗号を組み立てている。

だから、「二つの場所」で「一つの場所」を示し、この「一つの場所」は「約束の地」を示している、と考えたのである。

そこで、その証拠を探していた。

その過程で、暗号に使用したBC１０４５０年とAD２０１２年の、夏至と冬至の真夜中の天体図の中にある四つの「星の三角形」と同じ形の三角形が、地上にも再現されていることを発見した。これは偶然ではありえない。

このことから、１７５ページの「大和三山と元三輪山ダイヤ形」と「天体図」の対応関係表から浮かび上がってきた「二つの時」と「二つの場所」は、偶然ではなく意図的なもの、すなわち何らかのメッセージが込められた「暗号」であることが明らかになった。

そして、この地上に再現された「星の三角形」によって、「二つの場所」（元三輪山のダンノダイラと檜原神社）が「約束の地」を示していることも明らかになったのである。

二つの「星の三角形」と二つの「地上の三角形」

それでは、今言ったことを、順番に説明する。

これまでは、「大和三山と元三輪山ダイヤ形」と四つの「天体図」を対応させた。ここでは、四つの「天体図」の「星の三角形」と、同じ形（相似形）の四つの「地上の三角形」を発見したことをお伝えする。

まず、「地上の三角形」を発見した経緯からお伝えしよう。

私は先の特別な対応関係から浮かび上がってきた「二つの場所」（元三輪山のダンノダイラと檜原神社）は、「約束の地」を示すと考えていたが、元三輪山のダンノダイラの周辺には、古代の祭祀場と考えられている「天壇跡」や「イワクラ」などがある。

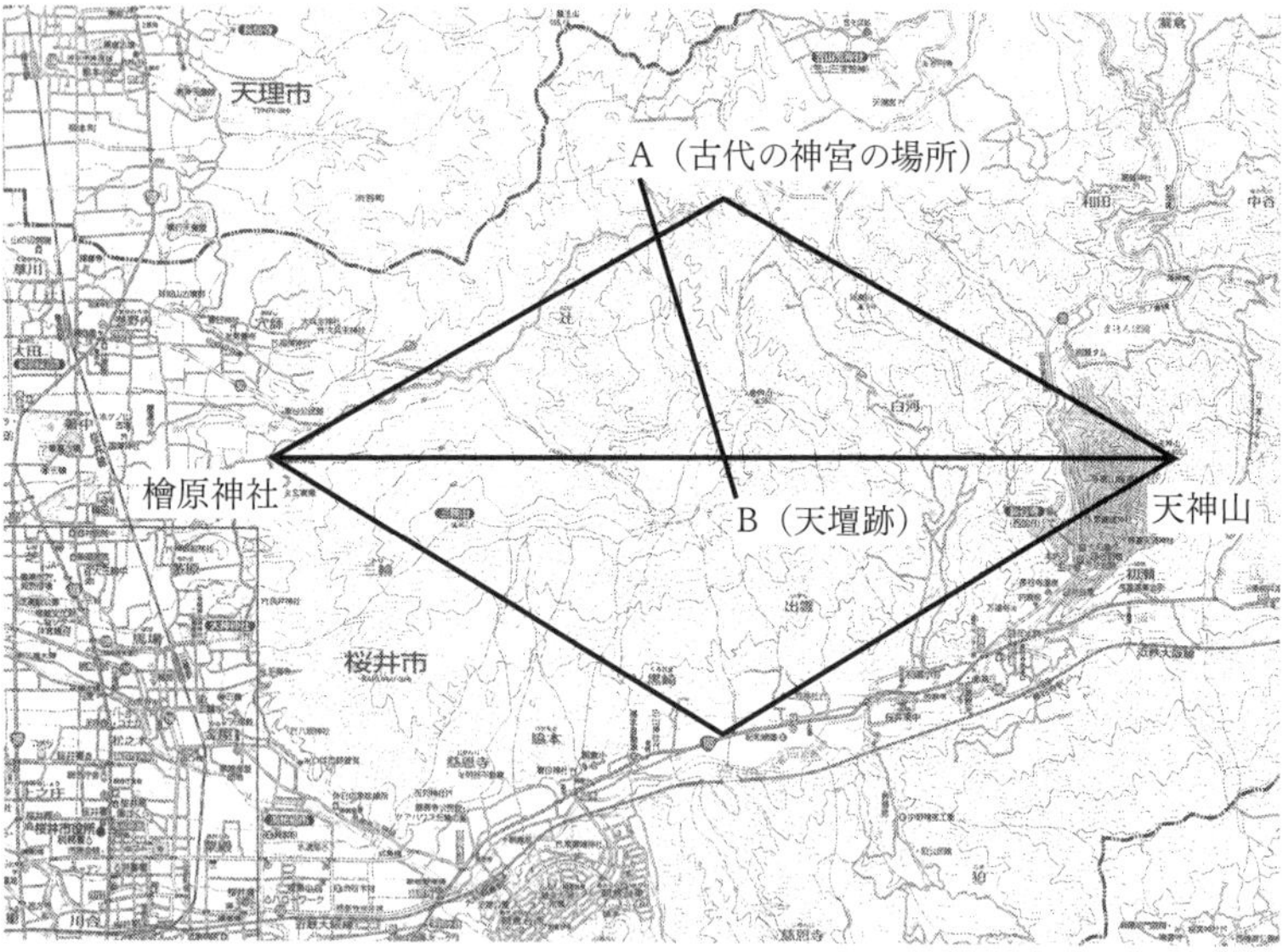

「古代の神宮跡」（「約束の地」）と「天壇跡」を結んだライン――「ダイヤ形の中心」と重なる

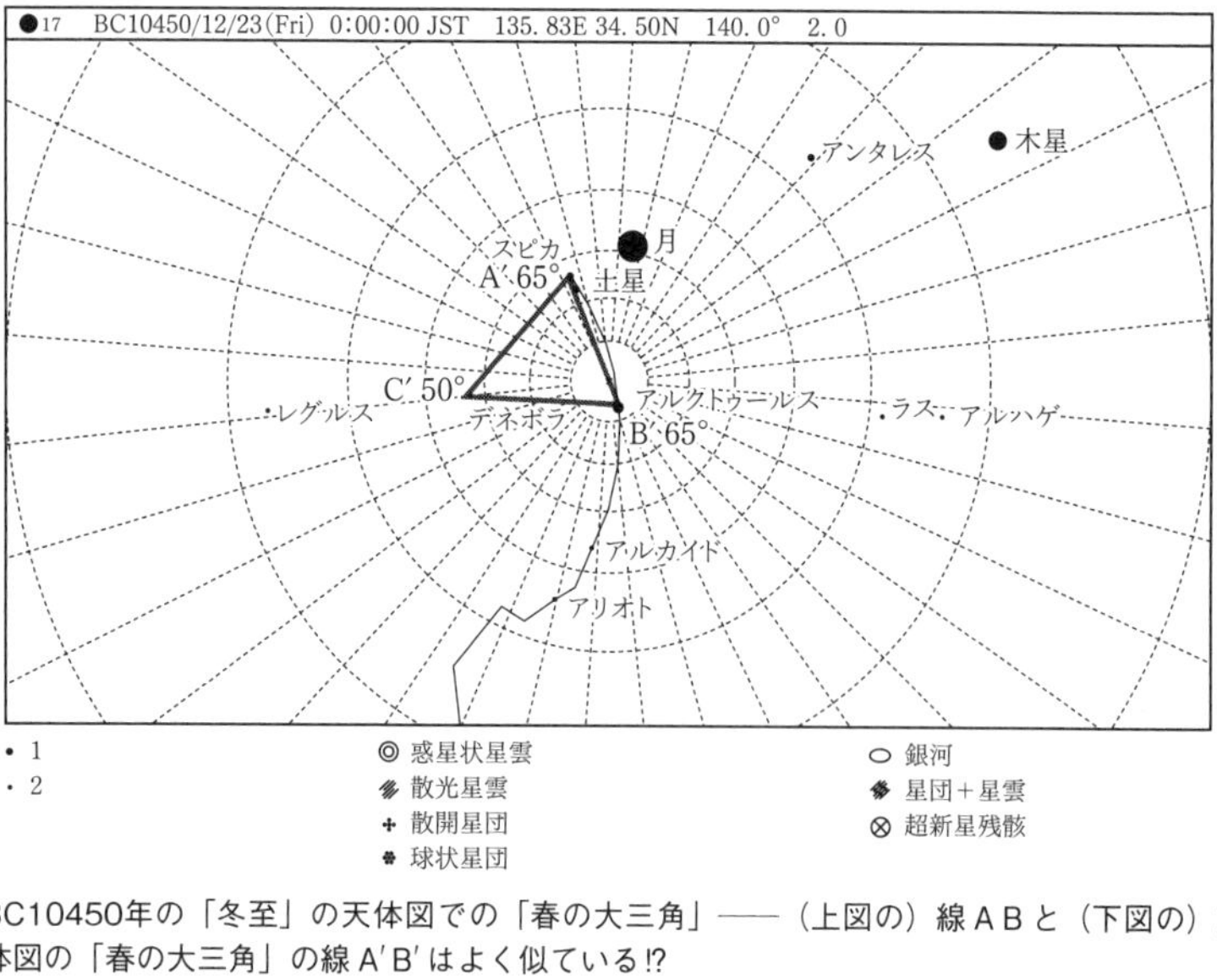

BC10450年の「冬至」の天体図での「春の大三角」――（上図の）線ＡＢと（下図の）天体図の「春の大三角」の線 A′B′ はよく似ている⁉

榮長氏作成の「ダンノダイラ」への道を示した標識

ダンノダイラの「天壇」跡――後で説明するが、「天壇」は暗号の仕掛けのためにこの場所に置かれた

私は「二つの場所」が「約束の地」を示す「手がかり」が、見つかるかもしれないと思い、それらの祭祀場をGPSで測定して地図上におとしたのである。

206ページの上の図は「約束の地」（A点＝古代の神宮の場所）とダンノダイラの「天壇跡」（B点）を結んだものである。下の図は、BC10450年の「冬至」の真夜中の天体図である。

上の図（地図）と下の図（天体図）を見比べてほしい。

上の図の線ABと下の図の線A′B′の二つのラインは、よく似ている。

上の地図のA点（約束の地＝古代の神宮の場所）と、B点（天壇跡）を結んだ線ABは「ダイヤ形の中心」と交わり、下の天体図の「星の三角形」の線A′B′は、天体図の「円の中心」（天頂）と交わっている。

仮に、上の地図の「ダイヤ形の中心」が、下の天体図の「円の中心」（天頂）だと仮定すれば、この二つのラインは非常によく似たラインになる。

このとき、「地図の線ABは、『星の三角形』の線A′B′を設計図にしているのではないのか」と思ったのだ。そこで、天体図の「星の三角形」（三角形A′B′C′）と同じ形（相似形）の三角形を地図上につくった。

それが209ページの図である。

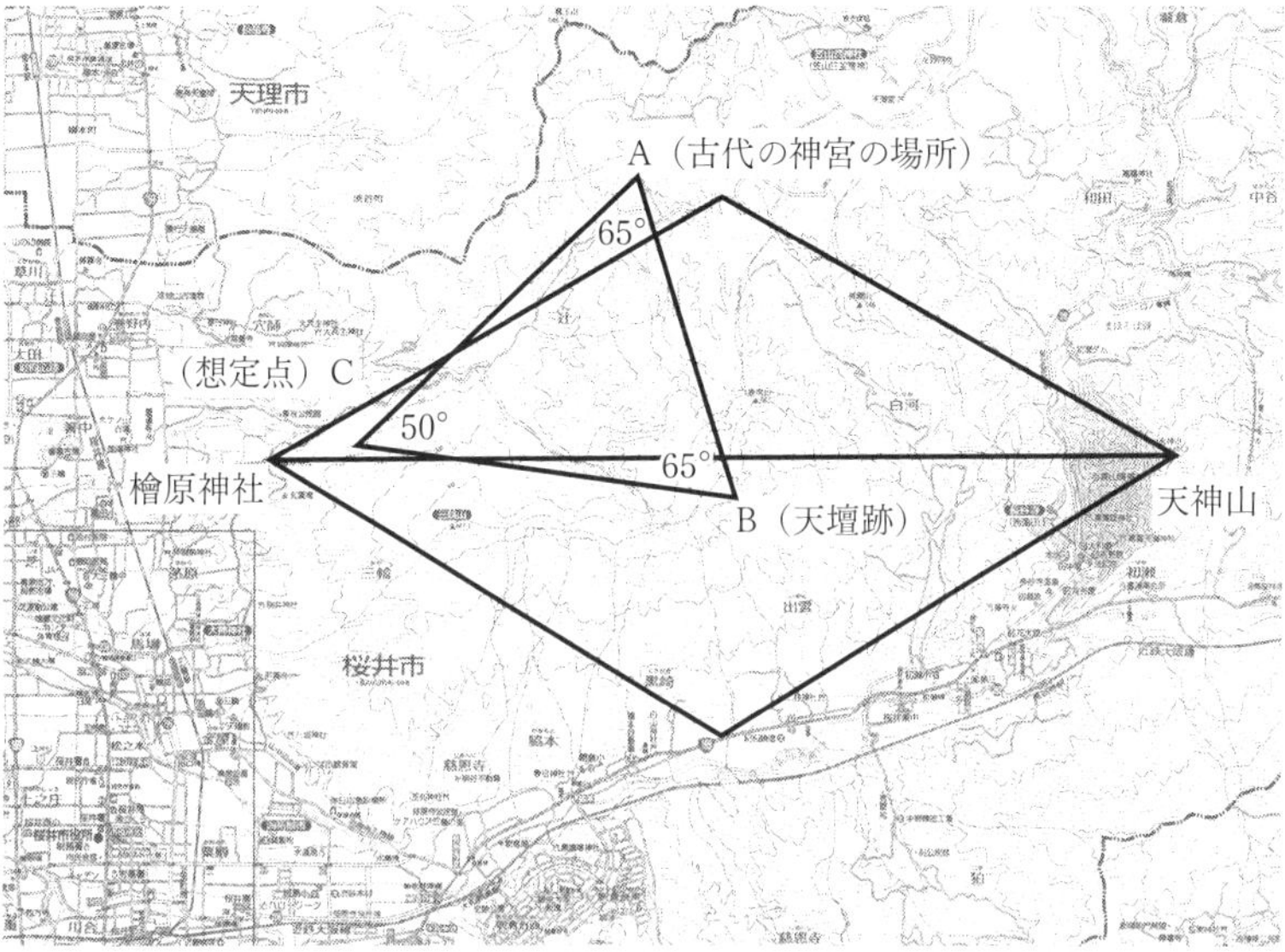

BC10450年の「冬至」の天体図での「星の三角形」を再現した「地上の三角形」

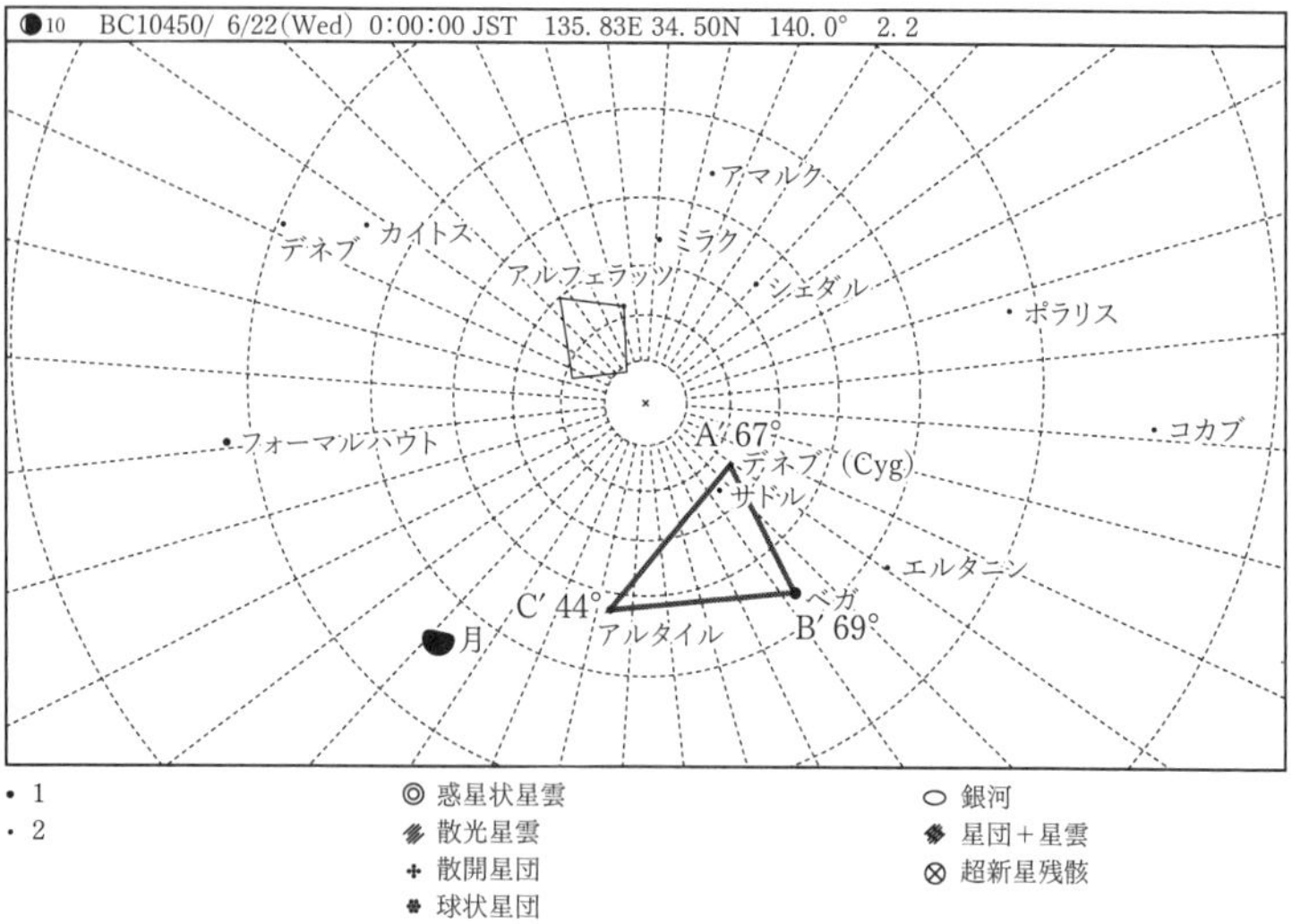

BC10450年の「夏至」の天体図での「星の三角形」

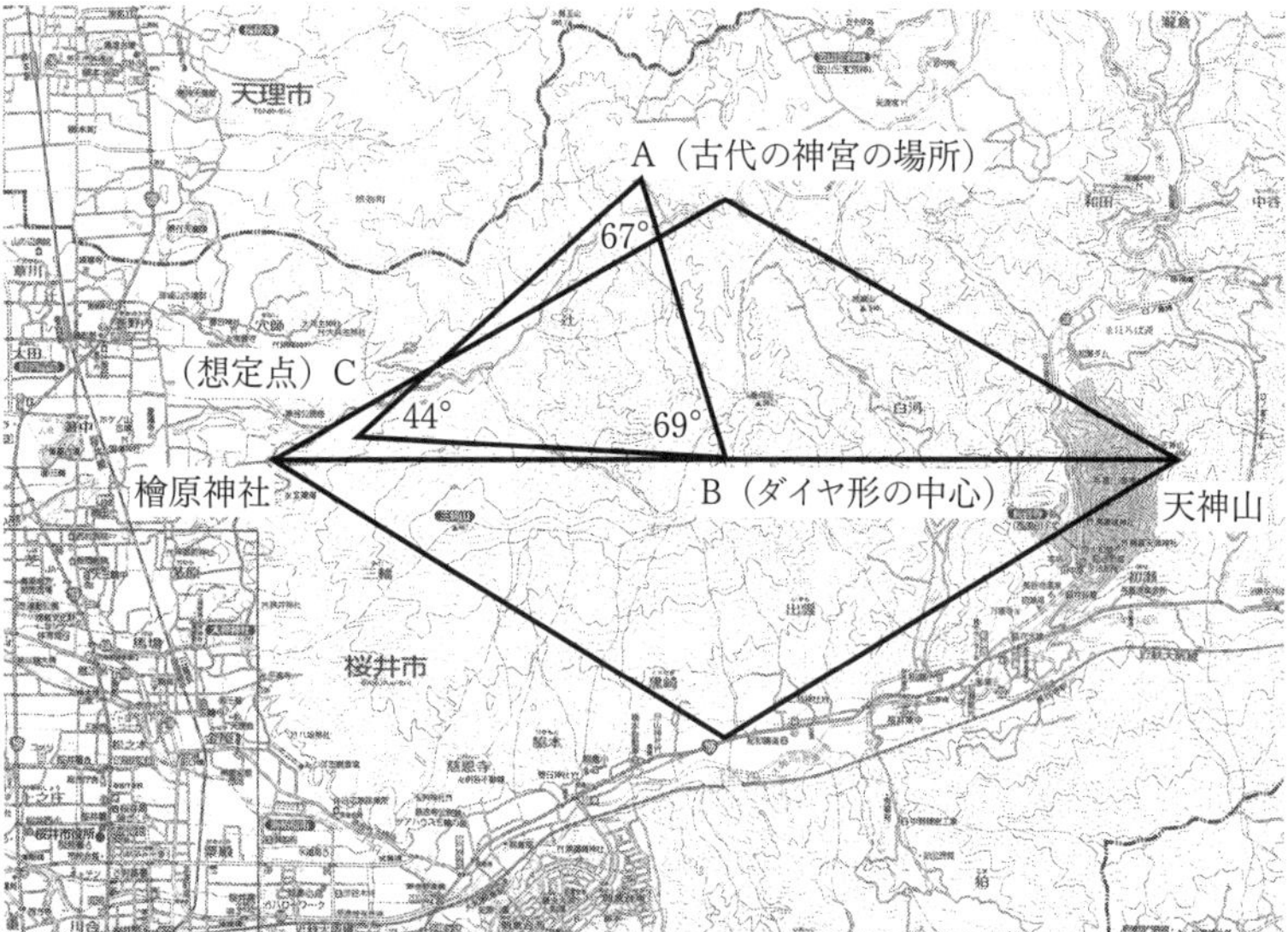

上図を再現した「地上の三角形」

（想定点）Cは「約束の地」（A＝古代の神宮の場所）とB（天壇跡）の2点から、「星の三角形」と同じ形（相似形）の三角形になるように設定した点である。

次に、BC10450年の「夏至」の天体図の「星の三角形」を設計図に、同じ形（相似形）の三角形を、地図上にもう一つつくった。

上の図がBC10450年の「夏至」の天体図の「星の三角形」、下の図が「地上の三角形」である。

下の図は、「約束の地」（古代の神宮の場所）をA点、「ダイヤ形の中心」をB点にして、この2点から、BC10450年の夏至の天体図の、「星の三角形」と同じ三角形になるように設定したのが想定点（C）である。

不思議なことに、209ページの図と210ページの図の二つの想定点（C）はほとんど同じ場所になる。この二つのC点は、209ページの図では「約束の地」（古代の神宮の場所）と「天壇跡」の2点から、一方、210ページの図では「約束の地」（古代の神宮の場所）と「ダイヤ形の中心」の2点から、それぞれBC10450年の「冬至」と「夏至」の天体図の「星の三角形」を設計図に、同じ形（相似形）の三角形になるように設定した点である。

この二つのC点が、1点で重なるのである。

仮にこの想定点（C）に、「天壇跡」や「イワクラ」のような、場所を示す何らかの「目印《めじるし》」が存在すれば、次のような関係になる。

①　BC10450年の「冬至」の天体図の「星の三角形」相似「約束の地」（古代の神宮の場所）と「天壇跡」と想定点（C）の「地上の三角形」

②　BC10450年の「夏至」の天体図の「星の三角形」相似「約束の地」（古代の神宮の場所）と「ダイヤ形の中心」と想定点（C）の「地上の三角形」

もし、この想定点（C）に「目印《めじるし》」になるものが存在すれば、「天体図の『星の三角形』を設計図に、地上に同じ形の三角形をつくった」という、先の仮説が証明される。

想定点（C）には目印（イワクラ）があった

このことを確かめるために、現地を調査した。

それは、平成20（2008）年1月11日である。その日私は、友人の細沼俊也さんに同行をお願いした。待ち合わせの場所は、設定場所の近くの「檜原《ひばら》神社」の駐車場である。

私たちは、まず、「檜原神社」に参拝させていただいた。何気なく神社の右側を見ると、人の通れるような道がある。その道は神社の裏山に通ずる道である。その道を登ることにした。

想定点（C）のおおよその位置は、地図から計算していた。

それは、「北緯34度32分194秒　東経135度51分863秒」だ。私たちは磁石とGPSを頼りに、その場所へ向かった。目的地の手前に、背の高さほどの雑草が生い茂っていた。その雑草をかき分けながらさらに進んで行くと、突然、開けた場所に出た。

そこには大きな老木があり、その周りを取り囲むように、30センチメートルから50センチメートル四方の苔《こけ》むした緑色の岩が、あたり一面に散らばっている。この場所に来るまで、これほどまとまった岩のあるところはなかったので、この岩の塊《かたまり》が、自然にできたものでないことはすぐわかった。

想定場所（C点）に「イワクラ」（目印）があった！（2点とも細沼俊也氏撮影）

早速GPSで測定すると、「北緯34度32分195秒　東経135度51分825秒」である。地図上で計算した設定場所（北緯34度32分194秒　東経135度51分863秒）と、殆《ほとん》ど同じ場所だ。睨《にら》んだ通り、想定点（C）に目印（イワクラ）が存在した。

四つの「星の三角形」と四つの「地上の三角形」

想定点（C）のイワクラ（目印）は、先の仮説を立証する有力な証拠になる。だが、これだけでは、偶然の一致ということも考えられる。しかし、204ページで述べたように、私はもう一つの時（AD2012年）の「夏至」と「冬至」の天体図の「星の三角形」と、ほとんど同じ形の「地上の三角形」も見つけたのである。

想定点（C）には目印（イワクラ）が実際に存在したことはすでに説明している。また216ページ、217ページの下2つのCは三輪山頂上と檜原神社になる。

216ページの上の図は、AD2012年の「夏至」の天体図の「星の三角形」である。下の図は、その三角形とほぼ同じ形の「地上の三角形」である。

この「地上の三角形」のA点は「約束の地」（古代の神宮の場所）、B点は「巻向山」、C点は「三輪山」のそれぞれ頂上である。

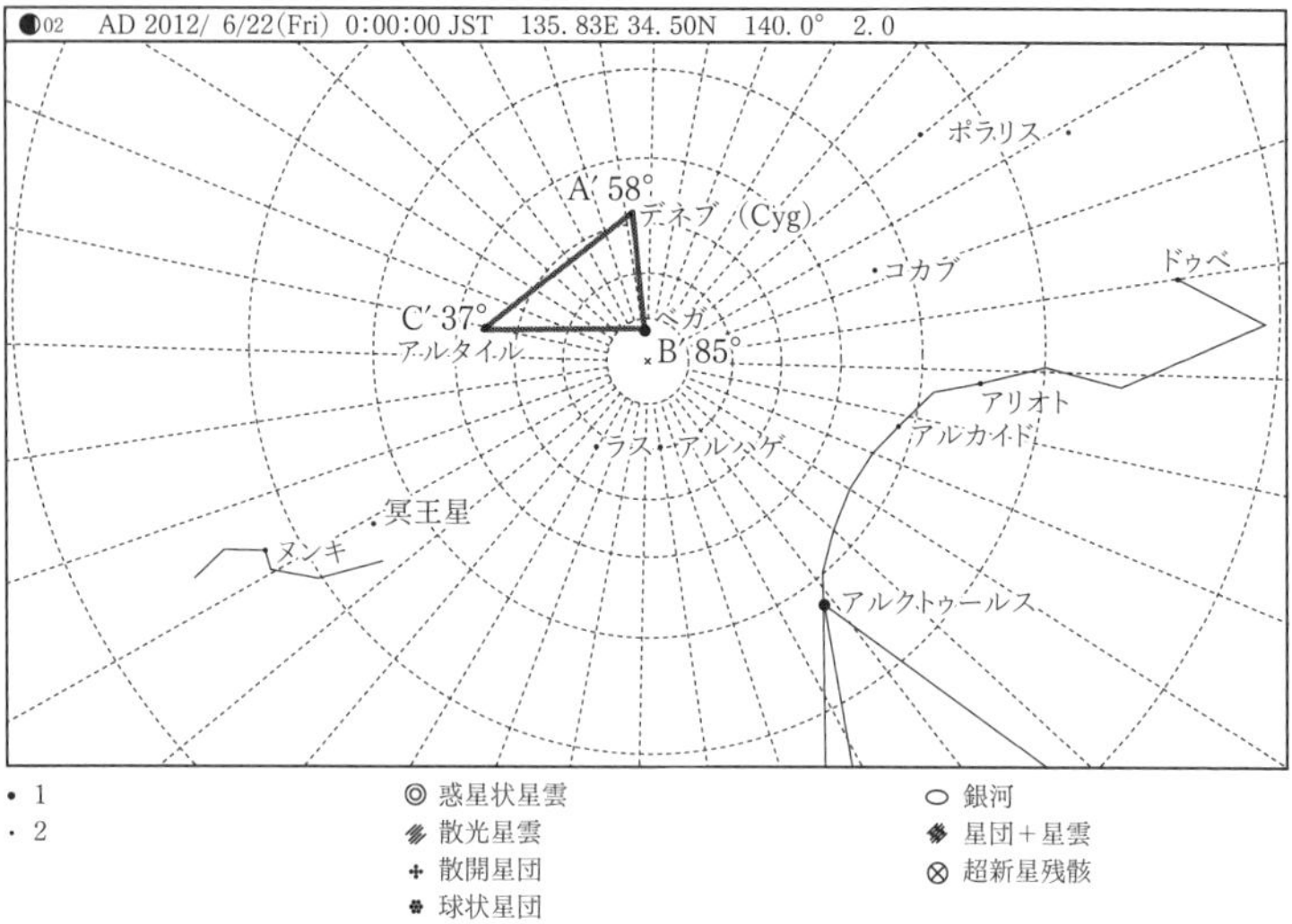

AD2012年の「夏至」の天体図での「星の三角形」

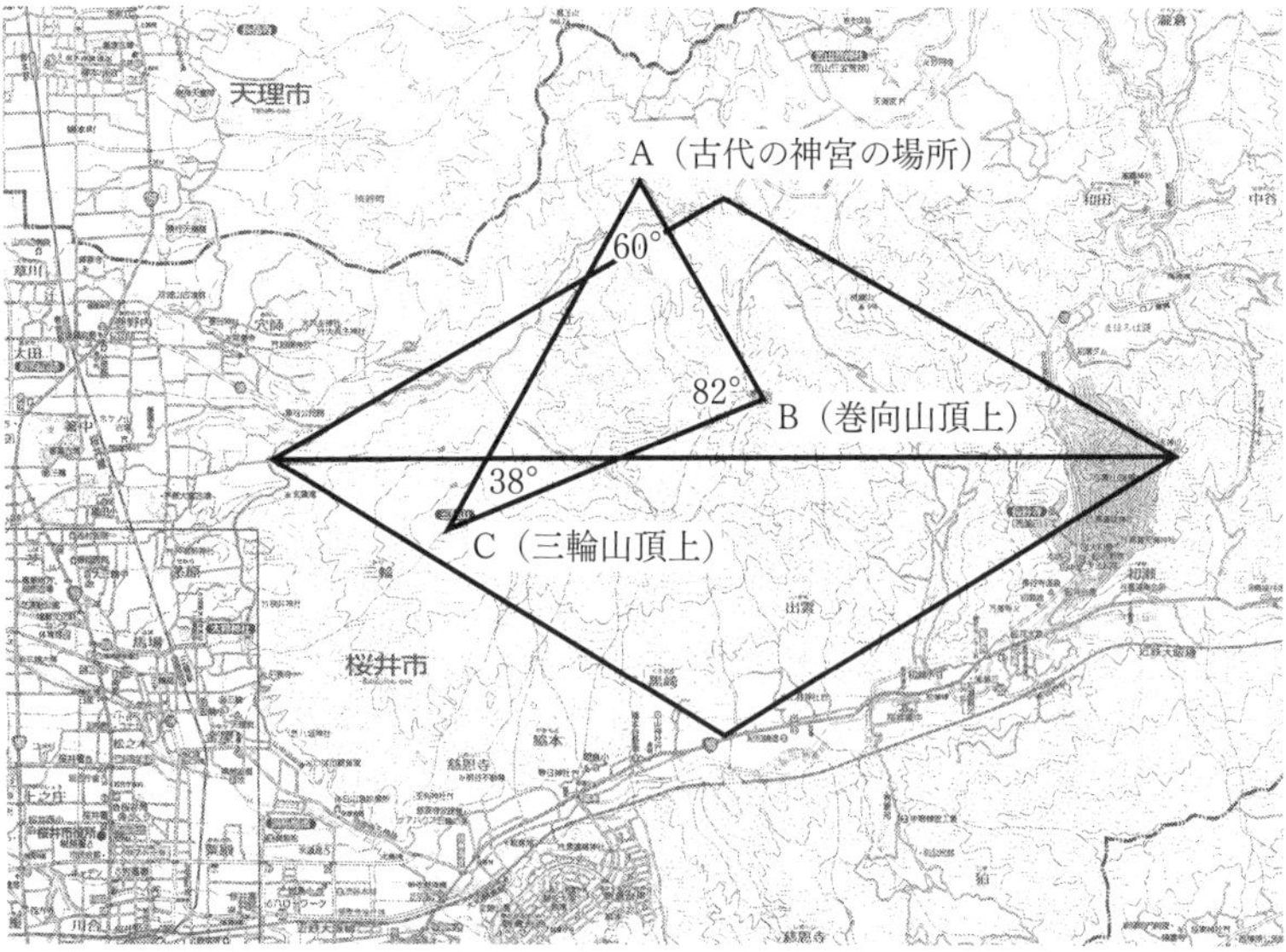

上図を地上に再現した「地上の三角形」

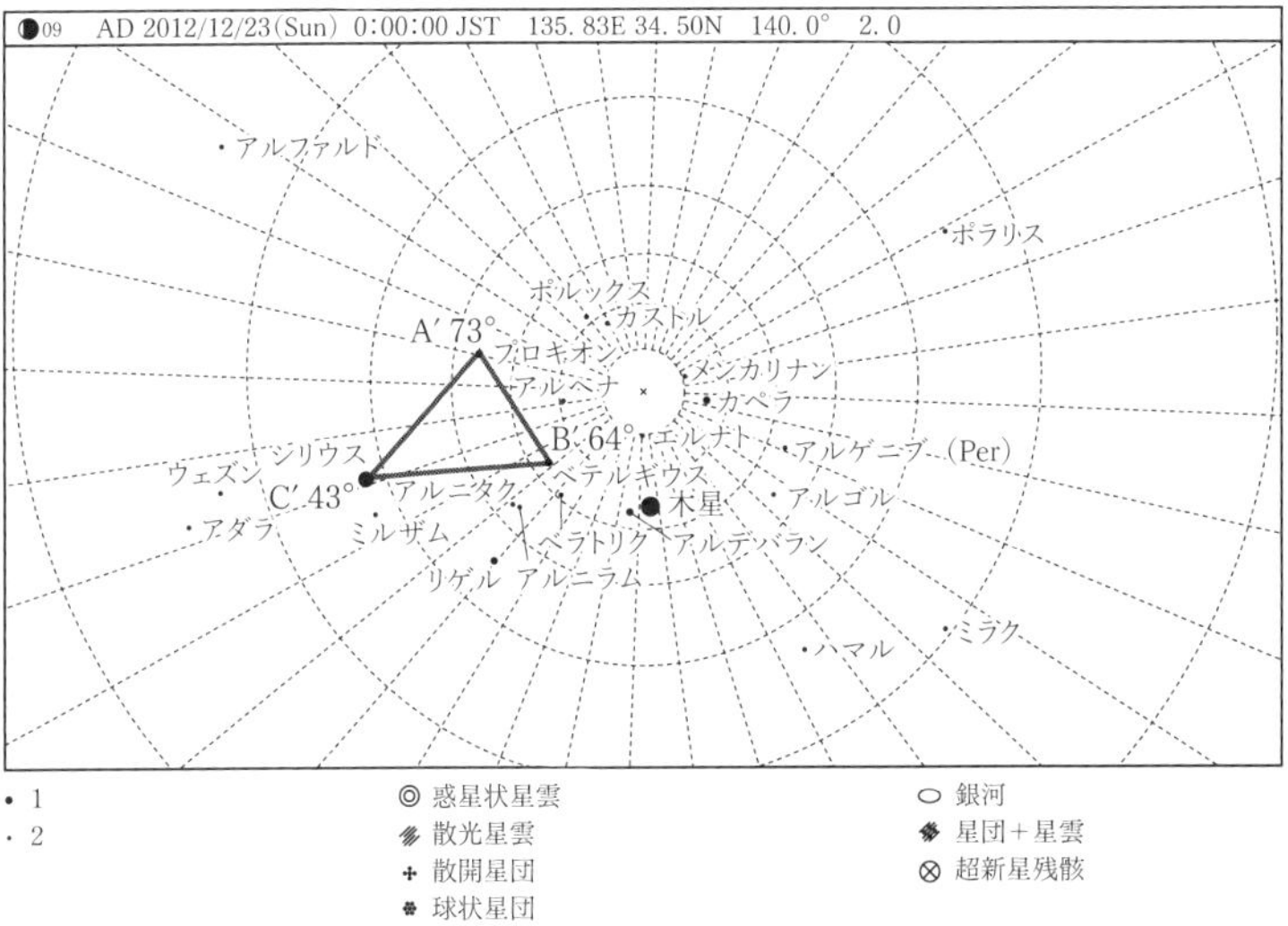

AD2012年の「冬至」の天体図での「星の三角形」

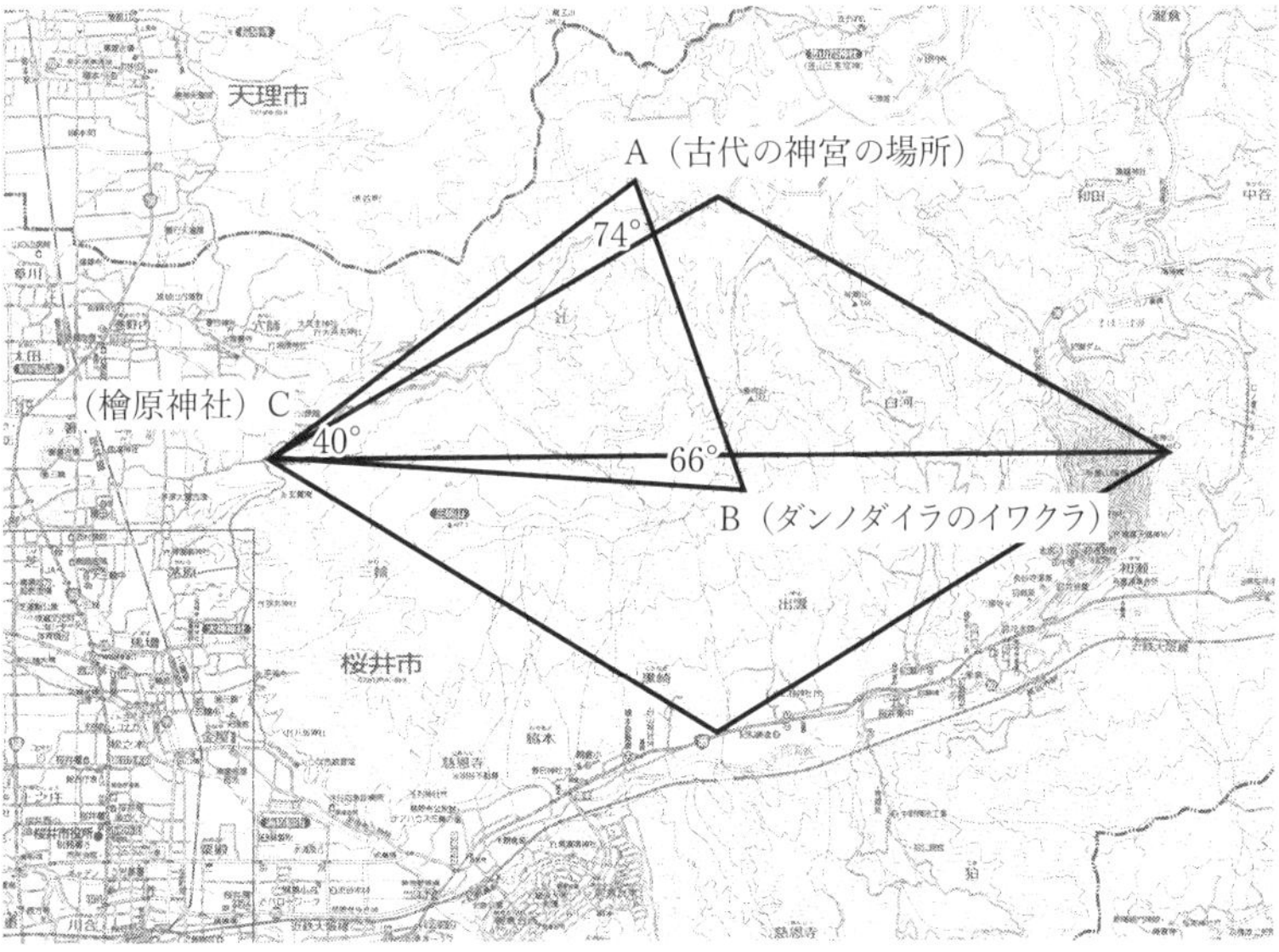

上図を地上に再現した「地上の三角形」

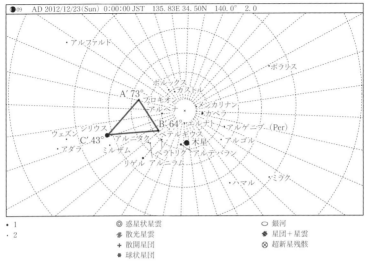

ダンノダイラの「イワクラ」——この「イワクラ」も、暗号の仕掛けのためにここに設けられた

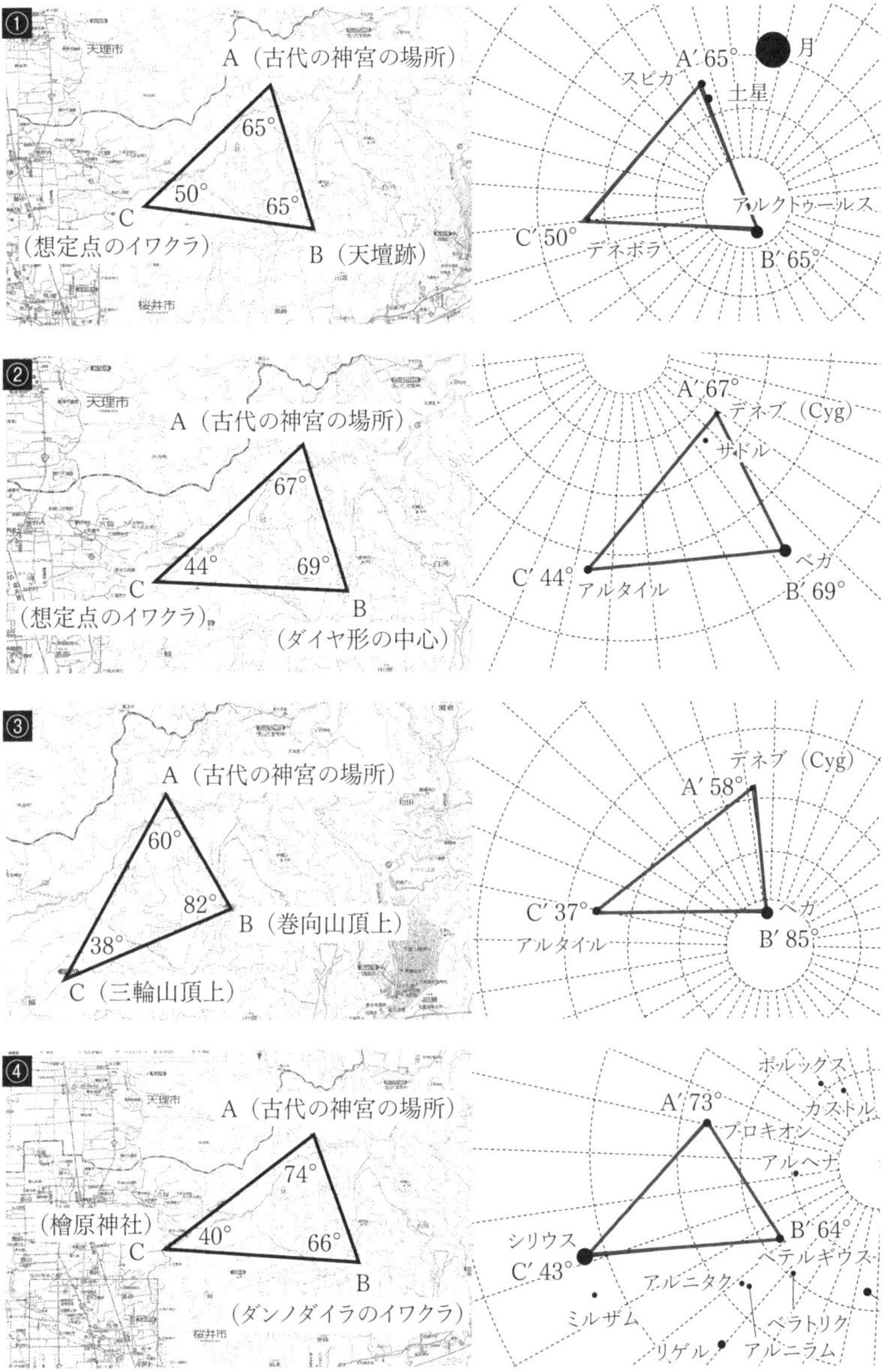

「星の三角形」と相似形の「地上の三角形」

217ページの上の図は、AD2012年の「冬至」の天体図の「星の三角形」である。

下の図は、その三角形とほぼ同じ形の「地上の三角形」である。

この「地上の三角形」のA点は「約束の地」(古代の神宮の場所)、B点は「ダンノダイラのイワクラ」、C点は「檜原神社」である。

それぞれ少し角度が違うが、「地上の三角形」と「星の三角形」は、ほぼ同じ形の三角形になる。今見た、四つの「星の三角形」と四つの「地上の三角形」を示したのが、219ページの図である。

ご覧のように、四つの「星の三角形」と、ほぼ相似形の四つの「地上の三角形」が地図上にできる。「星の三角形」と「地上の三角形」は、次のような関係になる。

① BC10450年の「冬至」の天体図の「星の三角形」

相似

「約束の地」(古代の神宮の場所)と「天壇跡」と「想定場所のイワクラ(C)」の「地上の三角形」

② BC10450年の「夏至」の天体図の「星の三角形」

相似

「約束の地」（古代の神宮の場所）と「ダイヤ形の中心」と「想定場所のイワクラ（C）」の「地上の三角形」

③ AD2012年の「夏至」の「星の三角形」
ほぼ相似
「約束の地」（古代の神宮の場所）と「巻向山山頂」と「三輪山山頂」の「地上の三角形」

④ AD2012年の「冬至」の「星の三角形」
ほぼ相似
「約束の地」（古代の神宮の場所）と「ダンノダイラのイワクラ」と「檜原神社（元三輪山のダイヤ形の左）」の「地上の三角形」

以上のことから、暗号者は暗号に使用した四つの天体図の「星の三角形」を設計図に、地上に同じ形の三角形を再現したことがわかる。

しかも、この四つの「地上の三角形」には、いずれも「約束の地」（古代の神宮の場所）が含まれている。おそらく、この四つの「地上の三角形」は、「約束の地」（古代の神宮の場所）を基準につくられたものと思われる。

ところで、「約束の地」は暗号者によって隠されていたが、「約束の人」（香代子先生）の出現で明らかになった。「約束の地」が明らかになることで、「太陽の暗号」が発見されたように、この四つの「地上の三角形」も発見することができるのである。

それはともかく、この四つの対応の中で気になるものがある。おそらく、読者の皆さんも疑問を持たれているだろう。

それは③の対応だ。

③の「地上の三角形」は、「約束の地」と、三輪山と巻向山のそれぞれの頂上を結んだものである。この「地上の三角形」が、「星の三角形」を設計図にしているとすれば、三輪山と巻向山の頂上は、「約束の地」（古代の神宮の場所）を基準に、天体図の「星の三角形」と同じ形の三角形になるように加工されたことになる。

「山の頂上を加工した！　冗談もほどほどにしてほしい」と、思われているかもしれない。

しかし、「人がつくった山」が実際に存在する。しかも、その「人がつくった山」は、いつつくられたものかわからないほど古いものである。

それは、世界遺産にも選ばれた、メキシコのチョルーラ遺跡である。この遺跡は、バケツをひっくり返したような形の「人工の山」の上に神殿が建てられたもので、現在でも、基礎の一辺の長さは５００メートル近くある（『神々の指紋』グラハム・ハンコック著より）。

山をつくることに比べたら、山の頂上を加工するのはたやすいことだ。

これで気になる点も解消され、四つの「地上の三角形」は、四つの天体図の「星の大三角」を設計図にしていることがわかった。

神野山《こうのやま》の天球図と「星の暗号」プロジェクト

暗号に使用された天体図の「星の三角形」が、地上に再現されていることを説明した。参考のために、私の所属しているイワクラ学会の柳原輝明副会長が発見された、神野山の天球図も紹介しておこう。

この天球図も、暗号者が「星の暗号」に気づかせるためにつくったものである。それはいわば、「星の暗号」プロジェクトの一つである。

柳原さんは神野山に点在する巨石（イワクラ）を探索し、その配置を地図上に落とした。すると、奈良県の山添村の神野山の鍋倉渓《なべくらけい》は、銀河の「天の川」を地上に再現したもので、周辺のイワクラはアルタイル、ベガ、デネブでつくる「夏の大三角」を再現していることが明らかになった。

神野山と天空の星

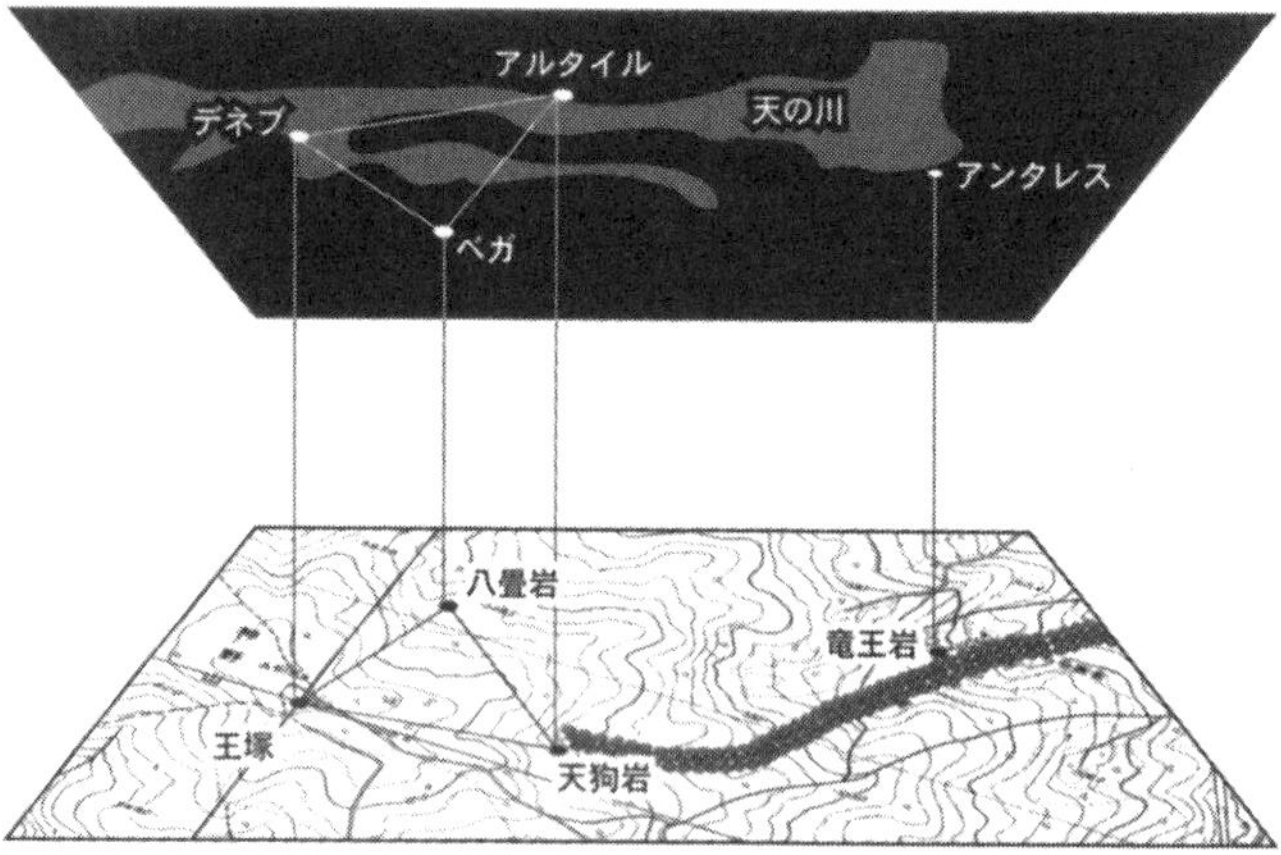

地上の磐《いわくら》と天空の星の対比：夏の大三角形

（『イワクラ　巨石の声を聞け』イワクラ（磐座）学会・編著より引用）

鍋倉渓の写真

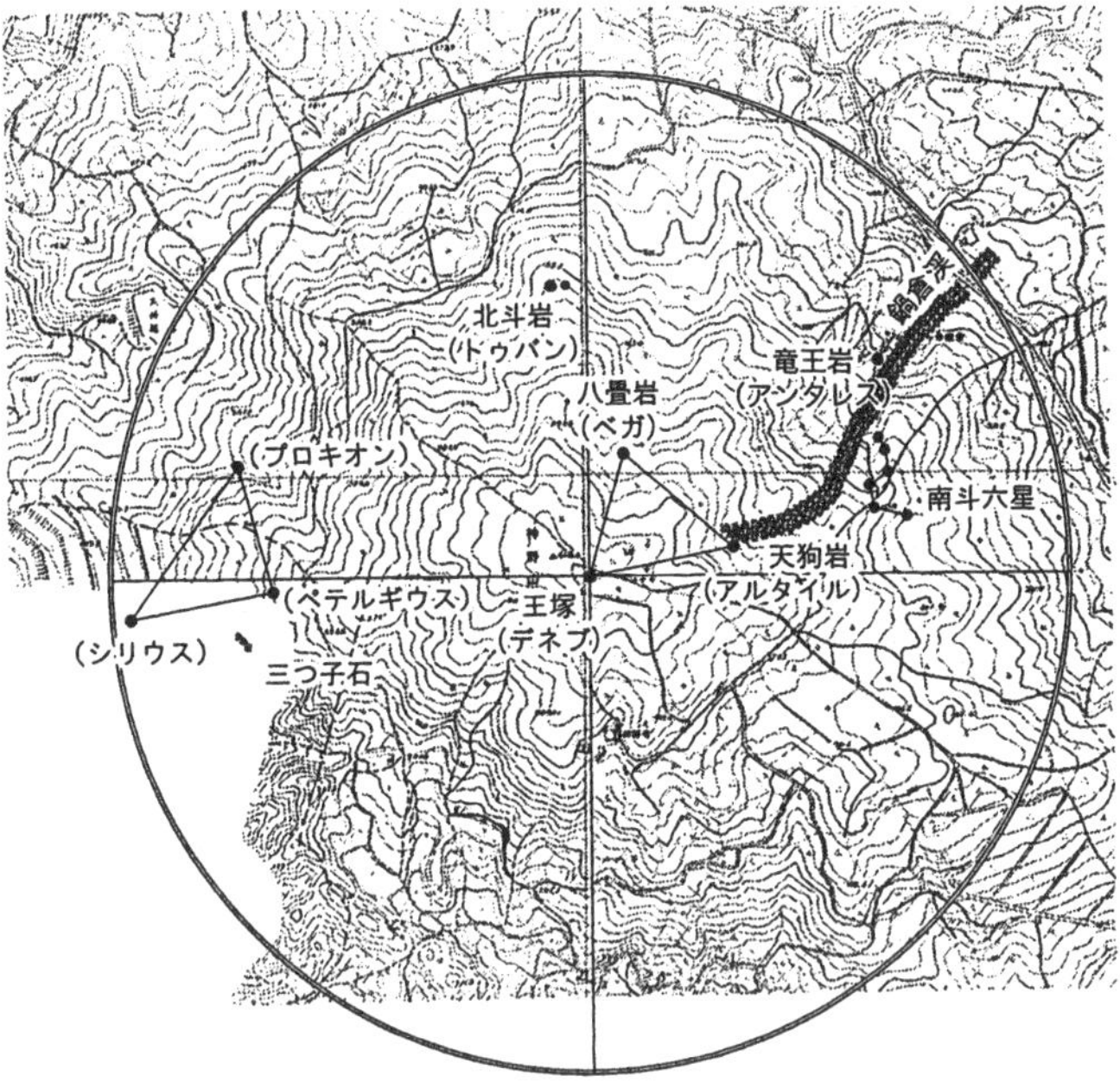

八畳岩　北緯　34°　39′　58″　7
(ベガ)　東経　136°　00′　02″　4

竜王岩　北緯　34°　40″　01′　8
(アンタレス)　東経　136°　00″　17′　3

天狗岩　北緯　34°　39′　54″　0
(アルタイル)　東経　136°　00′　09″　9

王塚　北緯　34°　39′　51″　2
(デネブ)　東経　135°　59′　59″　6

神野山天球図のイラスト（『イワクラ』より引用）

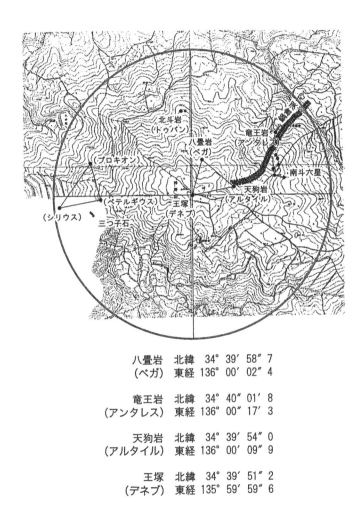

その後の探索で、225ページのイラストが示すように、神野山には数多くの星々が再現されていることも明らかになった。

今のところ、神野山山中には「夏の大三角」と天の川、「オリオン星座の三ツ星」と「冬の大三角」、BC2000年の北極星のトゥバン、南斗六星などが確認されている。

問題は、なぜ、このような神野山天球図がつくられたのか、ということである。

地上の星々は巨石で再現されているのだが、なかでも「天の川」を再現した鍋倉渓《なべくらけい》は、幅15メートル、長さ650メートにもわたって巨石が敷き詰められている。

それは、とてつもない労力だったに違いない。

実は神野山天球図がつくられたのは、その労力に匹敵するだけの理由がある。説明は省くが（イワクラ学会の会報　50号を参照していただきたい）、この天球図も大和三山のピラミッドや地上に再現された「星の三角形」同様、暗号者によってつくられたものである。

神野山天球図も「星の暗号」プロジェクトの一環で、その理由は「星の暗号」の存在と、暗号者が高度な天文学の知識の持ち主だったことを示すために、つくられたものだと思われる。

神野山天球図には、「オリオン星座の三ツ星」が描かれている。

BC10450年の「オリオン星座の三ツ星」を地上に再現したのがエジプトの「三大

ピラミッド」で、それは「星の暗号」の暗号装置だった。

また、年代は明らかではないが、暗号に使用された天体図の中の「夏の大三角」と「冬の大三角」が描かれている。

「星の暗号」は、この二つの「星の三角形」と「春の大三角」に「大和三山」を重ねて発見された。今のところ、神野山には「春の大三角」は発見されていないが、おそらく「春の大三角」も再現されているものと思われる。

地上に再現された「星の三角形」は、「二つの時」と「二つの場所」が「暗号」であることを示している！

神野山の天球図を、紹介させていただいた。

この天球図は、「星の暗号」の設計者が、現代に匹敵するような高度な天文学的知識を持っていたことを示している。

ここで、地上に再現された四つの「地上の三角形」に、もう一度目を向けてほしい。

前述したように、暗号に使用されたBC10450年とAD2012年の、夏至と冬至の真夜中の天体図の中の四つの「星の三角形」とほぼ相似形の三角形が、地上にも再現されている。

これは偶然ではありえない。意図的なものである。

そして、気づいたことがある。

それは、「星の暗号」は、BC10450年とAD2012年の夏至と冬至の真夜中の四つの天体図を設計図にしている、ということである。再現された「地上の三角形」も、同じ天体図を設計図にしていた。


ではここで、「星の暗号」(二つの時と二つの場所を明かす)は、どのように設計されたのかを考えてみたい。

今言ったように、「星の暗号」の設計者は、この四つの天体図(BC10450年とAD2012年の「夏至」と「冬至」の「天体図」)の「星の三角形」を設計図に、「大和三山」と元三輪山ダイヤ形を設計した。

ただし、この二等辺三角形(大和三山)の位置を、二等辺三角形(大和三山)に四つの天体図(BC10450年とAD2012年の「夏至」と「冬至」の「天体図」)の「星の三角形」を重ねると、その天体図のなかでひときわ目立つ「ポラリス」と「木星」が、「元三輪山ダイヤ形」の「左」と「中心」に重なり「二つの場所」が浮かび上がるところに設定した。

また、設計者はこの二等辺三角形（大和三山）の中線が、「夏至の日の出・冬至の日没ライン」になるように二等辺三角形（大和三山）の位置を決めた。それは、二等辺三角形（大和三山）と「元三輪山ダイヤ形」に特別な対応関係があることを示すためと、「夏至」と「冬至」の天体図に注目させるためである。

設計図に使用した「二つの時」（BC10450年とAD2012年）は、暗号者はエジプトの「三大ピラミッド」とマヤカレンダーに刻んだのである。

今言った手順で、「星の暗号」をつくることができる。

問題は、設計図にした天体図である。

その天体図を、どのようにして、見つけ出したのだろうか？

設計者は、私が見た天体ソフトと同じようなものを、持っていたのだろうか？　多分エジプトやマヤでは、何万年にもわたって天体の様子を観測し、それに基づいた独自の天文学を持っていたのだ。

「星の暗号」の設計者は、二等辺三角形の「大和三山」と「星の三角形」を対応させると「二つの時」と「二つの場所」を示すことができる天体図（BC10450年とAD2012年の「夏至」と「冬至」の「天体図」）を、多くの天体図から選んだことは間違いない。

まるで、魔術師のような「星の暗号」の設計者に驚かされるが、ここで明らかになったことがある。

それは、「二つの時」と「二つの場所」が示された「星の暗号」と、「星の三角形」を再現した「地上の三角形」は、同じ「天体図」を設計図にしている、ということである。

だが、新たな、疑問が生じる。

どうして、「星の暗号」の設計者は、同じ天体図の「星の三角形」を設計図に、「地上の三角形」をつくったのか、という疑問である。

しかも、この「地上の三角形」は、「約束の地」（古代の神宮の場所）を基準につくられている。

これまで、多くの暗号の仕掛けを見てきた。

それは、三輪山の東西南北に配置された神社や、檜原神社に設置された「三ツ鳥居」などである。これらの暗号の仕掛けには、無駄なものは何一つなかった。すべて、暗号者の意図がもり込まれていた。

だから、この仕掛けにも、何らかの意図が込められているはずだ。

四つの「地上の三角形」は、暗号に使用された四つの天体図を設計図にしている。これは偶然ではありえない。

「星の暗号」の設計者は、意図的に、「星の暗号」を設計した天体図の「星の三角形」を設計図に、「地上の三角形」をつくったのである。このことは、「星の暗号」の設計者は、「星の暗号」に使用した天体図（設計図）を持っていたことを示している。

「数学的言語」という言葉を、グラハム・ハンコックの『神々の指紋』で目にした。「数学的言語」というのは、論理面で完璧な図形などの幾何学（数学）を使用した言語のことである。

この仕掛けは、図形（天体図の「星の三角形」と「地上の三角形」）を使用した「数学的言語」である。

それは、「大和三山と元三輪山ダイヤ形」と「天体図」を重ねることで浮かび上がってきた「二つの時」と「二つの場所」は偶然ではなく、設計者の何らかのメッセージが込められている、「暗号」であることを明確に語っている。

「二つの場所」と「約束の地」

さて、これまでは、暗号の設計図に使用された四つの天体図の「星の三角形」が、地上に再現されていることをお伝えした。

そしてそれは、175ページの「大和三山と元三輪山ダイヤ形」と「天体図」の対応関係表から、浮かび上がってきた「二つの時」（BC10450年とAD2012年）と「二つの場所」（檜原神社とダンノダイラ）は偶然ではなく、何らかのメッセージが込められた「暗号」であることを示していた。

さらに、「星の暗号」プロジェクトと言ってもいいような、神野山の天球図も紹介した。この神野山に再現された天球図は、「星の暗号」の設計者（暗号者）が、高度な天文学的知識を持っていることを示していた。


それでは、いよいよ、「星の暗号」で示された「二つの場所」が、「約束の地」を明らかにしていることを説明しよう。

今言ったように、四つの天体図の中の「星の三角形」と対応する相似形の四つの「地上の三角形」が再現されていたが、私はこの四つの対応関係の中の二つの対応関係から、「二つの場所」が「約束の地」を示す証拠（根拠になるもの）を見つけたのである。

では、もう一度、219ページのイラストに示した四つの「星の三角形」と四つの「地上の三角形」を見てほしい。

まず、②と④の「地上の三角形」に注目してほしい。
②の「地上の三角形」の3点の中の1点は、「星の暗号」で示された「ダイヤ形の中心」(ダンノダイラのイワクラ)である。
一方、④の「地上の三角形」の3点の中の1点は、「星の暗号」で示された「ダイヤ形の左」(檜原神社)である。

次は、②と④の「地上の三角形」と「星の三角形」の、二つの対応関係に注目してほしい。

②から見ていこう。
このケースでは、BC10450年の「夏至」の「星の三角形」と、「約束の地」(古代の神宮の場所)と、「星の暗号」で示された「二つの場所」の一つの「ダイヤ形の中心」と「想定場所のイワクラC」でできる「地上の三角形」が対応している。

「星の三角形」のそれぞれの星と、対応している「地上の三角形」のそれぞれの場所を次の図に示す。

「デネブ」と「約束の地(古代の神宮の場所)」

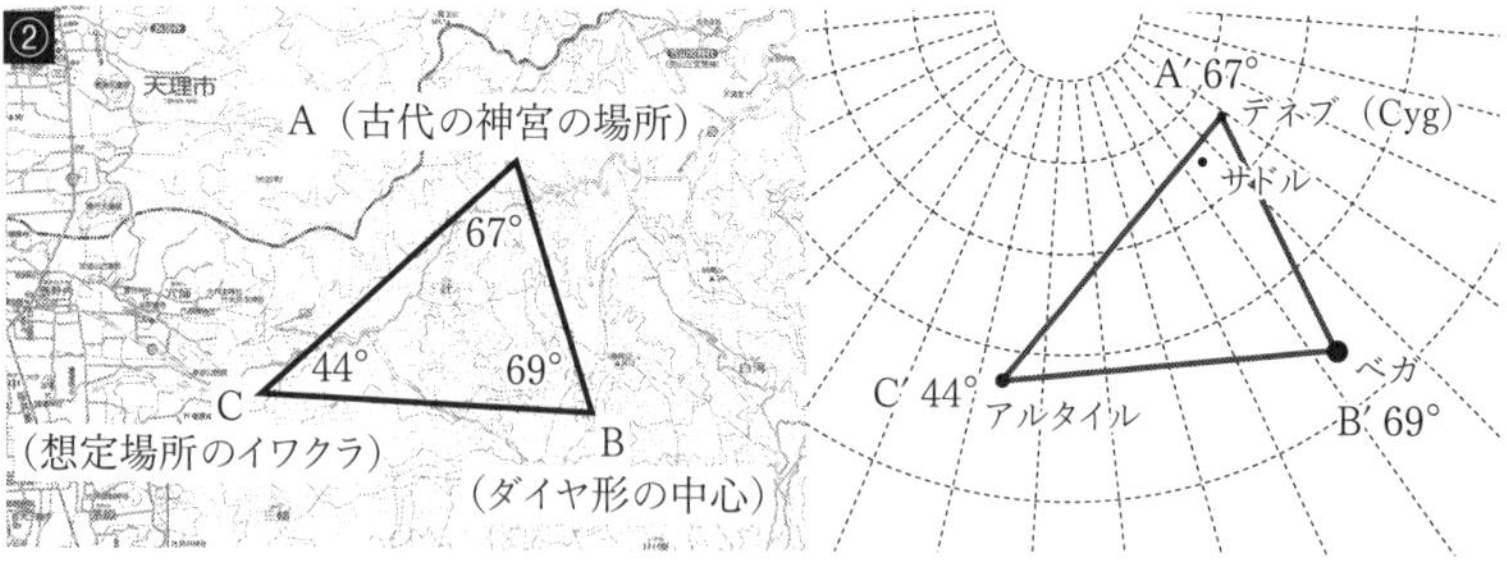

BC10450年の「夏至」の「星の三角形」（右）と「地上の三角形」（左）——「地上の三角形」のＢの「元三輪山のダイヤ形の中心」は、暗号で示された場所

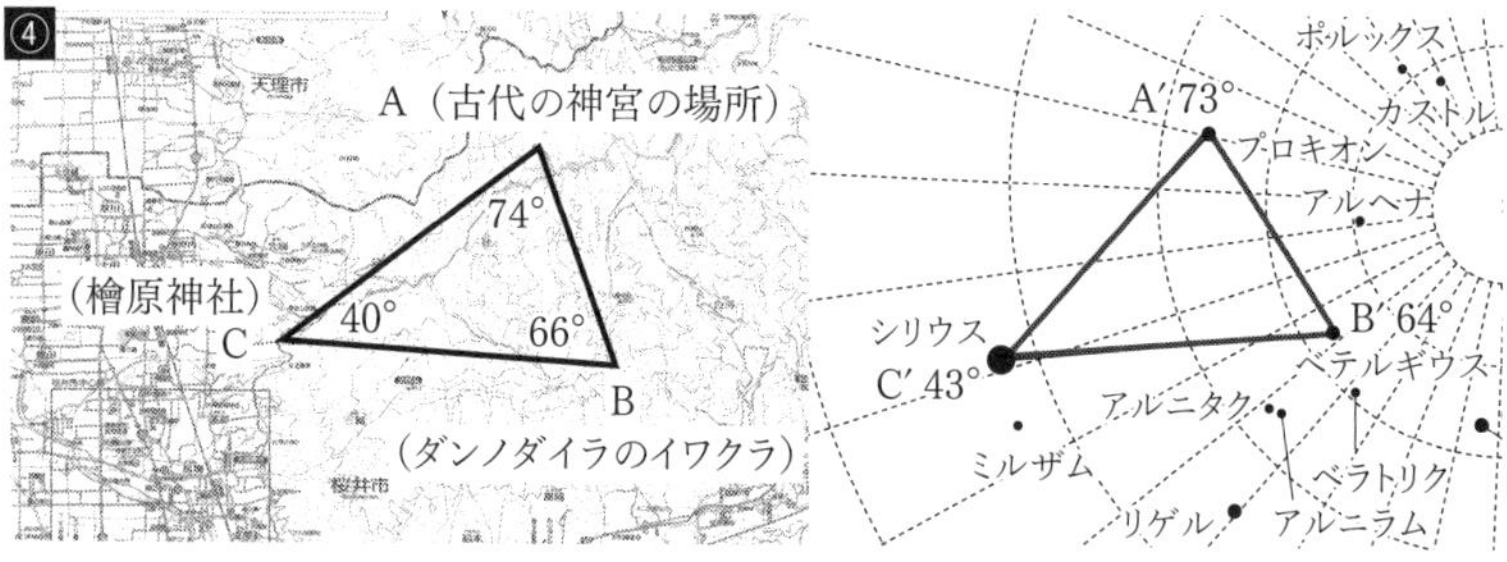

AD2012年の「冬至」の「星の三角形」（右）と「地上の三角形」（左）——「地上の三角形」のＣ点の檜原神社（ダイヤ形の西〔左〕）は、暗号で示された場所

「ベガ」と「ダイヤ形の中心」

「アルタイル」と「想定場所のイワクラ（C）」

「約束の地」が隠されたとしても、「ダイヤ形の中心」に「ベガ」を対応させ、「想定場所のイワクラ（C）」にアルタイルを対応させると、「デネブ」が「約束の地」を明らかにする。


次は④を見てみよう。
④はAD2012年の「冬至」の天体図の「星の三角形」と、「約束の地」（古代の神宮の場所）と「ダンノダイラのイワクラ（B）」と、「星の暗号」で示された「二つの場所」のもう一つの「檜原神社（元三輪山のダイヤ形の左）」で出来る「地上の三角形」との対応である。
②のケースと同じように、「星の三角形」のそれぞれの星と、対応している「地上の三角形」のそれぞれの場所を次に示す。

プロキオンと「約束の地（古代の神宮の場所）」

ベテルギウスと「ダンノダイラのイワクラ（B）」

シリウスと「檜原神社（元三輪山のダイヤ形の左端）」

④のケースも②のケース同様、暗号で示された「檜原神社（ダイヤ形の左）」に「シリウス」を対応させ、「ダンノダイラのイワクラ（B）」に「ベテルギウス」を対応させると、「プロキオン」が「約束の地」を明らかにする。

ここで、②と④のケースを合わせて考えてみよう。

②のケースでは、BC10450年の夏至の「星の三角形」の「ベガ」に暗号で示された「元三輪山のダイヤ形の中心」（ダンノダイラ）を対応させ、同じ「星の三角形」の「アルタイル」に「想定場所のイワクラ」を対応させると、「デネブ」が「約束の地」（古代の神宮の場所）を明らかにする。

④のケースでは、AD2012年の冬至の「星の三角形」の「ベテルギウス」に「ダンノダイラのイワクラ」を対応させ、同じ「星の三角形」の「シリウス」に暗号で示された「元三輪山のダイヤ形の左」（檜原神社）を対応させると、「プロキオン」が「約束の地」（古代の神宮の場所）を明らかにする。

逆に考えると、暗号で「二つの場所」（「ダンノダイラ」と「檜原神社」）が示されなかったら、「約束の地」（古代の神宮の場所）を明らかにすることはできない。よって「二つの場所」は、「約束の地」（古代の神宮の場所）を明らかにするために示されたことになる。

「約束の時」と「約束の地」と「約束の人」

「二つの場所」が、「約束の地」を明らかにしていることを説明した。正直言うと、この説明は少し強引で、苦しい説明だと思っている。「こじつけ」だと思われている方も、おられるかもしれない。

ただ、「二つの場所」が「約束の地」を示す証拠（根拠になるもの）は、これしか考えられなかった。

そこで、ここに至った経緯《けいい》をもう一度お伝えし、「二つの場所」が「約束の地」を示しているという解釈が偏った独善的なものではなく、妥当性があることを説明したい。

私は「二つの時」と「二つの場所」を示す「星の暗号」を発見したときから、「二つの場所」は「約束の地」を示すと考えていた。

というのも、「二つの時」（ＢＣ１０４５０年とＡＤ２０１２年）は、大きな時代の「始まりの時」と「終わりの時」、すなわち地球の崩壊と再生の「約束の時」を示している、と思ったからである。

というのも、すでに述べたように、暗号者のヤタガラスは自らのことを闇の陰陽師《おんみょうじ》集団だと言ったように、暗号には「表裏一体の陰陽」の原理が使用されている。

「表裏一体の陰陽」の原理とは、例えば、一枚の紙には表と裏があるが、それは「一つで二つ、二つで一つ」という関係である。

暗号で示された「二つの時」は、約12500年の大きな時代の「始まりの時」（BC10450年）と「終わりの時」（AD2012年）を象徴している。

BC10450年は「新しい時代」の「始まりの時」だが、それは同時に、それまでの時代の「終わりの時」である。AD2012年は「終わりの時」だが、それは「新しい時代」の「始まりの時」である。

だから、BC10450年の一つは、「始まりの時」と「終わりの時」の二つの意味があり、AD2012年の一つは、「終わりの時」と「始まりの時」の二つの意味がある。

また、BC10450年とAD2012年の「二つの時」は、大きな時代の「始まりと終わりの時」、すなわち、地球の「崩壊と再生」の「約束の時」（一つの時）を象徴する。

「二つの時」が、地球の「崩壊と再生」の「約束の時」を示しているなら、「二つの場所」は「約束の地」を示しているに違いない、そう思った。

というのも、それは、前述した『竹内文書《たけうちもんじょ》』の内容と一致するからである。

プロローグで述べたように、神さまに定められた「約束の地」は、神宮が伊勢に遷される前の、「古代の神宮」のあった場所である。

『竹内文書』によると、「古代の神宮」の所在地（「約束の地」）は、世界が「土《どろ》の海」になるような大異変のとき（終わりと始まりの時）に、世界を平和的に統治するための「世界の政庁」（神宮）のあった場所である。

だから、「二つの時」が地球の崩壊と再生の「約束の時」を示し、「二つの場所」が「約束の地」を示すと、それは『竹内文書』の内容と一致する。

そこで、「二つの場所」が「約束の地」を示すという仮説を立て、その証拠（根拠になるもの）を探していた。

その過程で、「星の暗号」の設計図に使用された、四つの天体図の中の「星の三角形」と相似形の四つの「地上の三角形」を発見した。

この四つの「地上の三角形」は、175ページの「大和三山と元三輪山ダイヤ形」と

「天体図」の対応関係表から、浮かび上がってきた「二つの時」（BC10450年とAD2012年）と「二つの場所」（檜原神社とダンノダイラ）は偶然ではなく、何らかのメッセージが込められた「暗号」であることを示していた。

何らかのメッセージが込められた「暗号」であるなら、「二つの時」は何を示しているのか？

それは、今言ったように、地球の崩壊と再生の「約束の時」を示していると解釈した。

この解釈は、まず間違いないと思う。

では、「二つの場所」は何を示しているのか？

この「二つの場所」が何も示さず、「二つの場所」そのものを示しているとすれば、この暗号は「約束の時」と、檜原神社（元三輪山ダイヤ形の左）とダンノダイラ（元三輪山ダイヤ形の中心）の「二つの場所」を示していることになる。

では、「約束の時」と「檜原神社」と「ダンノダイラ」には、なんらかの関係やつながりがあるのか？

そこには、なんの関係もつながりも見つからないし、なんのメッセージも読みとれない。

ということは、「暗号」として成り立たない。

何らかのメッセージが込められている「暗号」だとすれば、「二つの場所」は「約束の時」と何らかの関係やつながりがあるはずだ。

また、前述したように、暗号には「表裏一体の陰陽」の原理が使用されている。

だから、「二つの場所」は「一つの場所」を示していると思われる。

となれば、「二つの場所」が示しているのは、「約束の地」しか考えられない。

すでに述べたように、四つの「地上の三角形」はすべて「約束の地」を基準につくられている。

ここにも、暗号者の意図が込められている。

それは、「約束の地」に注目させるためである。

また、「星の暗号」と同じ秘密結社「ヤタガラス」が仕掛けた「太陽の暗号」でも、「約束の地」は暗号の鍵になる極めて重要な場所だった。

「太陽の暗号」によると、「約束の地」は神さまの復活する場所で、そこから神さまが復活すれば「人の世」は終わり「神の世」が始まる、ことになる。

以上のことからも、「二つの場所」が「約束の地」を示すという解釈は、偏った独善的なものではなく、大いに妥当性がある解釈だと思う。

いずれにしても、私はこの解釈に確信を持っている。

さて、これで暗号のメッセージを、お伝えすることができる。

前述したように、「太陽の暗号」は、二つの時「約束の時」はいつかを明かすものである。「星の暗号」で示された「二つの時」は、約12500年の大きな時代の「始まりの時」（BC10450年）と「終わりの時」（AD2012年）を象徴していたが、それは地球の「崩壊と再生」の「約束の時」を象徴している。

「二つの場所」は「約束の地」（古代神宮の場所）を明らかにした。

だから「星の暗号」は、地球の「崩壊と再生」の「約束の時」と、「約束の地」を示している。

これが、「星の暗号」のメッセージである。

しかし、まだ、暗号解読を終えることはできない。

暗号者が伝えたかったメッセージが、まだ残されている。

「星の暗号」と「太陽の暗号」は、同じ結社によって仕掛けられたものである。「二つの暗号」は星と太陽に象徴されるように、陰と陽の関係になっている。

また、「星の暗号」の時を示す暗号装置であるエジプトの「三大ピラミッド」は、「オリオン三星」を地上に再現したものである。そこには「天を地に写す」という「合わせ鏡」の原理が使用されている。

暗号者が「表裏一体の陰陽」の原理や「合わせ鏡」の原理を、暗号に使用したことにも意味がある。それは、「二つの暗号」を合わせると新たなメッセージが生まれるということと、「二つの暗号」を合わせると、表も裏も見える「合わせ鏡」のように全体の姿が明らかになる、ということを暗示しているのだ。

「二つの暗号」を合わせてみよう。

すでにお伝えしように、「太陽の暗号」は、「約束の地」から神さまが復活すると、「人の世」は終わり「神の世」が始まる、ということを明らかにするものだった。

「星の暗号」は、地球の「崩壊と再生」の「約束の時」と「約束の地」を明かしている。

「二つの暗号」を合わせると、地球の「崩壊と再生」の「約束の時」には、その後の世界を再生して「神の世」にするために、「約束の人」(現人神《あらひとがみ》)が「約束の地」に甦《よみがえ》る、ということが明らかになる。

これが、魔術者のような信じられない叡智《えいち》と、気の遠くなるような歳月と、労力をかけてつくられた「暗号」のメッセージである。

「星の暗号者」と「失われた文明を伝えた集団」!?

ようやく、二つの暗号を読み解くことができた。

次は、暗号者の正体に迫ってみたい。

「太陽の暗号」のところで述べたが、暗号者は秘密結社「ヤタガラス」であり、古代氏族の秦氏と関係があった。

秦氏のルーツを辿《たど》ると、「イスラエルの失われた10支族」に行き着いた。

「イスラエルの失われた10支族」がその消息を絶ったのは、今から、2700年ほど前である。しかし「星の暗号」は、4500年前頃に仕掛けられたものだ。

では、「星の暗号者」とは、いかなる者なのか?

この「星の暗号者」のルーツについても、『神々の指紋』の著者グラハム・ハンコックは、非常に興味深い仮説を述べている。

グラハム・ハンコックは1万2000年以上前に高度な文明が存在したが、地球規模の異変によって突然失われた、という仮説を立てた。

その仮説を立証するために、エジプトのピラミッドや南米アンデスの神殿、中米のマヤのピラミッドなどの世界各地の古代遺跡を調査した。その結果、それらの遺跡は現代の文明に匹敵するほど、高度なものだったことが明らかになった。

彼はそれらの遺跡を「神々の指紋」と呼び、それらは「失われた文明を伝えた集団」が残したものだと主張した。

その根拠の一つが、古代のインド神話である。

それによると、地球規模の大洪水後に生き残った者たちは、新時代に「一つの機関」あるいは「結社」によって、古代の知識を再び広めたことが記されている。


他にも根拠がある。

彼は古代文明を研究して、ある重要な数字を発見した。

それは「72」である。

古代の神話には、この72の倍数（144、720）や72の半分の36、そしてその倍数、さらに72の3分の1の24とその倍数や、72＋36の108、108の半分の54などがよく使われているという。

また、これらの数字は、古代のシュメールやバビロン、ヴェーダ時代のインド、古代エジプト、古代ギリシャ、古代中国、中米のマヤ、旧約聖書のヘブライ人、ほか多くの文化に現れるというのである。

彼はこの72という特別な数字と、世界の聖地との関係も発見した。

例えば、エジプトのギザの大ピラミッドとカンボジアのアンコール寺院は、経度でいうと72度離れていて、ミクロネシアのポナペはアンコールから経度で54度東にあり、イースター島はアンコールから144度進んだ地点に最も近い陸地である。

仮にエジプトの大ピラミッドを、子午線（現在のグリニッジではなく）、すなわち地球の地図上の「世界の座標軸」だと仮定すると、アンコールは東経72度に位置することになる。そこには、古代文明の鍵になる「72」という数字が浮かび上がってくる。

グラハム・ハンコックは、これらの石を使った多くの建造物は、「失われた文明を伝えた集団」によって、計画的につくられたのではないかと考えたのだ。

『竹内文書《たけうちもんじょ》』と秘密結社「ヤタガラス」

グラハム・ハンコックの仮説を紹介した。

「星の暗号者」（＝太陽の暗号者）は、現代の文明を凌《しの》ぐほどの高度な文明を持っていた。

私は「失われた文明を伝えた集団」が、「星の暗号者」のルーツだと考えている。というのも、その集団の存在を裏付けるような古文書が日本にあるからだ。

それは、「プロローグ」でお伝えした、『竹内文書』である。

この古文書によると、かつて地球規模の大災害が何度も起こり、そのたびに日本人が災害後の世界を立て直した、と記されている。

私は世界を立て直すために、日本から派遣された人々が「失われた文明を伝えた集団」であり、それが「星の暗号者」のルーツだと考えている。

「プロローグ」でも述べたように、『竹内文書』によると、古代の神宮の内宮《ないくう》は「日の宮」と呼ばれ日本国内を治める内政機関で、外宮《げくう》は「月の宮」と呼ばれ外国を治める外政機関で、内宮と外宮で世界を統治していたという。

だから、古代の神宮は「世界の政庁」、世界政府だったというのである。

「約束の地」は古代の神宮の所在地だった。

「星の暗号」によると、「約束の地」は大きな時代の「終わりの時」、言い換えれば「新しい時代」の「始まりの時」に「約束の人」が甦《よみがえ》る場所だった。

「太陽の暗号」によると、「約束の人」が「約束の地」に甦れば「人の世」が終わり「神の世」が始まることになる。

暗号は、「古代の神宮」が「世界の政庁」、世界政府だったことを雄弁に語っている。だが、このような竹内文書的な世界観は、おそらく受け入れられないだろう。そこで、『[隠国《かくりこく》日本版]神々の指紋』(上巻・下巻)には、竹内文書的な世界観を受け入れていただくための多くの証拠を紹介している。ぜひ、参照していただきたい。

ここでは、『竹内文書』の簡単な説明と、『竹内文書』と秘密結社「ヤタガラス」との関係について述べることにする。

まず、『竹内文書』から説明しよう。

この古文書は第25代武烈《ぶれつ》天皇(在位期間498年〜506年)のご命令で、外国勢力から古代の神宮の神宝と古文献を守り隠すために、宮司であった竹内家が富山県に逃れて、代々受け継ぎ守ってきたものとされている。

ちなみに、ここにいう外国勢力とは、大和朝廷を作った渡来人を指す。

その外国勢力の手から逃れた『竹内文書』は、文献類の損傷《そんしょう》を防ぐために、4代ごとに書き写すといういい伝えにより、選ばれた者が代々受け継いできた。

『竹内文書』を世に出したのは、初代の武内宿禰《たけのうちすくね》から数えて66代目の子孫とされている竹内巨麿《きよまろ》である。

彼は明治7(1874)年に富山県で生まれた。祖父の代まで竹内家は比較的裕福だったが、父の代に逼塞《ひっそく》してしまい、彼が15歳のとき、祖父から竹内家の秘密を教えられた。祖父の勧めもあって、彼はそれらの神宝を世に出すために上京。その後、神代《かみよ》文字で書かれた古文献を解読して、神宝類や古文献を公開した。

神宝類の中には、ヒヒイロカネという古代の錆《さ》びない鉄で造られた剣や鏡、古代の世界地図も含めて数千点に及ぶ。

ところが軍国主義の台頭で、昭和11（1936）年、天皇家の系譜《けいふ》を捏造《ねつぞう》したとして彼は起訴される。裁判では無実の判決が出たが、裁判の証拠として押収された神宝類と古文献は裁判後も返還されず、昭和20年3月10日の東京大空襲によって焼失したといわれている。

したがって、現在『竹内文書』と呼ばれるものは、巨磨自身が書き写したものを編纂《へんさん》した『神代《かみよ》の万国史《ばんこくし》』や、弾圧下でひそかに配布された写本などのなかに面影を残しているに過ぎない。

ところで、歴史学界では、この『竹内文書』を偽書としている。

私自身も『神代の万国史』を読ませてもらった限りでは、年代などは信じられないし、矛盾や疑問に思うところも多い。最も疑問に思ったのは、「古代の神宮」の所在地である

「約束の地」が、記されていないことである。

しかし、この後、『竹内文書』が偽書でないことがわかった。

実は『竹内文書』が偽書とされる裏にも、暗号者、秘密結社「ヤタガラス」の関与があったのだ。

あるとき、『『竹内文書』と月の先住宇宙人』（徳間書店）という本を読んでいた。この本はその秘密結社の関係者と接触のある、飛鳥昭雄氏が著したものである。

その本によると、奇妙なことに、『竹内文書』は竹内巨麿《きよまろ》自身によって改ざんされたというのだ。

竹内巨麿《きよまろ》は『竹内文書』の公開に先立って、古来からの決まり事として、ある人物に報告と承認を得るために、京都の鞍馬《くらま》の某所でその人物と会ったらしい。この話合いは困難を極めたらしく、都合2回の会談で、最終的に原書の骨子《こつし》はそのままでも良いが、改ざん部分を付け加えることが承認の条件として提示されたという。

もし相手の言うことを聞かず、そのまま『竹内文書』を世に出せば、おそらく『竹内文書』は永久に失われ、巨麿の屍《しかばね》が鴨川《かもがわ》に浮かぶ可能性すらあったという。

その相手とはいったい誰か？

それについては裏の掟《おきて》で、たとえ口がさけても言うことができない人物らしい。その人物の所属している集団は、時代が変わっても、何ら動じない裏神道の要《かなめ》とされる集団である。

政治の権力者はどの時代にも現れて消えていくが、彼らは権力者にくみすることなく昔からの決め事を守り通し、時期が来るまで封印を解かない役目を担っている集団らしい。

その集団の名は、「烏《からす》」と呼ばれる集団だという。

もうおわかりだろう。

その「烏」と呼ばれる集団は、秘密結社「ヤタガラス」のことである。

つまり、『竹内文書』が偽書とされる裏にも暗号者、秘密結社「ヤタガラス」の関与があり、それが、『神代の万国史』に疑問点や矛盾点がある理由である。

本物の『竹内文書』には、「約束の地」である「古代の神宮」の所在地が記されていたと思われる。「約束の地」を隠すために、暗号者、秘密結社「ヤタガラス」が関与したのだ。

「約束の地」が明らかになれば、「約束の人」が現れる前に、「三羽の鳥」の暗号が発見される恐れがある。そうなると、「約束の人」を証《あか》すための暗号の仕掛けが、台無しになってしまうからだ。

それに、世界の盟主として日本の存在も、隠したかったのだろう。

暗号者は古代の日本のほんとうの姿を隠すために、古代史を書き換えた。それも、「約束の地」の場所と秘密を隠すためだったのである。

私は数千点にも及ぶ神宝類から判断して、それらは「古代の神宮」の神宝と古文献だったことは間違いないと思っている。私は世界の盟主としての日本の存在、日本の「古代の神宮」が「世界の政庁」として機能していたなどの核心部分は、歴史的事実を反映したものだと思っている。

古代の日本が世界の盟主だったことは、『竹内文書』だけでなく、『九鬼文書《くかみもんじょ》』『上記《うえつふみ》』などの「古史古伝《こしこでん》」にも伝えられている。

代々秘密に、しかも家宝のようにして大切に守られてきた多くの「古史古伝」が、すべて創作とは考えにくい。創作なら隠す必要など何もない。

真実だからこそ、子孫に伝え残したかったからこそ隠したのである。

「暗号者」は「外宮」の関係者だった

『竹内文書』が偽書とされる背景には、暗号者（秘密結社「ヤタガラス」）の関与があったことをお伝えした。

私はこの『竹内文書』の記述から、「暗号者」は、世界が「土の海《どろのうみ》」になるような大異変のときに、世界を立て直すために、日本から世界各地に派遣されたグループの末裔だと考えている。

次は、暗号者が古代の「外宮」の関係者だったことを説明する。

世界を立て直した彼らは、その後、外国を統治する「外宮」の関係者になった。

それを示しているのが、秘密結社「ヤタガラス」の「八咫《やた》」という名称だ。

「八咫《やた》」は寸法を示すという説や、単に、大きいことや多いことを象徴するという説もあるが、この「八咫《やた》」という名称は太陰（月）を示し、それは彼らが古代の「外宮」の関係者であることを示しているのである。

254ページと255ページの図は、高坂和導氏の（『［超図解］竹内文書Ⅱ』徳間書店）から引用したものである。

254ページのイラストは、「古代の神宮」にお祀《まつ》りされていた、「日章鏡《にちしょうきょう》」と「八咫鏡」の変遷を示したものである。

255ページのイラストは、「日章鏡」と「八咫鏡」が象徴するものを示している。

このイラストに見るように、日章は「太陽」（日）を象徴し「八咫」は「太陰」（月）を象徴する。それ故、古代は太陽をモチーフにした「円鏡」を「日の宮」である内宮《ないくう》に、月をモチーフにした「八咫鏡」を「月の宮」である外宮《げくう》に、それぞれお祀りされていた。

神鏡の形の変遷

神鏡は原則として日章鏡（太陽）と八咫鏡（太陰）の二枚一組で作られた。その形は紋章同様、不合《ふきあえず》時代に菊形に変化を遂げた。左が日章鏡、右が八咫鏡の変遷を表す。

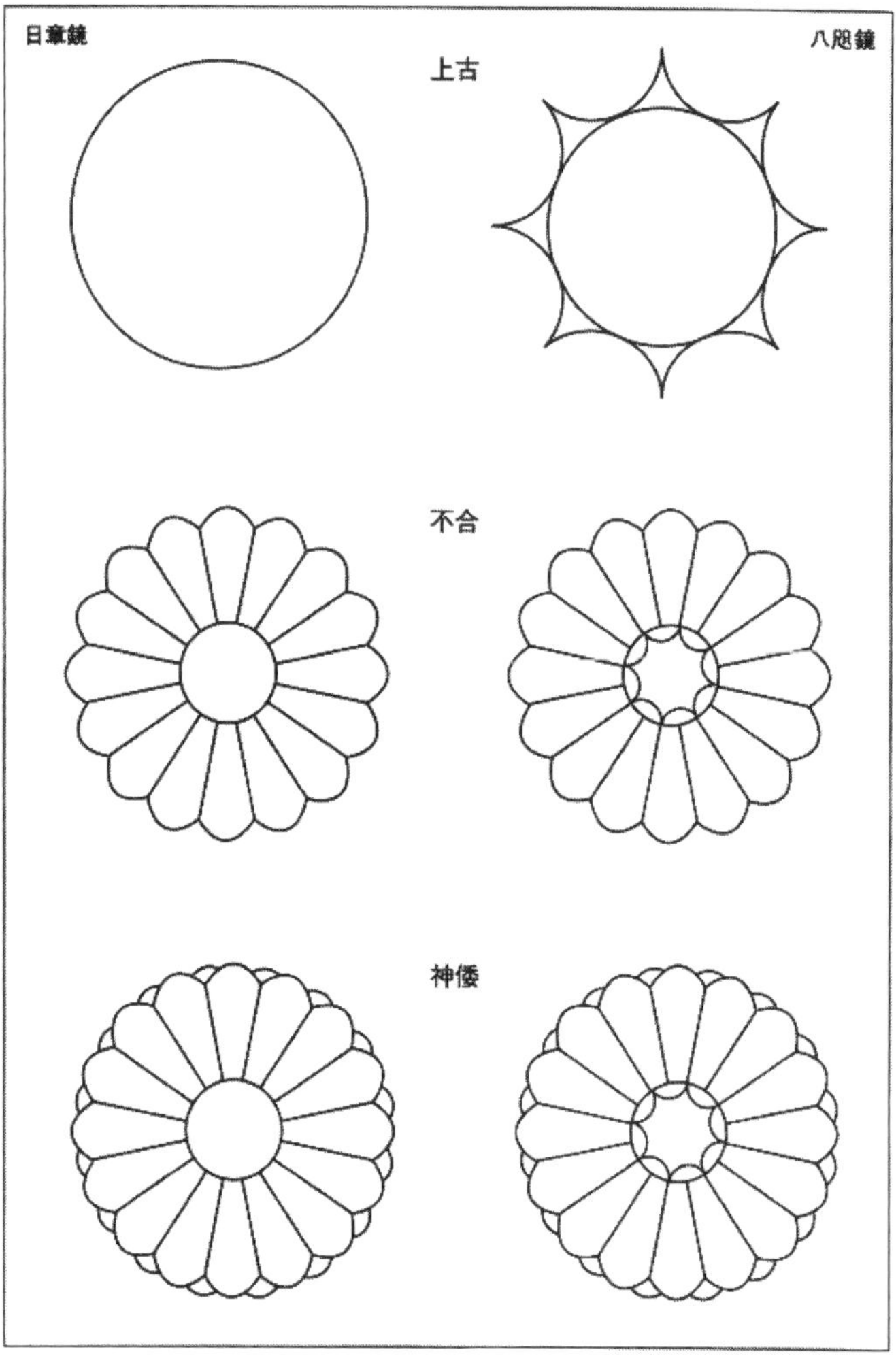

日 章	八 咫

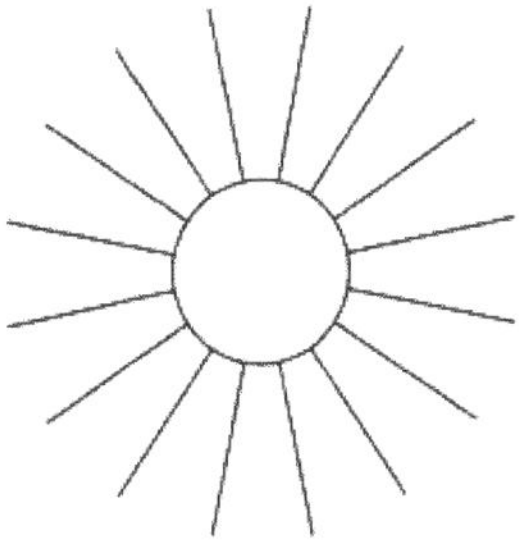

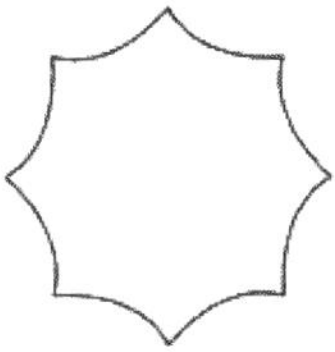

日章の象徴		八咫の象徴
16	←→	8
円	←→	八咫
太陽	←→	太陰（月）
天皇家	←→	神主家（皇祖皇太神宮）
安定	←→	変化
天照	←→	月読（須佐之男）
表	←→	裏
日本	←→	万国
父	←→	母
親	←→	子
頭棟（オムヤ）	←→	万邦国（アジチ）

日章（表菊）と八咫（裏菊）は表裏一体の関係であり、象徴するものがそれぞれ違う。

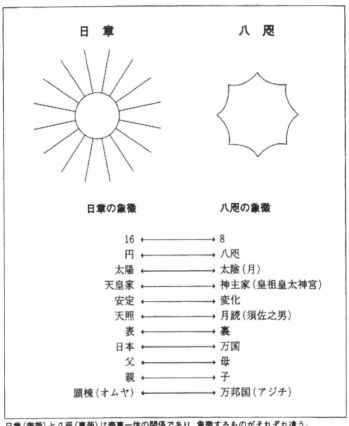

注目してほしいのは、暗号者の「八咫」という名称は「月」を象徴していることである。それは、暗号者が「外宮」の関係者であることを示しているのだ。ちなみに、「太陽の暗号者」である秦氏のリーダーの「弓月君《ゆづきのきみ》」にも、「月」の字が付けられている。

これも偶然ではないだろう。

さらに、暗号者は「日」と「月」の文字を使用して、古代の内宮と外宮の場所も示している。「太陽の暗号」のところでお伝えした、大兵主《だいひょうず》神社に合祀《ごうし》された二つの神社のあった地名を覚えておられるだろうか？

一つは「約束の地」の「檜原《ひばら》」（日ばら）で、もう一つは「弓月岳《ゆづきだけ》」だった。この地名も暗号者が名付けたものである。

「檜原《ひばら》」（日ばら）には「日の宮」すなわち「内宮」、「弓月岳《ゆづきだけ》」には「月の宮」すなわち「外宮」があったことを示しているのだ。

だから大兵主神社は、古代の「内宮」と「外宮」を合祀した神社なのだ。

「星の暗号者」と「太陽の暗号者」の「表裏一体の陰陽」の関係

暗号者は「外宮」の関係者だったことがわかった。

次は、「星の暗号者」と「太陽の暗号者」の関係について説明する。

前述したように、「星の暗号者」は世界を立て直すために日本から派遣されたグループで、その後、外国を統治する「外宮」の関係者になった。

一方、「太陽の暗号者」（秦氏）は「失われたイスラエルの10支族」の一員だった。

この両者は、どのような関係なのか？

実は「イスラエル」という名称が、その関係を知るヒントを与えてくれている。

イスラエルとは『聖書』によると、ヤコブが「神の御使《みつか》い」と一晩格闘して勝ったのを記念して神からヤコブに授けられた名前である。

ヤコブとは、ユダヤ教、キリスト教、イスラム教の始祖とされているアブラハムの孫である。このヤコブの12人の子供から、「イスラエルの12支族」が誕生する。

この「神の御使《みつか》い」から授けられたという「イスラエル」という名称は、『神話・伝承事典　失われた女神たちの復権』（バーバラ・ウォーカー著　大修館書店）によると、エジプトの神の「イシス」と「ラー」を合わせたものに、神を意味する「エル」を付けたものだというのだ（Ｉｓｉｓ＋Ｒａ＋ＥＬ＝Ｉｓｒａｅｌ）。

「イスラエル」という名称で、「イスラエル人」は古代エジプトの宗教密儀を継承した人たち、ということがわかる。

前述したように、世界を立て直すために、日本から派遣された人々が「失われた文明を伝えた集団」であり、それは「星の暗号者」のルーツだった。

だから、エジプトの宗教も、彼らが持ち込んだことになる。

エジプトの宗教が日本から持ち込まれたことに、驚かれるかもしれないが、このことは、拙著『ついに開封された契約の箱「アーク」と「神一厘」の超秘密』（ヒカルランド刊）で説明している。ぜひ、参照していただきたい。

それはともかく、ここで暗号者の正体を明らかにしたい。

暗号者は世界を立て直すために、日本から世界各地に派遣されたメンバーである。彼らはエジプトで、「星の暗号」の暗号装置である三大ピラミッドを設計した。その後イスラエルに身を置き、時代がくだって日本に里帰りして（イスラエルの失われた10支族＝秦氏）「太陽の暗号」を刻んだのである。

以上が私の仮説だが、驚くことに、この仮説を裏付けてくれる人がいる。

そのお方は、土御門兼嗣《つちみかどかねつぐ》という。

土御門兼嗣氏には「高千穂天磐境大社《たかちほあまのいわさかいたいしや》宮司」と、「第135世《せ》深草伏見《ふかくさふしみ》秦氏《はたうじ》祭司《さいし》兼党《けんとう》理《り》」という肩書がある。

土御門兼嗣氏は現在、九州の阿蘇《あそ》・高千穂《たかちほ》に奥宮を持つ大社の宮司だが、江戸時代末期まで京都の伏見・深草、いわゆる伏見大社のある場所を中心に活動していた秦氏の末裔であり、その氏族の本家、または氏主という一族を代表する役目を担っておられる（『サムライ開運法』土御門兼嗣（株）ヴォイス）。

要するに、秦氏の伝統を受けつぐ一族の末裔なのだ。

土御門兼嗣氏によると、一族の歴史をさかのぼると、その起源は約2700年前、神武天皇の東征の頃にはすでに存在していたという。かつては九州の熊本・阿蘇あたりにかけて影響力を持った秦氏らしい。

さらにその前の時代の歴史を紐解《ひもと》くと、紀元前には日本から一度出て、なんと！ エジプトへ行ってピラミッドの建設に携わり、再び、また日本に戻ってきた一族だというのだ！

他にも、現存する言い伝えの中には、そのルーツをたどると12000年前に至る歴史があり、ムー大陸の部族名を持つ時代もあったという。

先に述べたが、暗号者と「秦氏」はヤタガラスともいっていたが同じグループだった。

秦氏一族に伝承された口伝と、私が推測した暗号者の正体が見事に一致する。

これで、暗号者の正体も明らかになった。

次は「星の暗号者」と「太陽の暗号者」の、特別な関係について説明しよう。

両者の特別な関係に気づかせてくれたのは、「フリーメーソン（自由な石工《いしく》）」である。「フリーメーソン」のルーツは諸説あるが、エジプトのピラミッド建設にルーツがあるという説もある。その証拠に、現在も「フリーメーソン」の儀式には、エジプトの神の「オシリス」と「イシス」の密儀が使用されている（『史上最大の秘密結社　フリーメーソン』鬼塚五十一《いそいち》著　学研プラス）。

エジプトの三大ピラミッドは「星の暗号者」が設計したものなので、「星の暗号者」と「フリーメーソン」はつながる。

「太陽の暗号者」は「失われたイスラエルの10支族」の一員だったが、この「イスラエル」という名称もエジプトと関係があった。「失われたイスラエルの10支族」の一員の秦氏は、ユダヤ教やミトラ教、さらに仏教を習合させた宗教を奉じていることは、先に述べた。

一方、「フリーメーソン」は、キリスト、ブッダ、アラーなど、世界のすべての宗教を認めている（『史上最大の秘密結社　フリーメーソン』）。

このことも、暗号者と「フリーメーソン」のつながりを示している。

次のイラストを見てほしい。これは、「フリーメーソン」のシンボルである。

ご覧のように、「フリーメーソン」のシンボルは直角定規《じょうぎ》とコンパスである。

この二つの道具は、暗号を設計する上で欠くことのできない道具である。

このシンボルも、暗号者と「フリーメーソン」のつながりを暗示している。

ところで、「フリーメーソン」といえば、世界征服をたくらむという陰謀論が流布されている。しかし本来の目的は、絶対神の導きによって「神の王国」を建設することなのだ。

この絶対神は、広大な宇宙はもとより、太陽や月、惑星、地球をつくり、あらゆる生物を創造した偉大な建築家でもある。この思想は、現代のフリーメーソンにも受け継がれていて、万物の創造主は「宇宙の偉大なる建築者」と呼ばれている（『大ピラミッドの謎とスフィンクス』飛鳥昭雄・三神たける 学研プラスより）。

「星の暗号者」のルーツは世界が「土《どろ》の海」になるような大異変のときに、世界を立て直すために日本から派遣されたグループだった。フリーメーソンの本来の目的から、「星の暗号者」は絶対神の導きによって世界を立て直し、世界中に「神の王国」（神の世）を建設したことがわかる。

一方「太陽の暗号者」は、日本の古代の歴史と「約束の地」

を封印し、世界の政庁、すなわち「神の世」の神聖政治の中心だった「古代の神宮」を伊勢の地へ遷《うつ》した。この伊勢への遷宮《せんぐう》は、「人の世」の始まりを示していた。

つまり「太陽の暗号者」は、「人の世」のいわば「型」をつくったのだ。

このように、「星の暗号者」は「神の世」をつくり、「太陽の暗号者」は「人の世」の「型」をつくった。

ところで、「日月神示」によると「神の世」をつくることを「岩戸開き」と言い、反対の「人の世」をつくることを「岩戸開き」の反対の「岩戸閉め」と言っている。この表現は、記紀の「天岩戸開き神話《あまのいわとびら》」に由来するものと思われるが、「日月神示」によると、「星の暗号者」と「太陽の暗号者」は、「岩戸開き」と「岩戸閉め」の正反対のはたらきをしたことになる。

実を言うと、「星の暗号者」と「太陽の暗号者」に、「岩戸開き」と「岩戸閉め」の正反対のはたらきがあることは、「日月示神」に教えてもらったことなのだ。

「日月神示」も暗号者や「約束の人」香代子先生と、同じ「神の世界」から降ろされたもので、「日月神示」はこの本で説明している「神さまの大いなる救いの計画」の解説書としての側面もある。説明は、拙著『ついに開封された契約の箱「アーク」と「神一厘」の超秘密』を参照していただきたい。

それはともかく「フリーメーソン」の奉《ほう》じる「神」も、「星の暗号者」と「太陽の暗号者」の表裏一体の陰陽の関係を象徴している。

鬼塚五十一氏によると、「フリーメーソン」は堕天使《だてんし》「ルシファー」を奉じているという（『史上最大の秘密結社　フリーメーソン』）。

堕天使「ルシファー」とは「金星」のことだが、「金星」が堕天使となった理由が、『聖書』に記《しる》されている。

ああ、お前《まえ》は天《てん》から落《お》ちた
明《あ》けの明星《みょうじょう》、曙《あけぼの》の子《こ》よ。
お前《まえ》は地《ち》に投《な》げ落《お》とされた
もろもろの国《くに》を倒《たお》した者《もの》よ。
かつて、お前《まえ》は心《こころ》に思《おも》った。
「わたしは天《てん》に上《のぼ》り
王座《おうざ》を神《かみ》の星《ほし》よりも高《たか》く据《す》え
神々《かみがみ》の集《つど》う北《きた》の果《は》ての山《やま》に座《ざ》し

雲《くも》の頂《いただき》に登《のぼ》って
いと高《たか》き者《もの》のようになろう」と。

「夜明けの明星」すなわち「金星」（＝ルシファー）は、神になりかわって地上世界を支配しようとしたために、天から追放されて堕天使となった。

ところが、「ルシファー」とは、もともとラテン語で「光をもたらすもの」という意味である。その理由は、「金星」が夜明け前の太陽に先駆けて、太陽の日々、すなわち「神の世」の誕生を告知するからである。

それ故「金星」は、フェニキア、バビロン、インカなどでは、それぞれの国の文化を育成した教導者の象徴として崇められ、キリシャ神話では愛と美の女神「ビーナス」として崇拝された。

このように、「金星」は天から追放された堕天使とされているが、一方では教導者や愛や美の女神とされている。

それは、この星の正反対の二つの顔に象徴されている。

「金星」は太陽系の惑星の中で、地球より太陽に近いところに位置するため、昼間は太陽の光で見えず、「夜明け」と「夕暮れ」にだけその姿を現す。

「夜明け」に見える「金星」が「明けの明星《みょうじょう》」、「夕暮れ」に見える「金星」が「宵《よい》の明星」と呼ばれる。「明けの明星」が現れると、間もなく太陽はその姿を現す。「宵の明星」が現れると、間もなく太陽はその姿を消す。

つまり、「金星」には「日の出」と「日没」を告げるという、正反対二つの顔がある。

それは、表裏一体の陰陽の関係である。

「金星」のこの二つの顔は、そのまま二つの暗号者のはたらきを表している。

私は、これも偶然ではないと思う。

いずれにしても、「星の暗号者」と「太陽の暗号者」は、「フリーメーソン」の奉《ほう》じる「金星」のように、同じ秘密結社のメンバーであるにもかかわらず、「岩戸開き」と「岩戸閉め」の正反対の働きをしているのである。

さて、「星の暗号者」と「太陽の暗号者」の表裏一体の陰陽の関係も明らかになった。

両者は「岩戸開き」と「岩戸閉め」という、正反対の働きをした。

しかし、彼らの仕掛けた二つの暗号は、絶対神のご指示によるものだったのである。

それにしても、大掛かりな暗号だった。

そこには私たちの想像をはるかに超える、情熱とエネルギー、そして多くの労力と時間が費やされた。それはまさに、世界的なプロジェクトである。

そのメッセージは、伝説の大洪水（地球の崩壊と再生）を生き延びた暗号者だからこそ、未来の子どもたちに、それはまさに我々現代人にだが、どうしても伝えたかった「神さまの大いなる救いの計画」だった。

そこに私は、神さまと暗号者の、とてつもなく大きな「愛」を感じるのである。

エピローグ

暗号者は神さまから「神さまの大いなる救いの計画」を伝えられ、それを二つの暗号に刻んだ。香代子先生も同じ計画を、神さまから伝えられた。

両者は同じ「神の世界」から、同じ計画を伝えられたのである。

その同じ「神の世界」から、預言された預言詩がある。

それはノストラダムスの預言である。

ノストラダムスも、暗号者が預かった「神さまの大いなる救いの計画」と同じ計画を神から預かっていた。

「エピローグ」で、このことをお伝えしたい。

10年以上前になるが、『ノストラダムスの大予言』(五島勉著 祥伝社)という本がベストセラーになった。私はノストラダムスの『諸世紀』は「予言」ではなく、「創造世界」(神の世界)から預かった言葉、すなわち「預言」だと思っている。

まず、彼の預言の中でも、最も有名な預言詩を次に示そう。

「1999年7の月　恐怖の大王が空から降ってくるだろう
アンゴルモアの大王を甦《よみがえ》らせるために
その前後の期間マルスは幸福の名のもとに支配するだろう」（10―72）

この預言詩は『諸世紀』の中でもっとも有名なもので、この預言詩によってノストラダムスは、多くの人に知られるようになった。

しかし、1999年7の月に、地球が破滅するかのような誤った解釈によって、彼の預言に対する信頼が失われてしまったのが残念でならない。

この預言詩は、「1999年7の月の前後の期間、マルス（軍神）すなわち軍事力が、幸福の名のもとに支配するだろう」と言っているので、1999年7の月に地球が破滅するとは言っていない。

彼の預言は、地球や人類が危機的状況に陥《おちい》ることを警告している。しかし、「救い主」（メシア）の再臨とその後の輝かしい「新しい時代」の到来を預言し、地球が滅亡するとは、どの預言詩を見ても一言も言っていない。

1999年7の月とは、欧米の研究者が指摘しているように、太陽暦の8月を指す。1

999年8月、太陽系の惑星が地球を中心に巨大な十字架をつくった。

この十字架には、「地球が十字架にかけられること」と「メシアの再臨」という、二つの意味が込められている。

「恐怖の大王」と「アンゴルモアの大王」については、さまざまな解釈がなされているが、この預言詩の大意《たいい》は、終末に地球が十字架にかけられる、すなわち地球が「崩壊と再生」の時を迎え、メシアが再臨することを示しているのである。

いずれにしても、1999年7の月は、地球の滅亡の時を示したものではない。

では次に、暗号者が神さまから伝えられた「神さまの大いなる救いの計画」に関連する預言詩を次に示そう。

「日の国の法と金星の法が競いあう
予言のエスプリをわがものとしながら
双方互いに耳を傾けないが
大きなメッシーの法は日の国によって保たれる」（5－53）

日の国とは日本を指す。

金星とは「明けの明星」や「宵の明星」と呼ばれるが、「わたし（イエス）はダビデのひこばえ、その一族、輝く明けの明星である」（『ヨハネの黙示録』22章16節）と『聖書』に記されている。

つまり、金星は『聖書』の預言者のエゼキエル、ゼカリヤからイエス・キリストに受け継がれた、一連のユダヤ預言体系を象徴している。

法とは「法律・原理・道」などのほかに、中世の詩語や哲学用語として、「人間・生命」そしてなんと！「宇宙を貫く永遠の法則」という意味があるのだ。「エスプリ」とは才知という意味だ。

したがって、この預言詩はつぎのような意味になる。

「金星の法、すなわちユダヤ預言体系が示す法則とは別に、新たな預言や法則が日本から生まれる。預言の才知を競いお互いに耳を傾けないが、宇宙を貫くメシア再臨の永遠の法則は、日本によって保たれる」

ノストラダムスは「大きなメッシーの法」、すなわち宇宙を貫くメシア再臨の永遠の法則は、日本によって保たれると預言している。

暗号者や香代子先生の預かった「神さまの大いなる救いの計画」は、地球の「崩壊と再生」の「約束の時」に、その後の世界を立て直すために救い主「約束の人」が、「約束の地」に再臨するというものだった。

それは「メシア再臨の永遠の法則」だと、ノストラダムスは預言しているのだ。だから、地球の「崩壊と再生」の「約束の時」には、必ず、「約束の地」に救い主「約束の人」が再臨することになる。

ノストラダムス研究家の五島勉氏によると、この預言詩はノストラダムスの『諸世紀』の中で「メッシー」という言葉が入った唯一のもので、ヨーロッパのプロの研究家のあいだでは、絶対に知らせてはならないと、古くから言い伝えられてきたという。

その証拠に、この詩は『諸世紀』から、度々削《けず》られて印刷されたらしい。

しかし、ノストラダムス本人は、「この詩を見た人は、それだけでも恵まれるようになる。4行目を声に出して読めば、いっそう幸運に恵まれる。詩の真の意味を知れば、さらに輝く人生を送れる。なにしろこの詩は、わたしが精魂を込めて書き、『大きなメッシーの法』につながっているんだからね」と、友人に話したというのだ（『ノストラダムスの大予言　スペシャル日本編』五島勉　祥伝社）。

この預言詩は、二つの暗号に刻まれた「神さまの大いなる救いの計画」のことを言っている。

私はこの預言詩で、ノストラダムスは「預言者」だと確信した。

ノストラダムスは暗号者や香代子先生と同じように、同じ「神の世界」から、同じ「神さまの大いなる救いの計画」を預かったのである。

彼は400年前に、現在の車社会、公害問題、クレジットカード、海外旅行ブームを預言した。彼の預言はヒトラーの名や第二次世界大戦の激戦地にも及ぶが、その通りになっている。

ノストラダムス預言の研究家スチュワート・ロブ氏は、第二次世界大戦中、彼の預言に基づいて連合国側とナチス側の戦闘経過と勝敗を予測し、90％以上的中させた。

彼はその体験から、「ノストラダムスはいつも、どんな事実についてもけっして間違った予言はしていない。ノストラダムスの予言が当たらなかったように見える場合は、それは解釈が間違っているからで、彼自身はつねに完全に正しい」と断言している。

このスチュワート・ロブ氏の発言からも、彼の預言は人為的なものでなく、「創造世界」（神の世界）から預かった言葉を、忠実に表現したものと思われる。

ノストラダムスはフランスに住んでいたユダヤ人で、しかもクリスチャンである。彼が日本を特別視する理由は何一つない。この預言によって、異端者扱いされるかもしれない。

ユダヤ預言体系（『聖書』）では、終末に救われるのはユダヤ人であり、「救い主」は「ユダヤの救い主」にならねばならない。彼の立場を考えれば、「大きなメッシーの法はユダヤ人によって保たれる」と預言されるべきで、その預言は誰をも納得させるだろう。

しかし彼は、「大きなメッシーの法は日の国によって保たれる」と預言した。

彼が異端者の汚名を着せられることを覚悟し命懸けで残した預言は、いたずらに危機を煽《あお》って未来の人々（現代人）を不安に陥《おとしい》れようとしたのではない。

「地球や人類が危機的状況に陥《おちい》るが、それを乗り越えたら輝かしい未来が待っている。どうか希望を失わないで乗り切ってほしい」

そんな思いで、預言を残したのである。

命懸けの彼の預言は、「神さまの大いなる救いの計画」を成就させるためだったのだ。

それは、私たち日本人にその使命を目覚めさせ、その使命を果たさせるためかもしれない。

「暗号者」も同じ思いだったはずだ。

ところで、今述べたノストラダムスの他にも、暗号者や香代子先生が預かった「神さまの大いなる救いの計画」を成就させるための預言がある。

それは本書の後半でも触れた「日月神示」である。

本文で「天岩戸開き神話」の説明をした。

それは、「人の世」だから「正反対の神」をお祀りしていることを示していた。

このことを、「日月神示」は次のように言っている。

「……次の岩戸しめは天照大神の時ぞ、大神はまだ岩戸の中にましますのぞ、ダマシタ岩戸からはダマシタ神がお出ましだと知らせてあろう。……」

（碧玉乃巻《あおたまのまき》　第10帖　874）

暗号者の「岩戸開き」と「岩戸閉め」の関係については、「岩戸開く役と岩戸閉める役とあるぞよ。……」（第1巻「上つ巻」第18帖18）と言っている。

実は「日月神示」の言う「一厘《いちりん》の仕組み」「一厘の秘密」には、暗号や香代子先生が関係する。

それは「神さまの大いなる救いの計画」を、成就させるための秘策である。

詳しくは、拙著『隠国《かくりこく》日本版』神々の指紋』、『ついに開封された契約の箱「アーク」と「神一厘」の超秘密』（ヒカルランド）などで説明している。ぜひ、参照していただきたい。

それはともかく、暗号者もノストラダムスも「日月神示」（岡本天明）も、そして香代子先生も、同じ「神の世界」から同じ「神の計画」を預かったのである。

それぞれ時代も地域も異なる、何の関係もない人たちだが、神さまは計画的にそれらの人たちに「神の計画」を伝えた。

これも、「神の計画」の一つなのだ。

もちろん、それは、救いの計画を成就させるためである。


私は香代子先生と出会うまでは、宗教によって、「神の世界」は異なるものだと思っていた。しかし、暗号や、香代子先生の甦《よみがえ》らせた神々の源流をたどることで、「神の世界」は一つしかないという結論に至った。

「万教同根《ばんきょうどうこん》」という言葉がある。

それは、すべての宗教の根は同じという意味である。

この言葉が意味するように、ユダヤ教、キリスト教、イスラム教、道教、仏教などの世界の主要な宗教は、同じ一つの「神の世界」から降ろされたものだと、私は考えている。

それは先に述べた、香代子先生の甦らせた神々の源流をたどることで明らかになった。

実を言うと香代子先生は、ユダヤ教やキリスト教や道教や仏教などの宗教が生まれる前の、「世の元」の神々を甦らせたのである。

次回の『神救いの計画と甦った神々』（仮題）では、その根本の「神の世界」を漫画と文章でお伝えする予定である。

ぜひ、楽しみにしていてほしい。

あとがき

暗号者は神さまから「救いの計画」を伝えられ、それを暗号に刻んだ。

その計画とは、地球の崩壊と再生の「約束の時」には、世界を再生するために、必ず「約束の地」に「約束の人」が甦《よみがえ》る、というものだった。

数千年の時を待ったが、神さまが暗号者に伝えた通り、「約束の人」香代子先生は「約束の地」に甦った。このことは、「神」も「神の計画」も目には見えないだけで、間違いなく存在していることを示している。

暗号と「約束の人」香代子先生は、今言ったことを証明してくれた。

では、「約束の時」は、ほんとうに訪れるのだろうか。

それはわからない。

だが、二つの暗号は多くの労力と時間が費やされた、世界的なプロジェクトである。暗号者は「神さまの大いなる救いの計画」を、未来の子どもたちに、それはまさに我々現代人だが、どうしても伝えたかった。それは、暗号者が神さまから預かった、非常に重要なメッセージだったからである。

ただ、そのメッセージをどう受け止めるか、どのように行動するのかは、自分自身で決めるしかない、と私は思っている。

私は「約束の時」のために示された避難場所「約束の地」に、「新しい時代」のコミュニティーモデルをつくりたいと思っている。

ところで、最近、新時代の雛型《ひながた》となるようなコミュニティーをつくる動きが各地で見られる。私がご縁をいただいたそれらのコミュニティーを、この「あとがき」で紹介したい。

和歌山県の熊野市飛鳥に、国際共生創生協会「熊野飛鳥むすびの里」という共同体をつくるための施設がある。2018年12月4日に訪問させていただいたが、私は創設者の荒《あら》谷卓《やたかし》さんに、すっかり魅了されてしまった。

荒谷さんは元自衛隊員で、日本ではじめて特殊部隊をつくられ、その初代リーダーとして活躍された。自衛隊退職後は、明治神宮の武道場至誠館館長を務め、合気道の指導にあたってこられた。その後、熊野に移住して「むすびの里」をつくられたのである。

その動機は、マネーと情報力を管理するパワーエリートが世界を支配する現在の世界秩序に、日本の危機と人間らしい生き方の崩壊を、感じられたからだ。「むすびの里」は「農業」と「教育」と「武道」の三つの柱で共同体を運営し、世界中に共生共助のネットワークを築く活動をされている。

そんな、自然の中で自立して仲間とともに生きる日常経験の中から、個々の奥底に眠っているタフな人間力を目覚めさせたい、と荒谷さんは述べられている。

次は、妙見《みょうけん》さんで有名な大阪府の能勢《のせ》にある、「みつはの里」というコミュニティーを紹介する。

ここは子育て支援の場所として、古民家を改装したものである。

代表は萩原優子さんである。

5年前に桑原恭祐《きょうすけ》さんが加わり、共同代表として活動されている。

桑原さんは平成2（1990）年11月23日生まれで、アメリカの大学院で「博士（教育哲学）」を取得しているという天才である。「人生の経営者を育てる教育事業家」として独立してからは、多くの企業や大学に飛躍と繁栄をもたらすコンサルタントとして活動。その後「みつはの里」で、新時代のコミュニティーモデル創設の活動を始めた。

はじめて訪れたときに、桑原さんの『修理固成《しゅうりこせい》』という著書を見せてもらった。

その中に、「世界の雛型」という言葉があって驚いた。読み進めると、私が知った「神さまの大いなる救いの計画」と同じようなことが書かれている。『修理固成』に書かれていることを、少し紹介しよう。

◎天地人　三つ巴《どもえ》なる国づくり
この地球が次元上昇を遂げ、新たにつくりなおしていく転換期に突入した。天地と人々を結び共創・共進化できる者がこれからの世界を牽引《けんいん》するリーダーとなる。
◎現代のまつり（祀・政）は、最も大切な「天の声」が欠落している。形骸化《けいがいか》したまつりを復興するには、宇宙意識の女性シャーマンを物事の中心に置くのが第一だ。女性が受け取った詔《みことのり》を具現化するのが男性の役目。
男女和合の国造りを体現し、いのちをつなぐ「方舟《はこぶね》（コミュニティー）づくり」を実践することが時代の要請だ。
◎人の社会に神の力が大きく介入する時代になる。これからのクニヅクリやプロジェクトには、宇宙も地球も参加してくることになる。ガイア意識（クニトコタチ）のゆるしのない者は、新しい地球で栄えることはできない。人間事だけでは、現実が動かなくなる。見えない世界と見える世界を両輪で結ぶ「天地人三つ巴の共同創造」が新時代のスタンダードである。
◎神に義なる人物を育て、天地神仏と共に万民のための政治を行う「神政復古」が願われている。

まったく同感である。

拙著『[隠国《かくりこく》日本版]神々の指紋（下巻）』の、「日本の使命と『新しい時代』への提言」の（章）で述べさせてもらったことと、同じような内容である。

桑原さんは34歳という若さである。鋭い感性と先見性に驚かされる。

「アメリカの大学院で博士号……」と聞いただけで、グローバル資本主義の先兵、荒谷さんのいうパワーエリートを想像してしまうが、まったく正反対の活動をされている。彼は実際に子育て支援をしながら、世界の雛型になるコミュニティーモデルの創設に真剣に取り組んでいる。

これから、桑原さんのような感性を備えた若者が、数多く現れてくるような予感がする。そういう若者たちが、「新しい時代」を築いていくのだろう。


次は、金子洋子さんを紹介しよう。

彼女は妊娠糖尿病をご自身で克服され、その体験から「ひみこのくるみ」を設立。糖尿病の人たちに向けてのセミナーや講演をされている。また、医師や食品企業とタイアップして、調味料や食品の開発などの事業をされている。

彼女は私の本を読まれ、「約束の地」の近くで農地付きの古民家を求め、自給自足体制を整えるために農業を始めた。

将来的には、自分たちの自給自足体制だけでなく、コミュニティーに集《つど》う仲間の食料を確保するためにも、地元だけでなく、多くの農業生産者ともタイアップしていきたい、と述べられている。

三つのコミュニティーを紹介させていただいた。

関わっている方々は経歴も立場も異なる。だが、国や子どもたちを大切に思う気持ちに変わりはないと思う。

今後、新時代的な持続可能なコミュニティーをつくる動きが、全国で加速するものと思われる。私はこのようなコミュニティーが、相互に連携できるネットワークを構築したいと考えている。

それは、「新しい時代」の雛型づくりに、つながると思うからだ。

ところで、「約束の地」は、「木の碑」を建てられた大兵主《だいひょうず》神社の中宮司さんのご協力で、既に取得させていただいている。

目標にしているのは、「新しい時代」の司令塔、「最高神の住まい」の建設をはじめ、世界の雛型となるコミュニティーモデルをつくることである。

このコミュニティーモデルについては、前掲の拙著で述べさせてもらった。

それを一口で言うと、先に紹介した桑原さんのいう、「神に義なる人たち」によって神聖政治を復活させ、生存に必要な「食」だけでなく、「衣」と「住」も自給自足できる体制を整えたコミュニティーである。

もちろん、それだけでなく、新時代的な、教育や医療や芸術などの分野も充実させ、誰もが自己実現できる社会をつくりたいと思っている。このことは、自分や家族を守るだけでなく、必ず、「新しい時代」の子どもたちのためになると固く信じている。そのためには、多くの仲間や同志、人材が必要である。

それが、この本を執筆した理由でもある。

さて、この本の制作にあたり、漫画を描いていただいたのは漫画家、狩野ヒロ氏である。

狩野氏を紹介していただいたのは、前の拙著でも御世話なった盟友細沼俊哉さんである。両氏に感謝申し上げる。

出版にあたってはヒカルランドの石井健資社長と、編集を担当していただいた小暮周吾氏にお世話になった。感謝申し上げる。

最後に、この本を読んでいただいた「あなた」に感謝申し上げる。

ありがとうございました。

「新しい時代」のための、仲間、同志、人材のネットワークをつくりたいと思っています。興味のある方は、次の連絡先へご連絡ください。

なお、講演もさせていただきます。

〒594－0042
大阪府和泉市箕形町2－12－3
藤原定明
メールアドレス：hituki72@nifty.com

参考文献

『[隠国《かくりこく》日本版]　神々の指紋　上下巻』（藤原定明著　ヒカルランド）
『ついに開封された契約の箱「アーク」と「神一厘」の超秘密』（藤原定明著　ヒカルランド）
『[超図解]　竹内文書』（高坂和導著　徳間書店）
『[超図解]　竹内文書Ⅱ』（高坂和導著　徳間書店）
『失われたカッバーラ「陰陽道」の謎』（飛鳥昭雄・三神たける共著　学研プラス）
『失われた契約の聖櫃「アーク」の謎』（飛鳥昭雄・三神たける共著　学研プラス）
『失われたイエスの12使徒「八咫烏」の謎』（飛鳥昭雄・三神たける共著　学研プラス）
『全現代語訳　日本書紀』（宇治谷孟訳　講談社）
『豊鍬入姫宮《とよすきいりひめのみや》のご鎮斎《ちんさい》について』（藤田勝重宮司著　大神神社発行）
『大和の原像』（小川光三著　大和書房）
『大和志料』（奈良県教育委員会、斎藤美澄編　歴史図書社）
『超古代、日本語が地球共通語だった』（吉田信啓著　徳間書店）
『失われた原始キリスト教徒「秦氏」の謎』（飛鳥昭雄・三神たける共著　学研プラス）

『失われたキリストの聖十字架「心御柱」の謎』（飛鳥昭雄・三神たける共著　学研プラス）
『シリウスの都　飛鳥─日本古代王権の経済人類学的研究』（栗本慎一郎著　ＴＴＪ・たちばな出版）
『神々の指紋』（グラハム・ハンコック著　大地舜訳　翔泳社）
『神々の世界』（グラハム・ハンコック著　大地舜訳　小学館）
『オリオン・ミステリー　大ピラミッドと星信仰の謎』（ロバート・ボーヴァル　エイドリアン・ギルバート共著　近藤隆文訳　ＮＨＫ出版）
『古代史の封印を解く　日本ピラミッドの謎』（鈴木旭著　Ｇａｋｋｅｎ）
『大和に眠る太陽の都』（渡辺豊和著　学芸出版社）
『日本超古代遺跡の謎』（鈴木旭著　日本文芸社）
『大和出雲の新発現』（榮長増文著　榮長増文刊）
『［武内文書］超古代アメリカを行く』（高坂和導著　徳間書店）
『イワクラ　巨石の声を聞け』（イワクラ学会編著　遊絲社）
『日本ピラミッド超文明』（伊集院卿・大平光人共著　学習研究社）
『神代の万国史』（竹内義宮編著　宗教法人・皇祖皇太神宮・天津教総庁）
『『竹内文書』と月の先住宇宙人』（飛鳥昭雄著　徳間書店）
『謎の九鬼文書』（佐治芳彦著　徳間書店）

『神話・伝承事典　失われた女神たちの復権』（バーバラ・ウォーカー著　山下主一郎ほか共訳　大修館書店）
『サムライ開運法』（土御門兼嗣著（株）ヴォイス）
『史上最大の秘密結社　フリーメーソン』（鬼塚五《い》十《そ》一《いち》著　学研プラス）
『大ピラミッドの謎とスフィンクス』（飛鳥昭雄・三神たける共著　学研プラス）
『ノストラダムスの大予言Ⅰ～Ⅴ、中東編』（五島勉著　祥伝社）
『ノストラダムスの大予言　スペシャル日本編』（五島勉著　祥伝社）
『完訳　日月神示　上下巻』（岡本天明・書　中矢伸一・校訂　ヒカルランド）

藤原定明　ふじわら さだあき
昭和31年、大阪府生まれ。立命館大学法学部卒業後、商社に勤務。その後、家業を継ぐ。

昭和61年、野崎香代子先生と野崎卓巳先生に出会う。

平成3年、野崎香代子先生の夢に現れた場所に案内してもらい、偶然、古代の伝承が刻まれた「木の碑」を発見する。

「木の碑」の伝承と野崎香代子先生とのつながりを解明するため、古代史その他を研究。その結果、秘密結社「ヤタガラス」によって、古代の日本に仕掛けられた二つの暗号を発見し解読する。

そのことで、古代の「日本の秘密」と野崎香代子先生の実像を解明し、今がどういう時代で、これからどうなるのか、さらには「新しい時代」の世界の雛形《ひながた》としての日本の役割を明らかにする。

著書に『[隠国日本版] 神々の指紋』〔上・下巻〕（ヒカルランド）、『甦った神々ー歴史封印者と日月神示の黙示録ー』（文芸社）がある。

空手道3段。現在、野崎香代子先生を中心とする心のネットワークづくりの機関「こころの花」理事長。「イワクラ学会」会員。

HP　http://hituki72.net

神の救いの計画とヤタガラスの暗号

第一刷　2024年11月30日

著者　藤原定明

発行人　石井健資

発行所　株式会社ヒカルランド
〒162-0821　東京都新宿区津久戸町3-11　TH1ビル6F
電話　03-6265-0852　ファックス　03-6265-0853
http://www.hikaruland.co.jp　info@hikaruland.co.jp

振替　00180-8-496587

本文・カバー・製本　中央精版印刷株式会社

DTP　株式会社キャップス

編集担当　小暮周吾

ISBN978-4-86742-439-1

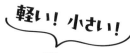

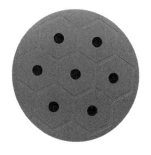

量子HADO＋オルゴンパワー
身体も食品も植物も酸化撃退！

プレートから、もこっふわっとパワーが出る

もこふわっとは美容、健康、開運、若返りが期待できるちょっと欲張りなアイテムです。家に置いて使用しても、持ち歩いてもOK！　大きさはCDと同じ12センチ、厚みは3ミリ。アルミニウム素材で非常に軽く作られています。

ちょっと不思議な名前の「もこふわっと」は、エネルギーや波動がふわっと出ているようなイメージで、敏感な方は持っただけでパワーを感じます。長く身に付けて頂くと体感としておわかりいただけるかと思います。

もこふわっとは酸化した食品（錆びてる状態の食品）を還元作用でイキイキさせることができ、プレートの上にお茶やワインを置くと味に変化があります。食品は作る時にどうしても酸化してしまいます。でも、酸化したものを体内に入れたくないですよね。そのとき、もこふわっとで、イキイキした状態に戻してそれを食べるという使い方もできます。

もこふわっとからいつもパワーが出ており、プレートの上にお水を置いておくと、水にエネルギーがチャージされ泡が沢山つくようになります。この、もこふわっとのパワーが転写されたエネルギー水を飲んでもらうと健康にとても良いと言われています。

お味噌を作る大豆と一緒にいれておけば、マイルドでまろやか。あっさりした味わいの出来上がりに。

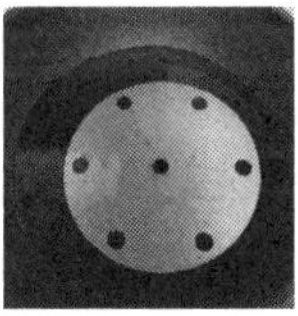

揚げ物の油に入れてもOK！油の酸化を和らげサクッと美味しく作れます。

コップの下に敷いてお茶を飲むと、お茶がまろやかで深みある味に。

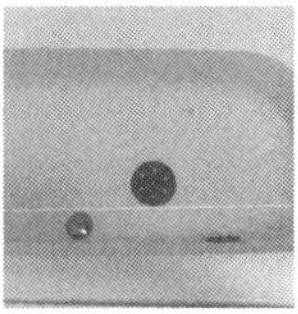

お風呂に入れると、湯冷めしにくくなります。